韓國史研究叢書 22

近世朝鮮의 韓日關係研究

孫承喆

國學資料院

책머리에

이 책은 조선시대 한일관계사 연구의 가장 중요한 문제라고 생각되는 세 주제들에 관해 개별논문으로 썼던 것을 한데 모아 단행본으로 엮은 것이다. 평소 한일관계사를 연구하면서 기본적인 관심은 한일관계를 통시적으로 어떻게 볼 것인가의 문제였다. 졸저 ≪朝鮮時代 韓日關係史 硏究≫는 그 같은 시각에서 「交隣」이라는 주제로 조선시대 한일관계를 투시해 본 것이다. 그러나 개별적인 연구가 축적되지 않은 상태에서 거시적인 안목을 갖는다는 것이 또한 어려운 일임을 알았다. 그래서 다시 미시적인 방법으로 어디서부터 어떻게 파악해 가야 하는가를 생각해 보았다.

그 결과 조선시대 한일관계사 연구의 출발점은 역시 韓日關係의 現場인 倭館이었다. 그래서 제1편에서는 <倭館>에 관한 문제로 서울의 東平館과 부산의 倭館에 관한 글을 쓰게 되었다. 현재 우리 나라에서 왜관에 관한 연구는 너무 일천한 단계이다. 참으로 많은 내용을 갖고 있는 한일관계사 연구의 寶庫인 왜관의 문이 열려지기를 기대하면서, 왜관연구를 이렇게 시작해 본다.

제2편에서는 <對馬島·幕府>와 조선관계를 어떻게 접근해가야 하는가였다. 주지하다시피 대마도는 한일관계의 창구였다. 그러나 아직 한국에서는 대마도의 실체에 관한 연구가 거의 없다. 다만 일본의 연구자들이 日韓關係의 연장선에서 다룬 것이 전부였다. 우리의 시각에서 대마도가 다시 다루어져야 하고, 또 그것이 바탕이 되어 한일관계가 연구되어져야 할 것이다. 또한 幕府와의 관계도 그렇다. 한 예로 天皇과 幕府將軍을 어떻게 인식하였던가는 조선의 對日政策의 성격을 가늠하는데 아주 중요한 문제다. 나아가 명·청 교체기 동아시아 국제관계속에서 조선이 대일관계를 어떠한 입장에서 전개했던가의 규명은 한일관계를 단순히 한국과 일본만의 관계가 아니라 東아시아속에서 보아야 한다는 당위

성에서 출발한 것이다.

제3편 근세조선과 <琉球>에서는 조선시대 한일관계사에서 유구관계가 차지하는 비중을 다시 생각해 보아야 한다는 시각에서 쓴 글들이다. 지금은 유구가 일본에 완전히 정복당해 오끼나와라는 일본내의 가장 작은 縣이 되어버렸지만, 유구는 분명 조선의 교린대상이었던 나라(國)였다. 조선과 유구관계의 역사적 규명은 조선의 대외정책 및 한일관계사를 규명하는데 아주 중요한 주제이다. 그래서 먼저 조·유관계의 구조와 형태를 살폈고, 유구의 기본사료인 ≪歷代宝案≫을 분석했다. 그리고 조·유관계사 연구를 위한 기본사료들을 소개했다.

이상에서 조선시대 한일관계사를 <倭館>·<對馬島와 幕府>·<琉球>의 세 분야로 나누어 재조명 해보고자 했다. 그러나 미시적 접근을 시도하다보니, 선결해야 할 문제가 한 두가지가 아님을 새삼 느낄 수 밖에 없다. 예를 들면 왜관분야에 있어서는 왜관의 연혁에서부터 구조·기능에 이르기까지 많은 문제가 산적해 있다. 對馬島와 幕府問題도 일본사 분야의 연구와 병행해서 균형있게 다루어져야 할 것이며, 유구문제 또한 중국과의 관계와 함께 東아시아 국제환경 속에서 다루어져야 한다는 필요성을 더욱 절감하게 된다.

이러한 입장에서 이 단행본을 세상에 내어놓기가 부끄럽고 두렵기까지 하다. 그러나 한편으로는 한일관계사의 연구를 어디서부터 어떻게 시작해야 하는가를 조심스럽게 제시해본다는 시도로 自足해 본다. 이점에서 同學의 선·후배님들께 많은 조언을 기대한다.

끝으로 이 책의 출판을 권유해 준 오 성교수, 교정에 애를 써준 허지은, 국학자료원의 정찬용사장, 한봉숙실장, 송재광과장님께 이 자리를 빌어 진심으로 감사드린다.

1999년 5월 31일 바다의 날에
봄시내의 宵谷書숨에서   손 승 철

목 차

제2편 對馬島·幕府와 한일관계

제3편 근세조선과 琉球

제1편
근세한일관계와 倭館

제1장 조선전기 서울의 東平館과 倭人
제2장 ≪倭人作拏謄錄≫을 통하여 본 倭館

제1장
조선전기 서울의 東平館과 倭人

1. 머리말

지금 우리가 살고 있는 서울에 언제부터 외국인이 왕래하였으며, 거주가 허용되었을까. 일반적으로 우리역사에서는 조선을 쇄국의 나라, 외부세계에 대해 닫혀져 있었던 폐쇄적인 사회로 이해해 왔다. 그래서 조선시대 서울에의 외국인 왕래에 관한 내용은 생각지도 않고 있으며, 또 그 실태에 관해서도 거의 알려져 있지 않다. 그러나 이러한 인식은 잘못된 것으로, 실상 조선은 개국초기부터 외부세계에 대해 열려져 있던 사회였다.

예를 들면 북으로 중국의 명나라는 물론, 만주의 여진족과도 공식적으로 외교와 무역관계를 맺고 있었으며, 남으로 일본의 幕府政權을 비롯하여 지금은 일본에 정복당한 琉球國 및 동남아의 泰國(暹羅斛國), 쟈바(爪蛙國), 久邊國 등과 사신이 왕래하는 등 사실상 주변의 모든 나라들과 교류를 하였다.[1] 뿐만 아니라 서울에는 이들 나라의 사신들이 조선을 방문했을 때, 전용으로 묶는 객관(太平館, 東平館, 北平館 등)을 지어 관리했을 정도로 왕래가 빈번하였다. 따라서 조선이 쇄국의 나라였다는 인식은 잘못된 것이며, 개항기 조선침략을 합리화하려

---

[1] 국사편찬위원회편, 『한국사』 22, 조선왕조의 성립과 조선초기의 대외 관계.

는 의도적인 편견임을 지적하고 싶다.

이 글에서는 이러한 문제의식을 가지고, 조선전기에 일본인들이 무
슨 목적으로 서울에 왔으며, 서울에서는 어디에 머물면서, 어떠한 행
동들을 했고, 또 조선 측에서는 그들을 어떻게 생각하고 대우했던가를
살펴봄으로써, 조선전기 일본인들의 서울왕래와 그 실태에 관해 살펴
보고자 한다.

2. 왜인들의 入京

고려의 뒤를 이은 조선왕조는 건국직후부터 대외정책을 체계화해
갔다. 그래서 중국대륙의 신흥제국이었던 명에 대해서는 事大政策을
취하여 강대국에 대한 자존책을 확립하였고, 그 외의 주변국에 대하여
는 交隣政策을 취하여 평화적인 교류를 지속하였다.2)

특히 일본과의 관계에 있어서는 고려말기에 극성을 부리던 왜구문
제가 아주 심각하였는데, 조선은 국내정세가 안정되어 감에 따라 군사
적인 방법보다는 왜인의 요구를 들어주면서 그들을 회유하여 평화적인
통교자로 전환시키려는 노력을 경주하였다. 그 결과 조선의 연해안을
노략질하던 왜구가 점차 평화적인 통교자로 전환되어갔다. 그들은 크
게 세종류로 나뉘는데, 使送倭人・興利倭人・向化倭人이 그것이다. 使
送倭人이란 사자의 명칭을 띠고 도항해오는 자를 말하며 客倭라고도
한다. 興利倭人이란 무역을 위하여 도항해오는 자를 말하는데, 商倭
또는 販賣倭人이라 하였다. 그리고 왜구로서 연해안 지방에 침입했다
가 조선측의 귀순종용에 따르는 경우나 왜구는 아니더라도 대마도인이
바다를 건너 조선에 귀화하는 경우가 많았다. 조선에서는 이들이 조선
의 德을 승모하여 귀화하였다고 하여 向化倭人이라고 했다. 한편 이들

---

2) 孫承喆, 『朝鮮時代 韓日關係史硏究』 제1장 동아시아 국제질서와 교린체제, 지
   성의 샘, 1994 참조.

을 포함하여 조선의 회유책에 협조한 세력자들에게 조선의 관직을 하
사해 주는 受職制度가 있었는데, 受職을 받은 왜인을 受職倭人이라고
했다.

　왜인들이 서울에 오는 경우는 크게 두 경우이다. 즉 使人의 형태로
사송왜인의 형식을 갖추던가, 아니면 향화왜인이나 수직왜인으로 서울
에 오는 것이다. 사송왜인은 서울을 임시로 방문하는 것이고, 향화왜
인은 서울에 와서 사는 경우가 많았다.[3] 이들을 각기 來往倭人과 來
住倭人이라고 부를 수 있다.

　조선전기 일본으로부터 온 도항자의 총 수는 알 수 없지만, 『朝鮮王
朝實錄』에 기록된 통교자에 관한 기록을 도표화하면 다음과 같다.

표1]　　　　　　　　조선전기 각 지역별 통교횟수[4]

	1392~1419	1420~1443	1444~1471	1472~1510	1511~1592	계
室町 幕府	16	7	12	11	25	71
本州·四國	42	43	91	144	28	348
九州	94	178	184	370	19	845
備前·壹岐	112	91	355	605	3	1,166
對馬島	155(36%)	492(60%)	607(48%)	1,056(48%)	75(49%)	2,385(49%)
기타	13	7	5	2	2	29
계	432	816	1254	2,188	152	4,842

　물론 이들 모두가 상경을 하여 서울에 왔다고는 볼 수 없다. 그러나
이들중 대부분이 기본적으로 조선에 도항하는 목적이 통교였고, 통교
를 위해서는 국왕을 알현하는 사행의 형식을 띄어야 하므로 상당수가
상경하였을 것이다. 그 한 예로 1439년(세종 21) 예조에서 대마도주
에게 보낸 서계에 의하면, 1년에 오는 자가 1만 명이나 되었고, 그들
에게 지급한 쌀이 거의 10만석에 이른다고 했다.[5] 또한 성종대에 편

---

3) 수직왜인의 경우, 向化를 하여 완전히 조선에 살면서 上京하는 경우가 있고,
　通交倭人으로서 대마도에 거주하면서 연 1회 도항하여 상경하는 왜인이 있었
　다(본서의 제2편 제1장 대마도의 朝·日 兩屬關係 참조).
4) 韓文鐘, 『朝鮮前期 對日外交政策 硏究』 전북대박사학위논문, 1996, 27쪽.

찬된『海東諸國紀』에 기록된 것을 보면, 1년에 입국한 선박수가 220
척이나 되고, 입국왜인수가 5,500명내지 6,000여명, 무역을 제외한
순수한 접대비만도 2만 2천 석에 달했다고 한다.6)
　『海東諸國紀』에는 사절로서 상경이 허락된 왜인들을 네 가지로 구
분하고 있다. 즉「諸使定例」의 장에서

> 여러 사자를 館待하는 4가지의 예가 있으니, 국왕의 사신이 한 예
> 가 되고, 여러 큰 추장(거추)의 사자가 한 예가 되고, 구주절도사·대
> 마도주의 특송이 한 예가 되고, 여러 추장과 대마도 사람으로서 관직
> 을 받은 사람이 한 예가 된다.7)

라고 하여, 막부장군의 사절, 중소영주의 사절, 대마도주의 사절, 그
리고 수직왜인 등 4종류로 구분하였다. 이들은 당시 왜인들이 입항할
수 있는 항구인 三浦(釜山浦, 內而浦, 鹽浦)로 입국한 후, 각기 정해
진 인원만이 서울로 상경할 수 있었다. 규정된 상경인수는 다음과 같
다.

> 국왕사자 25인, 여러 추장의 사자 15인, 구주절도사와 대마도 특송
> 사자는 각 3인인데, 짐이 5바리(駄)가 넘으면 1인을 증가한다. 매양
> 5바리가 되면 인원을 증가하되 5인을 초과하지 못한다. 여러 추장의

---

5)『世宗實錄』권87, 21년 10월 병신.
　「(전략)…그런데 근년에는 商船들도 식량을 받으려고 증빙문서를 받아 가지
　고 오되, 右波羅는 사신행차(十二之行)의 식량을 청하니, 각 선의 船軍으로
　말하면 많은 것은 7~80명이나 되는데, 그밖에도 혹 佛經·鐘·磬·돗자리·
　인삼·목면·皮物 등을 달라고 여러모로 청구하고, 혹은 친족을 만나 보겠다
　든가, 혹은 친족의 분묘에 제사지내겠다는 등 긴급하지 않은 일로써 증빙문
　서를 가지고 오는 자도 많아 거의 1만 명에 가깝소. 그들이 여러 달 동안 묵
　으면서 돌아가지 아니하고 조석으로 먹을 것을 받고서도, 또 돌아가는 길에
　서 먹을 양식까지 받으매, 그 지공하는 비용과 주는 잡물도 또한 그와 비등
　하게 되니, 그 공경하여 섬긴다는 뜻에 어떻겠소.」
6) 李鉉淙,『朝鮮前期 對日交涉史硏究』韓國硏究院, 1964, 61쪽.
7)『海東諸國紀』(『海行摠載』제1권) 민족문화추진위원회, 1974, 152쪽.

사자는 1인인데, 짐이 5바리가 되면 1인을 증가하되 3인을 넘지 못한
다. 수직인의 경우 당상관은 3인을 보내고 상호군 이하는 2인을 보낸
다. 대마도에서는 해마다 배 50척을 보내는데, 배1척마다 1인을 보내
며, 짐이 5바리가 되면 1인을 증가하되, 2인을 초과하지 못한다.[8]

고 하였다. 상경이 허락되면 이들은 정해진 상경도로를 통하여 서울로
가야 했다. 즉 삼포에서 정해진 입국절차를 밟은 후, 상경인수가 정해
지면 각기 등급에 따라 국왕사와 諸會使(여러 추장의 사자)는 京通事,
그 나머지는 鄕通事의 인솔하에 상경하였다.[9] 상경로는 크게 육로와
수로가 있었다.

왜인상경로

육로

- 내이포에서 금산·청주를 거쳐 서울까지 가는데, 하루에 세참씩
  간다면 13일 길이 되고, 대구·상주·괴산·광주를 거쳐 서울까
  지 가는데는 14일 길이 된다.
- 부산포에서 대구·상주·괴산·광주를 거쳐 서울까지 가는데는
  14일 길이 되고, 영천·죽령·충주·양근을 거쳐 서울까지 가는
  데는 15일 길이 된다.
- 염포에서 영천·죽령·충주·양근을 거쳐 서울까지 가는데는 15
  일 길이 된다.

수로

- 내이포에서 수로로 김해(황산강에서 아래 낙동강까지)·창녕·선
  산·충주(김천에서 한강까지)·광주를 거쳐 서울까지 가는데는
  19일이 걸린다.
- 부산포에서 수로로 양산(황산강에서 아래로 낙동강까지)·창녕·

---

8) 『海東諸國紀』, 上京人數, 154쪽.
9) 『海東諸國紀』, 諸使迎送, 153쪽.

선산·충주(김천에서 한강까지)·광주를 거쳐 서울까지 가는데 19일 길이 된다.

●부산포에서는 수로로 양산(황산강에서 낙동강까지)·창녕·선산·충주(김천에서 한강까지)·광주를 거쳐 서울까지 가는데 21일 길이 된다.

●염포에서 수로로 경주·단양·충주·광주를 거쳐 서울까지 가는데는 15일 길이 된다.

●국왕의 사신은 기한이 없으나, 여러 큰 추장의 사자들 이하는 기한이 지나면 날 수를 계산하여 料를 감한다. 혹 병이 나거나, 물이 창일하거나, 짐을 운반하지 못하여, 부득이 머무르는 자는 그 소재지의 관청에서 明文을 받아오게 한다.10)

또한 상경왜인에게는 상경도중에도 각기 등급에 따라 연회가 베풀어지는데, 이를 路宴이라고 한다. 노연 역시 사신의 등급에 따라서 각기 차이가 있다. 즉,

●국왕의 사신에게 경상도에서는 세 곳에서 노연을 차리는데, 한 곳은 관찰사가 차리고, 두 곳은 수령이 차리며, 충청도·경기도에서는 각각 한 곳인데, 관찰사가 차린다.

●여러 추장의 사자는 경상도에서는 두 곳인데, 한 곳은 관찰사가 직접 차리고, 한 곳은 수령이 차리며, 충청도와 경기도에서는 각각 한 곳인데, 관찰사가 직접 차린다. 돌아갈 때도 이와 같다.

●절도사의 특송사자에게는 경상도와 충청도에서 각각 한 곳이다. 돌아갈 때도 이와 같다(수령이 차림).

●여러 추장의 사자이하는, 일기도 이외의 사람에게는 경상도와 충청도에서 각각 한 곳이고, 대마도 사람에게는 경상도 한곳뿐이다. 돌아갈 때도 이와 같다(수령이 차림).

●관찰사의 연회물품은 삼포 선위사의 연회와 같고, 수령의 연회물품은 삼포 차사원의 연회의 물품과 같다(국왕의 사신 이하도 이와 같음).11)

---

10) 『海東諸國紀』, 上京道路, 152쪽.

한편 상경왜인들은 모두가 경기도 광주를 거쳐서 한강에 이르게 되는데, 서울에 들어오기 위해서는 한강을 건너야 했다. 이들이 한강을 건너면 곧바로 영접을 하며 환영연회를 베풀어주었다. 즉,

- 국왕의 사신은 한강에서 영접하여 연회한다. 上官人·副官人에게는 車食七果床을 차리고, 정관 이하는 車食五果床을 차리는데, 모두 네가지 點點果와 油密果 五星二部·실과·나물과 고기를 교합한 오성이부(이상은 예빈시에서), 大肉 乾猪 3마리(사재감), 술(사온서) 등을 차린다.
- 여러 추장의 사자가 처음 사관에 도착했을 때의 영접 연회물품은, 국왕사신을 한강에서 영접하는 연회의 물품과 같다. 돌아갈 때에는 모두 한강에서 전송한다.12)

조선시대 외국의 사신이 入京을 하는 경우, 반드시 정해진 입경로가 있었는데, 왜인의 경우는 光熙門을 통해서 입경하도록 되어 있었다. 따라서 왜인들은 광주에 이르게 되면 두무깨(豆毛浦 : 옥수동)나루로 한강을 건넌 다음, 소위 시구문으로 알려진 광희문을 통해 도성안으로 들어왔다.

3. 東平館과 접대

서울에 입경한 왜사들은 일단 왜인들의 전용숙소인 동평관에 여장을 푼다. 당시 서울에는 입경하는 외국사신을 위한 여러 客舍가 있었는데, 입국왜인을 위한 숙소가 동평관이었다.

동평관의 설립에 관하여는 1409년(태종 9) 2월에,

---

11) 『海東諸國紀』, 路宴, 156쪽.
12) 『海東諸國紀』, 京中迎餞宴, 156쪽.

　　　민무구와 민무질의 서울에 있는 집을 헐어서 그 재목과 기와로 東
平館과 西平館을 짓고, 그 값을 주도록 명하였다.13)

는 기록을 통하여 볼 때, 1409년에 처음 지었음을 알 수 있다. 그런
데 동평관과 서평관은 서로 다른 위치에 있는 것이 아니라, 한 장소에
두 건물이 있었기 때문에 그 명칭이 혼란이 되어 1438년에는 동평관
을 동평관 1소, 서평관을 동평관 2소로 부르도록 하였다. 동평관의 위
치에 관하여는 현재 자세히 알 수는 없으나, 여러 기록에 南部 樂善坊
倭館洞14)으로 되어 있는 것으로 보아, 지금의 중구 충무로4가 부근으
로 추측된다. 동평관의 정확한 위치에 관하여 서울문화사학회의 김영
상회장은 지금의 중구 인현동 2가 192번지 일대로 충무로 4가 파출소
북쪽에서 덕수중학교 앞에 이르는 중간 지점쯤에 해당된다고 하였
다.15)

　동평관의 규모에 관한 기록은 전혀 남아 있지 않아서 알 수 없지만,
실록에 의하면 1496년(연산 3) 10월 14일 「동평관의 왜인이 모두
58인인데……」라는 기록과 1509년(중종 4) 2월 7일 「동평관 왜인
40여인이……」라는 기록이 있어 적어도 50여인 정도는 한 번에 머물
수 있는 크기였다고 생각된다. 그러나 이곳은 항상 비좁았던 모양으
로, 1422년(세종 4) 11월 일본 국왕사 圭籌일행 135명이 상경하였
을 때는 동평관과 서평관외에 墨寺라는 절을 객사로 이용하였으며, 이
후에도 인원이 많을 때는 묵사가 왜인객관으로 이용되었던 것 같다.
그래서 1434년에는 동·서평관을 합하여 하나의 관으로 하고, 관의

---

13) 『太宗實錄』 권17, 9년 2월 기해.
14) 『通文館志』에는 「館于東平館 館在南部 樂善坊 今之 倭館洞也」로 되어 있으
　　며, 『新增東國輿地勝覽』에는 「東平館 在南部樂善坊 待日本諸國使」. 『宮闕志』
　　에는 「東平館 在南部樂善坊 接待日本諸國使之所 今廢」. 『文獻備考』에 「東平
　　館 在南部 樂善坊 接待日本使之所 今廢」. 『東國輿地備考』에 「在南部樂善坊
　　國初置 接待日本諸國使之所 壬辰兵燹燬 遂廢 今稱其地爲 倭館洞」. 『漢京識
　　略』에 「東平館 在南部薰陶坊 接待日本使之所 今廢」라고 되어 있다.
15) 金永上, 『서울六百年』 제2권, 한국일보사, 1995, 129쪽.

남쪽에다 두 곳을 더 짓도록 하였으며16), 1445년에 묵사를 해체하여 왜관을 수리하도록 하였다.17) 그리고 왜인들의 동평관 체재기간을 정하되, 짐의 양이 30바리 이하는 10일 이내, 40바리 이상은 20일 이내, 80바리 이상은 30일 이내로 하였다.18)

동평관의 직제에 관하여는 監護官을 책임자로 하되, 現任 散官으로 3품이하 6품이상으로 하며, 監護官 3인에 錄事 2인을 두되, 감호관 3인중 1인은 의금부 관원으로 임명하였다. 그리고 동평관은 5품관아로 하였다. 당초 동평관은 단순히 상경 왜인들의 숙소였으나 점차 숙소의 기능을 초월하여 倭人行政 일반에 이르는 업무도 담당하였다. 예를 들

---

16) 예조에서 아뢰기를, 「성상의 하교를 받자와 倭館의 禁防條件을 상고하오니 ≪六典≫에 갖추어 실려 있사오매, 謄錄을 거듭 밝혀 거행하겠나이다. 東西平館 및 墨寺에 나누어 들은 客人이 무시로 서로 찾고 서로 왕래하옵는데, 근처에 사는 사람과 모리배들이 인연을 따라 서로 통하여 몰래 숨어서 貿易을 하므로 그 폐단을 막기 어렵사오니, 동·서관을 합하여 한 館으로 하시고, 빈집을 더 짓되, 사면의 난간과 담을 높이 쌓고서, 해가 돋은 뒤에 문을 열고, 해가 질 때에 문을 닫아 출입을 엄히 하며, 왜인의 물건을 무역하는 閑雜人 등은, 公廳에서 무역하는 때 이외에는 館內나 館外를 막론하고 客人 등과 더불어 몰래 숨어서 대화하는 자는 언제든지 즉시 구속하여, 違令律에 의하여 과죄함으로써 潛通하는 폐단을 막게 하옵소서」하매, 상정소로 하여금 이를 의논하게 하니, 황희 등이 의논하기를, 「예조에서 아뢴 바에 따라 시행하되, 단지 해가 돋아 밝아 올 때에만 문을 열고, 해가 져서 어두워 질 때에 문을 닫는 것이 어떻겠습니까」 하고, 허조는 의논하기를, 「마땅히 예조에서 아뢴 바에 따라 동·서관을 합쳐서 한 館으로 만들고, 빈집을 더 짓되, 사면의 난간과 담을 높이 쌓아서 출입의 금지를 엄하게 하고, 단지 그 體制만은 신이 지난해에 중국에 갔을 때에 본 바, 金陵館舍의 제도를 생각하옵건데, 會同館의 북쪽에 나아가면 客館을 4區에 나누어지었으되, 구마다 각각 前後廳이 있고, 廳의 좌우에는 침실이 있으며, 또 각각 대문이 있고, 後廳으로부터 대문 좌우에 이르는 곳에는 각각 行廊이 있어, 이름을 「吳蠻驛」이라 하였는데, 제1소·제2소·제3소·제4소가 함께 한 담 안에 있었습니다. 이제 이 제도에 의하여 舊館은 그대로 두고 관의 남쪽에다가 두 곳을 더 지어, 舊館과 아울러 네 곳[所]이 되게 만들되, 관의 크고 작음은 땅의 형편에 따라서 참작하여 배치하여 짓게 하옵소서.」하니, 허조의 의논에 따랐다.

17) 『世宗實錄』 권64, 16년 6월 기사, 권110, 27년 11월 정축.

18) 『世宗實錄』 권82, 20년 9월 갑오.

면 1444년 (세종 26) 11월 예조에서는 동평관의 공문에 의거하여 부산포 왜인들이 동래온천에서 목욕하는 것을 허락하였으며,[19) 1464년 (세조 10) 6월, 예조에서는 동평관의 呈文에 의하여 삼포왜인들의 동정을 보고하고 있는 것을 볼 수 있다.[20)

이것으로 볼 때, 상경한 모든 왜인들은 그들의 상경목적이 끝날 때까지는 동평관에 머물면서 지냈으며, 조선측에서 정한 규율에 따라 행동이 제한되었음은 물론이다. 예를 들면 동평관에 머무는 동안 왜인들은 5일에 한 번씩 식량과 연료 등을 조선으로부터 무상으로 지급받았다.[21) 그리고 이들에게는 예조에서 정해진 규정[22)에 의하여 공식적인

---

19) 『世宗實錄』 권106, 26년 11월 병자.
20) 『世祖實錄』 권33, 10년 6월 병신.
21) 국왕사신에게는 早飯과 세끼 식품이 삼포에서와 같다. 식품을 그냥 받기를 원하면, 조반은 익힌 음식으로 주고, 나머지 세 끼니는 5일에 한 번씩 합해서 준다. 정관 이상은 한 사람에게 中米 2말, 黃豆 6말(船主押物侍奉은 콩 5말), 밀가루 7되, 마른고기 150개, 조기 5마리, 청어 20마리, 새우젓 3되, 준치 2마리, 생선 5마리, 소금 5홉, 참기름 2홉, 간장 3되, 초 1되 5홉, 미역 10냥, 芥子 2홉, 차 2홉이다. 僧에게는 생선과 젓을 빼고 참버섯, 표고버섯, 죽순, 吾海召 각 5홉씩을 준다. 청주는 3병, 땔나무 35근, 탄은 2월부터 9월까지는 2말 5되, 10월부터 정월까지는 5말 5되를 준다. 수행원은 한 사람에게 중미 2말, 황두 4말, 메밀 5홉이고 나머지는 위와 같다. 여러 추장의 사자는 조반과 세끼 식품을 그냥 받는데, 국왕사신의 예와 같다. 대마도 특송절도사의 사자도 또한 국왕의 사신과 같다(도급할 적에는 밀가루·말린 고기·준치·생선·차·참버섯은 없음). 여러 추장의 사자 이하는 1일 두끼 식품을 그냥 도급받는데, 중미 1말 5되, 황두 3말(수행원은 2말), 청주 2병이고, 잡물은 특송사의 예와 같다. 조반은 익힌 것으로 대접한다. 싸리 홰는 국왕사신에게는 매일 3자루씩 도급받는다(『海東諸國紀』 위의 책, 157쪽, 京中日供).
22) 국왕사신의 연회의식은 兼判書·判書·參判은 동벽에서 交椅에 앉고(각기 차례대로 조금씩 뒷편으로 가서 앉음), 상관인과 부관인은 서벽에서 교의에 앉는다. 정관은 서벽 뒷줄에, 수행원은 月臺 위에서 북쪽을 향하여 모두 승상에 앉는다. 객사는 서쪽 협문으로부터 들어와서, 겸판서·판서·참판 앞에 나아가 모두 재배하고(모두 답배한다), 각기 자리에 나아가서 앉는다. 정관은 서쪽 뜰로부터 들어오고, 서쪽 섬돌로 올라가, 동벽에 나아가서 재배하고(답배는 없음), 수행원은 중앙 섬돌위에 나아가서 북쪽을 향하여 재배하고, 각기 자리에 나아가서 앉는다. 연회가 끝나면 각기 재배하기를 처음의 의례와 같

연회를 베풀어주었으며23), 사신과 사자들에게는 3일에 한 번씩은 주간에 술대접을 하였다.24) 숙배일이 정해지면 궐내에 입시하여 국왕에게 배알하는데, 국왕의 숙배 때에도 궐내에서 공식적인 연회25)를 베

이하고 나간다. 여러 큰 추장 사신의 연회의식은 겸판서는 북벽에, 판서는 동벽에, 참판은 조금 뒷편에서, 모두 교의에 앉고, 상관인과 부관인은 서벽에 정관은 뒷줄에, 수행원은 월대위에서 모두 승상에 앉는다. 상관인과 부관인은 서쪽 섬돌로 들어와서, 겸판서 앞에 나아가서 재배하면, 겸판서는 읍으로 답한다. 또 동벽에(판서·참판에게) 나아가서 재배하기를 위와 같이 하고, 자리에 나아가서 재배한다(모두 답례는 없음). 수행원은 중앙 섬돌위에 나아가서 북쪽을 향하여 재배하고, 동쪽을 향하여 재배한다. 각기 차례대로 자리에 나아가서, 각기 술잔을 드리고 연회를 행한다. 연회가 끝나면, 각기 재배하기를 처음의 의례대로 하고 나간다. 여러 추장의 사신의 연회의식도 우두머리 추장의 사신의 연회의식과 같다(답배는 없음)(『海東諸國紀』 앞의 책, 165쪽, 禮曹宴儀).

23) 국왕사신의 위로연은 상관인·부관인은 散子(모시로 만든 조화) 외에 小一果四行床, 紵布花를 차리며(勸花도 같음), 정관은 長車食四行床, 紙花를 차린다(勸花도 같고 수행원도 또한 같음). 예조 당상관은 馬蹄車食三行床을 차리며, 수행원은 馬蹄車食九果床을 차리는데 모두 네 가지 탕과 點點果(이상은 예빈시에서)·大肉(司畜署에서 준은 떡을 주는데 예빈시에서 맡음)·술(사온서에서)이 있다. 기생 2명은 常例의 배이며, 近杖使令 30명은 모두 皂隷의 의관을 착용한다(병조에서 맡음). 전송하는 연회도 이와 같다. 여러 추장의 사자는 국왕사신의 예와 같다. 대마도 특송과 구주절도사의 사자에 대한 연회물품은 국왕사신과 같으며 紙花도 있다(권화도 같음). 여러 추장의 사신이하는 상관인은 長車食四行床을 차리고, 수행원은 마제거식구과상을 차리는데, 모두 네 가지탕과 점점과·대육이 있고 지화도 있다(『海東諸國紀』 위의 책, 159쪽, 禮曹宴).

24) 국왕사신에게는 3일에 한 번씩 차린다. 상관인·부관인·정관·對客(禮賓寺正이 사고가 있으면 內資寺正이나 內贍寺正이 대행함)은 거식칠과상을 차리고, 수행원에게는 거식오과상을 차리는데, 모두 세 가지 탕·點點果(예빈시에서 차림)·술(사온서에서) 등을 차린다. 여러 추장도 국왕의 사신과 같다 (『海東諸國紀』 위의 책, 157쪽 晝奉杯).

25) 국왕의 사신은 진상 숙배한 다음에 궤향한다. 상관인·부관인은 茶食외에 안주를 차리고, 小一果四行床에 絲虛乙巨皮·絲表花纓絡·炷香具를 배설하며, 正官對客(내시부관원)은 馬蹄車食 안주를 차리고 四行床을 배설한다. 수행원대객은 마제거식 구과상을 차리는데, 모두 네 가지 탕·점점과·술·대육을 차린다. 하직 숙배할 때의 궤향도 진상 숙배의 예와 같다. 여러 추장의 사자

풀어주었으며, 특별히 선물도 주었다.[26) 배알이 끝나면 가져온 물건들을 進上하였고, 조선에서는 진상품에 대하여 回賜의 형식으로 하사품을 주었으며 이 방법을 통하여 공무역이 이루어졌다. 그리고 정해진 기일이 지나면 상경하였던 길을 되돌아가는데, 역시 정해진 규정에 따라서 환송연으로 下程과 別下程이라는 연회를 열어주었다.[27)

그렇다면 조선정부에서는 왜, 무슨 이유에서 이렇게 많은 왜인들을 상경시켜서 복잡한 절차와 비용을 들여가면서 이들을 접대하였을까.

왜인들이 상경을 하여 행하는 가장 큰 의식은 역시 국왕을 알현하고 숙배하는 일이었다. 이것은 중국에서 漢代이후 일반화된 朝貢과 같은 성격을 가진 것으로서, 조선주변의 이민족들이 조선에 臣禮行爲를 취하는 일종의 외교적인 행위로 조선에 복속하는 의미를 지닌다. 즉 조선에서는 명 이외의 주변국에 대하여는 교린정책을 취하여 왔는데, 그 교린관계의 구조와 성격을 구체적으로 살펴보면, 일본의 중앙정권인 막부장군에 대하여는 조선국왕과 對等關係를 맺지만, 그 외의 일본의

는 국왕 사신의 예와 같다. 대마도 특송 사신과 구주절도사의 사신은 상관인·부관인에게는 다식 외에 안주를 차리고, 小一果四行床을 배설한다. 허을거피는 국왕사신의 예와 같다. 대객정관은 마제거식사행상을 차리고, 수행원은 마제거식구과상을 차리는데, 모두 네 가지 탕·점점과·대육을 차린다. 수행원대객은 마제거식구과상을 차리는데, 모두 네 가지 탕·점점과·건대육을 차린다(『海東諸國紀』 위의 책, 158쪽, 闕內宴).

26) 국왕의 사신은 상관인·부관인에게는 각각 아홉새 검은 무명 장삼 한 벌(홑과 겹은 철에 따름), 아홉새 흰무명 장삼 한 벌, 아청색 비단으로 안 넣은 남초 승관 하나, 검은 말가죽 운혜 한 켤레, 아홉새 명주·흰모시·검은 삼베 각 한 필을 준다. 여러 큰 추장들의 사자에게는 국왕사신의 예와 같다. 구주절도사의 사자에게는 의복·관·신이 국왕사신의 예와 같다(나머지는 물품이 없음)(『海東諸國紀』, 앞의 책, 160쪽, 例賜).

27) 국왕의 사신과 큰 추장의 사절은 모두 3회, 구주절도사의 사자와 특송사에게는 2회를 하는데, 매회에 술·떡·과일·소채·海菜·말린 버섯·죽순·두부·밀가루·꿀·건어육·생어육·젓·겨자·오미자·차·기름·간장·초 등의 물품을 예조에서 위에 아뢰어 급여한다. 그 회수와 물품은 접대의 후박, 인원수의 과다, 체류일수의 많고 적음으로 가감하여 작정한다. 별하정도 또한 이와 같이 승정원에서 아뢰어 물품을 급여한다(『海東諸國紀』 앞의 책, 160쪽, 下程).

제세력과 유구, 여진에 대하여는 羈縻關係라고 하는 조선이 우위에 있
는 특수한 관계를 설정하였던 것이다.28) 따라서 조선과 통교무역을
원하는 모든 자들에게는 조선이 정한 규정에 따라서 입국하여 조선국
왕을 알현하는 외교적인 절차를 밟게 함으로서 조선을 大國으로 섬기
는 자세를 취하게 했다. 특히 수직왜인의 경우는 반드시 년 1회 삼포
를 통해 조선에 입국하여 상경을 한 후, 조선국왕을 알현하는 것을 의
무화했다. 그리고 이 절차에 따라야만 무역을 허가하였으며, 그것을
公貿易이라고 했다. 따라서 이들은 무역을 위해서라도 상경을 해야했
고, 또 국왕을 알현해야만 했다.29)

　왜인과 여진인(野人)이 나란히 서서 조선국왕을 알현한 기록은
1398년 정월 초하루에 처음 나온다.

　　　이날 태조는 근정전에 나앉아 백관의 朝賀를 받았다. 여러 도의 軍
　民官이 각각 方物을 바치고, 吾都里의 吾郎哈 만호가 또한 방물을 바
　쳤다. 禮가 끝나매 군신에게 잔치를 베풀었는데, 일본국 사자와 一
　岐 · 對馬 · 覇家臺 사자가 오도리 오랑합과 함께 잔치에 참여하여 매
　우 즐기고 파하였다.30)

고 기록하고 있다. 그후 1426년(세종 8)에는 왜인 · 야인 뿐만 아니라
이슬람의 승려인 回回道僧도 참가하여 경회루에서 이들과 함께 연회를
베풀고 있다.31) 이후의 『朝鮮王朝實錄』에는 해마다 정월 초하루의 朝
賀에 왜인과 야인의 모습이 묘사되어 있다. 그 수도 일정치 않은데,
많은 경우 1459년(세조 5) 정월 초하루 조하에는 왜인 · 야인이 500
여인에 달하였다고 기록하고 있다.32) 왜인과 야인의 자리 위치는 초

---

28) 孫承喆,『朝鮮時代 韓日關係史硏究』제2장 1. 조 · 일 교린 체제의 구조와 성
　　격, 참조.
29) 韓文鐘,『朝鮮前期 對日外交政策硏究』위의 논문, 제3장. 참조.
30)『太祖實錄』권13, 7년 정월 기유 삭.
31)『世宗實錄』권31, 8년 정월 병신 삭.
32)『世祖實錄』권13, 2년 1월 신미.

기에는 야인이 위에 위치하였다. 그러자 1431년의 朝賀에서 왜인이
화를 내자, 이후 동서로 나누어 왜인이 동쪽(문반의 열)에 그리고 야
인은 서쪽(무반의 열)에 배열하였다.33)

당시 왜인과 야인에 대한 조선인의 인식은 매우 비판적이었다. 그럼
에도 불구하고 정월 초하루의 朝賀儀式에 이들을 참석시키는 이유는
무엇일까. 그것은 조선으로서는 남으로는 왜인, 북으로는 야인을 복속
시켜 왕권의 장엄함을 고양하며, 朝鮮中心의 中華意識을 고취시키는
것이었다.34)

또한 이들 왜인과 야인에게 조선이 大國이라는 인식도 심어주었다.
예를 들면 1444년(세종 26) 정월초하루에는 일본국왕사 光嚴 등 80
인과 야인 浪卜兒罕 등 49인에게는 대궐 마당에서 음식을 먹였는데,
날이 저물어서는 근정전 뜰에 火棚을 설치하여 왜인과 야인에게 보게
하였다.35) 그리고 1464년(세조 10) 10월 어느날 저녁에 임금이 忠
順堂에 나아가서 화포 쏘는 것을 구경하였는데, 이 자리에 야인 馬仇
音波 등 21인과 왜호군 三甫郎·大郎 등 3인이 입시하여, 후원과 백
악산(북악산) 꼭대기에서 일시에 화포를 쏘는 것을 보았는데, 그 소리
에 천지가 진동하니, 왜인과 야인이 놀라고 두려워하며 실색하였다고
한다.36)

이상의 내용으로 볼 때, 조선에서는 결국 의도적으로 이들 야인과
왜인을 상경시켰던 것이고, 국왕알현의 절차를 통하여 조선에 외교적
으로 복속을 시키고, 그 대가로 무역을 허가해 준 셈이 되는 것이다.

---

33)『世宗實錄』권51, 13년 1월 병술.
34) 高橋公明은 이렇게 형성되는 외교관계를 총체적으로「朝鮮外交秩序」라고 명
   명하였다.「外交儀禮よりみた室町時代の日朝關係」『史學雜誌』91~8, 1982,
   67쪽.
35)『世宗實錄』권103, 26년 1월 신해.
36)『世祖實錄』권34, 10년 12월 무신.

4. 大藏經의 청구

상경하는 왜인들의 큰 목적중의 하나가 朝貢 - 回賜의 격식을 갖춘 공무역이었는데, 공무역에는 回賜이외에 求請이라고 하는 형식으로 그들이 필요한 물자를 지급받는 절차가 있었다. 이들 使送倭人이 구청하는 물자 중에서 특이한 것으로 大藏經이 있었다.

당시 일본은 足利幕府 시대로 접어들면서 각지에 佛寺를 창건하면서 많은 불경과 범종이 필요하였는데, 필요한 佛具의 대부분이 조선으로부터 조달되었다. 따라서 장군의 사절인 국왕사는 물론 각 지방의 호족 내지는 중소 세력가에 이르기까지 대장경의 확보에 아주 적극적이었다. 이러한 현상에 대하여 1429년 통신사로 장군의 취임을 축하하기 위해 일본을 다녀온 大司成 朴瑞生은 귀국보고서에서

> 일본이 불교를 숭상하고 있으므로 交好하는 데 있어 증여할 물건은 佛經보다 나은 것이 없사오니, 각처에 있는 불경을 고찰 열람하고 그 成秩 여부를 살펴서 옛 것을 보충하도록 하고, 이를 貯藏·備蓄하여 뒷날 通好의 자료로써 대비하소서.[37]

라고 하여 일본과의 우호교린을 위하여 불경의 하사가 아주 중요한 값어치가 있음을 역설하였다. 이는 당시 일본이 불교를 숭상하였고, 조선의 통교상대자들이 역시 불교를 숭상하고 있었음을 시사하는 것으로, 조선의 교섭대상이 되었던 막부의 장군이나 중소영주에게 대장경의 증여가 중요한 역할을 하고 있었음을 알 수 있다.[38] 뿐만 아니라 일본에 대장경을 주는 것은 조선이 역시 문화적으로도 大國이라는 인

---

37) 『世宗實錄』 권46, 11년 12월 을해.

38) 대장경의 청구와 조선의 입장에 관하여는 村井章介, 「≪倭人海商≫の國際的 位置」『アジアのなかの中世日本』(校倉書房, 1988), 羅鐘宇, 『韓國中世對日交 涉史研究』 제7장 (원광대학교 출판부, 1996) 참조.

식을 일본인들에게 심어주기에 충분한 증거가 될 수 있었다. 그리하여 일본인들은 대장경의 청구만을 목적으로 조선에 도항하기도 했다. 상경한후, 국왕을 알현하였고, 그 자리에서 대장경을 하사받게 되었던 것이다. 기록에 의하면 조선왕조 건국직후인 1394년부터 1539년까지 정확히 판명되는 것만도 청구횟수는 78회 이상이었고, 50질 이상의 대장경이 왜인들에게 하사되어 일본에 전해졌고, 그 일부는 지금까지도 일본 내에 전해지고 있다.[39]

『朝鮮王朝實錄』에 기록된 대장경 청구에 관한 기사를 도표화하면 다음과 같다.

표2]   大藏經의 請求와 回賜 일람표

청구년	청구자	사자	가부	출전
1394	今川了俊		○	태조 3-12 是月, 4-7신축
1396	大內義弘	通竺·永琳	○	태조 5-3 是月
1397	涉川滿賴		×	태조 6-12 是月
1398	足利義滿 夫人	靈智	×	태조 7-12 是月
1399	足利義滿		×	정종 원-5 을유
1400	博多承天寺住持門公		×	정종 2-10 병오
1406	足利義滿		×	태종 6-2 무자
1407	大內盛見	通寶·仁方	○	태종 7-9 신해
1408	〃		○	태종 8-5 경오, 8 병자
1409	〃	周鼎	○	태종 9 윤4 계축, 무진
〃	斯波義將	周護·德林	×	태종 9-12 갑인, 10-1 병술
1410	一岐州知主源良喜		×	태종 10-1 을미
〃	〃		×	태종 10-4 갑자
1411	九州江州守窓滿家·沙彌源英		×	태종 11-5 병술

---

39) 예를 들면 1482년(성종 13) 일본국왕사 榮弘이 大和國 圓成寺에 기부하기 위해 조선으로부터 받아갔던 大藏經은 德川家康의 손을 거쳐서 지금은 東京 시내 芝의 增上寺에 현존하고 있다(앞의 村井章介 책, 336쪽).

청구년	청구자	사자	가부	출전
1411	源良喜		×	태종 11-7 갑신
〃	足利義滿		○	태종 11-10 기유, 12 정해
〃	大內盛見		×	〃
1413	源良喜		×	태종 13-2 기묘
〃	宗貞茂		○	태종 13-3 신사
〃	筑州藤公(小貳氏)	慶勝	○	태종 13-6 무오
1414	足利義持	圭籌	○	태종 14-6 신유, 7 임오
1415	大內盛見		×	태종 15-7 을묘
1416	宗貞茂・大內盛見		○	태종 16-8 기묘
1417	大內盛見		×	태종 17-9 임오, 세종 즉위년 8 무술
1419	足利義持	無涯亮倪・ 平方吉久	○	세종 원-12 정해, 2-1 을사
1420	涉川滿賴		×	세종 2-12 임인, 3-정 무진
1421	涉川義俊		×	세종 3-11 을해
1422	足利義持	圭籌・梵齡	○	세종 4-11 을사, 12 을해
〃	足利義持 母	〃	○	세종 4-11 병인・을사,12 기해
1423	涉川義俊		×	세종 5-11 무인
〃	足利義持	圭籌・梵齡	○	세종 5-12 임신, 6-2 경술
1425	足利義持	西當・梵靈	×	세종 7-4 신해, 5 무인
1432	足利義教	梵靈・ 而羅(次郎)	○	세종 14-5 경진, 7 임오
1434	宗貞盛		×	세종 15-3 임오
1440	大內持世	一照	○	세종 21-8 경오, 9 경술
1443	足利義勝	光嚴・祐春	○	세종 25-10 갑오, 11 기사, 26-1 경신
〃	大內敎弘	德模・慶柔	○	세종 25-12 신묘, 26-1 신미, 7 임술
1445	呼子高(壹岐)		○	세종 27-3 을유
〃	宗貞盛	頓沙文	○	세종 27-5 정해
1446	大內義弘	德模	○	세종 28-6 갑인
1448	足利義成(義政)	文溪正祐	○	세종 30-4 임오, 6 을해, 8 경진

청구년	청구자	사자	가부	출전
1449	宗貞盛	道門	○	세종 31-8 병인, 9 신사
1450	足利義成	景楞	○	세종 32-2 신유, 문종 즉위년-5 기유
〃	宗金(博多商人)	宗金	○	문종 즉위년-12 계미
1452	足利義成	定泉	○	단종 즉위년-10 계묘
1455	琉球國王 尙泰久	道守	○	세조 원-8 무진, 4-3 무술
1456	足利義政	承傳	○	세조 2-3 갑신, 7 무진
1457	〃	全密・永嵩	○	세조 3-3 무인, 5 무자
1459	〃	秀称	○	세조 5-6 계축, 8 임신
1460	畠山義就		×	세조 605 경인
〃	斯波義敏	寶桂	○	세조 6-9 경자
1461	琉球國 中山王	普須古・蔡璟	○	세조 7-12 무진
1462	日本國王	順惠	○	세조 8-10 경오
1470	日本國京城管領畠山	向陽	○	성종 1-8 병인
1471	琉球國王	自端西堂	○	성종 2-12 경진
1473	大內政弘	源周德	×	성종 4-8 무진
1478	久邊國主 李獲	閔富	×	성종 9-11 경신
1479	大內政弘	瑞興	○	성종 10-4 계묘
〃	琉球國王 尙德	新時羅(新四郎) ・三未三甫羅	×	성종 10-7 신사
1482	日本國王 源義政	榮弘首座	○	성종 13-4 정미
〃	夷千島王遐	宮內卿	×	성종 13-4 정미
〃	久邊國主 李獲		×	성종 13-2 병오
1483	琉球國王 尙圓	新四郎・ 耶次郎	×	성종 14-12 정축
1485	日本國 大內政弘	元肅・朱村	○	성종 16-8 무신
1487	對馬州太守 宗貞國	宗國秀	○	성종 18-2 정축
〃	日本國王 源義政	等堅首座	○	성종 18-4 을미
〃	日本國 大內政弘	鐵午	○	성종 18-7 계해
1489	日本國王 源義政	惠仁・片剛	○	성종 20-9 임오
〃	日本國 大內政弘	慶彭首座	○	성종 21-10 임술
1491	日本國 源義材	〃	○	성종 22-8 무신
〃	琉球國王 尙圓	耶次郎・ 五郎三郎	○	성종 22-12 갑자

청구년	청구자	사자	가부	출전
1499	日本國 源義高	正龍首座	○	연산 3-2 신축
1500	琉球國 中山王 尙眞	梁廣 · 梁椿	○	연산 6-11 정묘
1502	日本國(足利義材)	弸中 · 智瞻	○	연산 8-1 임진
〃	日本國王 源義高	周般 · 昌琇	×	연산 8-4 신유
1517	日本國(足利義殖)	大蔭	○	연산 12-5 기묘
1537	日本國王(足利義晴)	東陽東堂	×	중종 32-1 계사
1539	大內義隆	龍檋東堂 · 尊海	×	중종 34-8 정축

　여기서 대장경의 청구를 위하여 상경한 예를 하나 들어보자.

　『中宗實錄』 34년 8월 정축조에는 大內義隆의 사절인 東堂과 尊海의 상경과 中宗 알현 기사가 있는데, 이 사절이 바로 위의 도표에 나오는 대장경청구 마지막 사절이었다. 현재 일본에는 당시 사절로 파견되었던 尊海의 기행문이 남아있는데, 이 기록에는 대장경청구의 실상이 자세히 묘사되어 있다.[40]

　尊海가 일본의 博多를 출발한 것은 1538년 7월초였다. 대마도에 도착한 후, 조선에 도항할 선원을 구하였으나 쉽게 구하질 못하고, 이듬해 4월이 되어서야 겨우 人選을 마쳤다. 그만큼 조선 도항에는 기술과 조선과의 접촉에 외교적 수완이 있는 인물이 필요했기 때문이다. 5월 9일 부산에 입항한 이들은 양산 - 경주 - 영천 - 안동을 거쳐 영주에서 죽령을 넘어 단양 - 충주에 이르러서는 수로로 한강을 거슬러 올라 윤 6월 8일, 서울의 豆毛浦에 도착하여 입성하여 동평관에 여장을 풀었다. 그리고 13일에는 예조에 도착인사를 한후 進物을 봉정했다. 16일에는 예조연에서 대장경을 청구했는데, 예조로부터의 답변은 「우리나라는 불교를 숭상하지 않고, 사찰이 모두 불타버려 이제 대장경은 없다」고 하였다.

　국왕 중종에의 알현은 7월 20일에 예정되었었지만, 날씨가 더워서 연기를 거듭하다가 8월 13일에야 경회루에서 실현되었다.[41] 일반적

---

40) 村井章介,「倭人たちのソウル」『韓國文化』 16-6, 1994.
41)『中宗實錄』권91, 34년 8월 정축.

으로 국왕에의 알현은 근정전에서 이루어지는데, 당시 날씨가 무더워 연못 위에 지어진 경회루에서 이루어진 것 같다. 이어서 추석인 15일에도 국왕에의 알현이 이루어졌다. 국왕 알현 후 23일에 다시 예조연이 베풀어졌고, 그 자리에서 재차 대장경의 하사를 요청하였다. 그러나 9월 4일, 예조로부터는 진상에 대한 회사품으로 綿紬·苧布·人蔘·淸蜜·虎豹皮 등의 물품만 받았을 뿐, 정작 대장경은 없었다. 결국 13일에는 서울을 출발하여 귀로에 올랐다. 일년 이상의 대장경 청구노력이 수포로 끝나고 말았다. 이 기행문은 「고려(조선)에 가도 대장경은 없다」는 말로 끝을 맺는다. 이 기록의 결과인지 이후 다시는 조선에 대장경을 청구했다는 기록은 찾아 볼 수가 없다.

5. 密貿易의 실태

한편 서울에 왔던 또 다른 형태의 왜인들은 앞서 언급한 바 있는 來住倭人 집단이었던 향화왜인과 수직왜인들이었다. 그들 가운데 최초로 이름을 알 수 있는 인물은 1396년 12월에 상경한 疚六인데, 그는 태조에게 숙배를 하는 자리에서,

> 전하께서 항복하는 자를 어루만져 안정시켜 주시고 지난날의 악한 것을 생각치 않으신다기에 토지를 청해서 백성이 되고자 합니다.

고 아뢰자, 태조는

> 가는 자는 붙들 필요가 없고 오는 자는 거절할 필요가 없는 것이니, 너의 거취는 오직 너의 마음에 있는 것이다.42)

고 하며 묵고 있는 곳에서 연회를 베풀어주도록 하였다. 그리고는 疚

---

42) 『太祖實錄』 권10, 5년 12월 을사.

六에게는「宣略將軍 龍驤巡衛司 行司直兼 海道管軍民 万戶」의 무관벼슬을 내려주었는데, 이것이 수직왜인의 효시가 된다. 선략장군은 종4품의 관직으로서 파격적인 대우를 한 것이다. 그후 疚六은 1397년에 두 번에 걸쳐서 米豆 100석을 하사 받았고, 1398년에는 藤六으로 개명하여「宣略將軍行中郎將」에 임명되었다.

수직왜인 羅可溫의 경우는 1397년(태조 6) 4월 兵船 24척을 몰고 투항한 후, 일행 80인중 12인을 데리고 상경할 것이 허락되었다. 羅可溫 일행은 상경한 후 근정전에서 조하를 할 때는 동8반의 班頭에서 태조를 알현하였는데, 당시 조하의 자리에는 서반의 같은 열에 섬라곡(태국) 사자들이 있었다.43) 이때 羅可溫은 선략장군에 수직되었고, 7월에는 그의 아들이 죽자 왕명에 의하여 장례를 치루기도 했다. 이듬해에는 疚六과 함께 林溫으로 개명하였고「宣略將軍行中郎將」이 되어 조선군에 편입되어 왜구격퇴의 공을 세우기도 했다. 그후 1411년에는 老病을 이유로 대마로 돌아가는 것이 허락되었다.

또 하나의 예로 1397년 8월에 왔던 대마의 중 平原海는 의술이 있어 전의감 박사에 수직되었다. 1403년에는 노비 2구가 하사되었고, 1408년에는 태종의 치료에 효험이 있어 판전의감사(정 4품)에 승진되었다. 향화왜인들에 대한 이와 같은 우대로 1416년(태종 16)에는 서울에 거주하는 향화왜인의 수가 100인을 넘어, 정부에서는 이들을 각 도에 분치하여 농업에 종사시키도록 했다.

> 서울에 머물러 있는 왜인을 각 도에 나누어 두어 농업을 하게 하였다. 임금이 말하였다. "서울에 거주하고 있는 왜인이 1백여 명이나 되니, 이것이 두렵다. 또 하늘이 水旱의 재앙이 있으면 구제하기가 어렵다."44)

이같이 향화왜인을 전국에 분치한 이유는, 첫째가 치안상의 문제였

---

43)『太祖實錄』권11, 6년 4월 계미, 무자, 병오.
44)『太宗實錄』권32, 16년 8월 임오.

고, 두번째는 경제적인 부담이었다. 그 예로 1444년 6월, 예조에서는 서울에 있는 향화왜인들이 마음대로 유희하면서 밤에는 모여서 음주를 하고, 시가를 횡행하며 물건을 훔치며 사람들을 구타하며 상처를 입힌 다고 규탄하였다.[45] 그 이듬해에는 향화왜인 邊佐와 그의 아들 孝忠·孝生이 관직이 낮고, 녹봉이 적다고 불만을 토로하면서 본국으로 돌아가겠다고 하여 의금부에 감금한 일이 있었다.[46]

한편 이들에 의한 피해가 적지 않았는데, 무엇보다도 말썽이 된 것은 정식으로 허가된 公貿易 이외로 몰래 밀무역을 하는 것이었다. 실록에는 수많은 밀무역 사건이 기록되어 있으며, 왜인의 서울 거주에 가장 큰 두통거리로 기록하고 있다. 그 한 두 가지 예를 들어보자.

1411년(태종 11) 12월에는 태종의 총신 宋居信이 금은을 가지고 동평관의 왜인과 무역을 한다고 고발된 일이 있었고[47], 1414년 3월에는 훈련관에서 비 때문에 동평관내에서 武經을 행하는데, 서평관에서 술을 마시고 있던 宗貞盛의 사인 沙蒙古老가 강의실에 뛰어 들어와

---

45) 『世宗實錄』 26년 6월 정해. 「예조에서 아뢰기를, "表思溫이 처음에는 우리 조정에 숙위하려고 島主 宗貞盛의 書契를 받아 가지고 와서 司正까지 받게 되었으니, 國恩을 후히 입음이 우리 나라 臣民과 다름이 없었사온데, 작년 겨울에 어미의 병으로 인하여 그 本島에 돌아가기를 고해서 賜暇를 주었더니, 그대로 오지 아니하여 가고 머무르는 것을 제 마음대로 하여 꺼리고 두려워하는 바가 없으며, …(중략)… 이제 東平館에 이르러서 支待가 늦다고 하여 通事에게 욕설을 하고, 또 밤을 타서 담을 뛰어넘어 城中을 橫行하여, 종적이 괴상하오며 心志가 측량하기 어렵습니다. 本曹에서 불러서 오라 한즉, 말하기를, '나는 이 나라 사람이 아니다.'하고, 드디어 항거하고 오지 않았으니, 橫逆이 막심하옵니다. 이로써 보게 되면 나라를 배반하는 情迹이 드러났을 뿐만이 아니오라, 이런저런 핑계로 장차 혼란을 꾸미려는 것을 환하게 의심할 바가 없사오니, 청하옵건데, 추핵하여 미리 방비하게 하소서."하니, 의금부에 내려 국문하게 하였다」.

46) 『世宗實錄』 권103, 26년 1월 정사. 「向化한 왜인 副司正 邊佐와 그 아들 邊孝忠·邊孝生을 의금부에 내려 국문하였으니, 佐 등이 직위가 낮고 녹봉이 박함으로써 忿怨을 일으키고 本土로 돌아가려 하였기 때문이었다」.

47) 『太宗實錄』 권22, 11년 12월 기사. 「사헌부에서 礪良君 宋居信의 죄를 청하였다. 송거신이 금하는 물건인 金銀을 사용하여 倭館과 무역한 일이 발각되었다. 憲司에서 청하니, 논하지 말라고 명하였다」.

제지하던 문지기를 칼로 찔러서 상처를 입히는 사건이 발생하기도 했다. 어찌보면 간단한 사건인 것 같지만, 이 사건으로 인하여 통사 崔古音龍과 서평관 녹사 河沚가 함께 구금되었고, 宗貞盛의 사자가 귀환할 때에 巡禁司의 보고에 「최근 왜관에서 금물을 밀매하는 자가 급증하고 있으며, 고관이 관련되어 있다」고 한 것을 보면, 이 사건도 밀무역과 관련이 있는 것으로 짐작하기는 어렵지 않다.48)

특히 이러한 밀매에는 동평관의 房守가 직접 관여가 되었으므로 조선에서는 방수의 임명에 특히 여러 가지 규율을 정하기도 했다.49) 뿐만 아니라 이러한 밀매의 급증 때문에 조선정부에서는 한때 왜관을 성밖으로 옮겨 왜인을 입성시키는 것을 금지하려고 한 적도 있었다.

그후에도 입경왜인들에 의한 밀매사건은 끊이지 않았는데, 1429년 4월에는 왜통사 洪成富가 왜관에서 금은을 밀무역하던 상인 金生彦을 부추기어 왜통사 李春發을 살해하는 사건이 일어났다. 왜관 밀무역을 둘러싼 이권이 불러일으킨 살인사건이었다. 정부에서는 이 사건을 계기로 왜관에서 공무역을 하는 상인이 통사나 사령과 공모하여 금물을 밀매하는 것을 방지하기 위하여 「禁防條件」 6개조를 정하였다. 그 내용을 소개하여 보면 다음과 같다.

　一. 상경중에 왜인이 한강이나 숙소에서 밀매를 하기 때문에, 상품의 수량을 확인할 것이며, 서울의 왜관에서는 禁亂官과 錄事가 포소에서는 使員이 客人과 대좌하여 거래를 감시할 것.

---

48) 『太宗實錄』 권27, 14년 3월 정유.

49) 『成宗實錄』 권90, 9년 3월 무인. 「예조에 전지하기를, "東平館의 倭客人의 房守를 거듭 지낸 사람은 약간 왜말을 알아서, 몰래 貿易을 감행하고 事機를 누설하여, 관계되는 바가 가볍지 않다. 그런 까닭에, 아직 방지기를 지내지 않은 사람으로 하여금 방지기를 시키되, 각 官司의 奴子를 輪番으로 정해서 보내도록 이미 정한 법이 있는데, 관리들이 법을 받드는 것이 能夷해져서, 그 폐해가 왜인이 돌아 갈 때에 房守奴子들이 그 家人을 데리고 술과 안주를 가지고 문밖까지 나가서 대접하는 자가 있기에까지 이르렀다. 이러한 조짐이 자라서는 안되니, 이제부터는 법을 거듭 밝혀 거행하고, 관리가 법대로 奉行하지 않는 자는 制書有違律로 論罪하라." 하였다」.

一. 禁物의 명목을 金銀·彩花席·苧麻布·豹皮·銅錢 등으로 정할
   것.
一. 밤에 은밀히 이루어지는 밀매를 방지하기 위하여 금난관을 1관에
   2인으로 증원하여 교대로 숙직을 하면서 감시를 강화할 것.
一. 왜관의 房守·使令이 재임명되어 倭語를 배워 밀무역에 손을 대기
   때문에 사령은 초임자로 임명하고, 방수는 各司의 노비를 윤번으로
   교대할 것.
一. 通事·使令이 밀무역에 관여했을 때에는 禁亂官·掌務官·錄事에
   게도 죄를 물을 것.
一. 공정가격에 의하지 않고 거래한 倭物에 대하여는 금난관이 금물이
   나 위반행위의 유무를 사찰할 것.

이 법령은 『六典謄錄』에 수록되어 있는 것인데, 1434년에는 이것을
참고로 하여 다음과 같은 조치가 검토되었다. 즉 동·서평관을 합치고
건물을 증축할 것, 일출에 문을 열고 일몰에 문을 닫으며 출입을 엄격
히 통제할 것, 공청무역을 제외하고 왜인과 말을 하는 자는 관내외를
막론하고 엄벌에 처할 것 등이었다.50)

그러나 동평관을 중심으로 한 밀무역은 끊이지 않았고, 16세기에
들어오면 더욱 극성을 부리게 된다. 예를 들면 1540년에는 왜관의 胥
吏·庫直·庫子 등이 스스로 왜물을 상인에게 가지고 갔을 뿐만 아니
라, 왜인을 인도하여 밤중에 담을 넘기도 했으며, 밤에도 문을 열어
공공연히 밖으로 나가 상인과 밀매하는 기회를 만들어 주기도 했으며,
단속하는 문지기들도 밀무역에 가담하는 지경이 되었다. 이것은 당시
공무역이 쇠퇴하는 상황에서 이루어진 왜인들의 자구책이기도 했다.

---

50) 『世宗實錄』 권64, 16년 6월 기사.

6. 맺음말

　이상에서 살펴본 바와 같이 조선전기 왜인들의 상경과 서울에서의 활동은 비록 제한적이기는 했지만 매우 다양하였다. 그러나 왜인들의 상경과 서울에서의 활동도 1592년 4월 일본군의 조선침략으로 막을 내리게 된다. 15만 8천 7백인의 일본침략군은 4월 12일 부산에 상륙하여 과거 왜인들이 서울을 향했던 「倭人上京道路」로 북상하여 5월 2일, 小西行長·宗義智 등의 제1군이 동대문 밖으로, 加藤淸正 등의 제2군은 남대문 밖에 도달하여 익일인 13일 아침에 양군은 성내로 진입하여 서울시내는 일본군 천지가 되었던 것이다. 당시 小西行長군에 종군했던 僧 天荊은 당시 경복궁의 모습을 다음과 같이 전하고 있다.

　　　궁전은 모두 초토화되어 항우가 진나라 도읍을 불질렀던 것처럼 되었다. 길옆에 물시계만이 화재가 난 후, 한 그루의 불에 탄 나무처럼 서있을 뿐이다.51)

　이처럼 전란에 의하여 서울은 초토화되었고, 상경왜인들의 숙소였던 동평관도 이때 불타버렸다. 임진왜란이 끝난 후 오랜 강화회담 결과 1607년 回答兼刷還使에 의하여 일본과의 국교가 다시 재개되었지만, 그후 1629년에 단 한번 일본인의 상경이 허락되었을 뿐 다시는 일본인이 서울에 올 수 없었다.52) 조선전기 200년간 평화롭게 조선에 건너와 서울을 왕래하던 「倭人上京道路」가 침략의 경로로 이용되었기 때문이었다. 그후 일본인이 서울에 다시 모습을 나타낸 것은 한말 개항기였고, 그것도 불행하게 조선을 다시 일본의 식민지로 만들려는 침략의 과정에서 이루어졌던 것이다.

---

51) 村井章介,『國境を超えて』Ⅲ 倭人群像, 校倉書房, 1997, 258쪽에서 재인용.
52) 田代和生,「寬永六年(仁祖七, 一六二九)對馬使節の朝鮮國<御上京之時每日記> その背景」(一), (二), (三)『朝鮮學報』96, 98, 101 참조.

제2장
≪倭人作拏謄錄≫을 통하여 본 倭館

1. 문제제기

임진왜란에 의하여 단절되었던 조일관계가 1607년 제1차 회답겸쇄환사에 의하여 재개되면서,[1] 왜관의 기능이 부활되자 양국의 외교·무역업무를 위해 대마도 왜인의 거주가 허용되어, 왜관 내에는 館守를 비롯하여 裁判·代官·東向寺僧·通詞·橫目·目付·醫者·鷹匠·陶工·請負屋·水夫 등 많은 왜인들이 상주하였음은 이미 잘 알고 있는 사실이다.[2]

---

1) 임란이후 양국의 강화교섭과 국교재개과정에 대하여는, 李鉉淙, 「壬亂後의 對日關係」(『한국사』 12, 국사편찬위원회, 1978). 閔德基, 「壬辰倭亂 이후의 朝·日講和交涉과 對馬島」 1, 2. 『史學研究』 제39, 40집. 1989, 90. 동, 『朝鮮後期 朝·日講和와 朝·明關係』 『國史館論叢』 12, 1990. 李敏昊, 『朝鮮中期 對日外交研究』(단국대학교대학원 박사학위논문, 1987). 孫承喆, 『朝鮮後期 對日政策의 性格研究』(성균관대학교대학원 박사학위논문, 1989). 洪性德, 『十七世紀 朝·日 外交使行 研究』(전북대학교대학원 박사학위논문, 1996) 등 참조.
2) 부산 왜관의 설치와 기능 및 직제 등에 대하여는, 田代和生, 『近世日朝通交貿易史の研究』(創文社, 1982) 제7장, 「草梁 倭館の設置と機能」(孫承喆편, 『近世韓日關係史』(강원대학교 출판부, 1987) 제5장, 부산왜관의 설치와 기능), 金義換, 『釜山의 草梁倭館과 對日通信使外交」(『韓日文化交流史』, 민문고, 1991) 등 참조.

임란이후 왜관의 위치는 임란직후 강화교섭이 재개되면서 처음에는 絶影島에 가왜관을 설치하였었는데, 1609년에 己酉約條의 체결에 의해 왜관의 기능이 정상화되면서부터는 豆毛浦에 왜관을 신축하여 통교업무를 보았다. 그러나 두모포의 왜관이 좁고 선착장이 불편하여 세견선의 정박이 힘들게 되고, 또 무역량이 증가하면서 1678년에는 왜관을 草梁으로 이전하여 1872년 왜관이 明治政府에 의해 점령되기까지 195년간 초량왜관은 조·일 양국간의 외교·무역의 중심지가 되었다.3)

그런데 조선후기 조·일관계사 연구에 대표적인 사료로 이용되고 있는『邊例集要』권14, 雜犯條에는 왜관에 상주하는 일본인과 조선여인간에 발생한 交奸事件이 9회에 걸쳐 기록되어 있으며, 奎章閣에는 『倭人作孼謄錄』이라는 제목 하에 1690년 교간사건에 관한 상세한 기록이 남겨져 있다.4)

---

3) 草梁倭館의 존속연대를 일반적으로 1876년 江華島條約에 의해 日本專管居留地가 되면서 왜관이 폐지될 때까지를 이야기하고 있으나, 필자의 견해는 그렇지 않다. 즉 倭館이란 어디까지나 朝鮮이 朝鮮과 對馬島, 또는 朝鮮과 幕府政權간에 交隣體制를 전제로 한 通交를 위하여 설치한 것이기 때문에 그 존속기간은 1872년 明治新政府가 왜관을 점령하여「撤供撤市」가 이루어지기까지로 보아야 한다고 생각한다. 물론 1872년 이후에도 외교교섭과 상거래는 이루어지고 있지만, 그것은 명치 신 정부를 상대한 것이기 때문에, 조선과 일본의 交隣體制下에서의 왜관의 기능은 1872년 10월「撤供撤市」에 의해 종말을 고하였다고 보아야 할 것이다. 孫承喆,『朝鮮時代 韓日關係史研究』제5장 교린체제의 변질과 붕괴 참조.

4) 이「倭人作孼謄錄」은 1690년(숙종 16)부터 1692년 사이에 동래 왜관을 중심으로 발생한 倭館作弊중 潛奸, 路浮稅에 관한 기록으로 禮曹의 典客司에서 편찬하였다. 典客司란 예조에 소속되어있는 세개의 관청(稽制司, 典享司, 典客司)중의 하나로 중국과 일본, 여진과의 교섭에서 사신의 파견과 영접, 연회, 조공이나 하사품 등을 주로 담당한 관청이었다.『倭人作孼謄錄』의 내용은 (1)1690년 4월 16일부터 7월 20일까지 왜관에서 일어난 조선여인 潛奸事件의 전말과 논죄의 기록. (2)1691년 7월 22일의 東萊商賈定額節目 (3)1692년 7월 8일부터 10월 6일까지 1691년의 節目을 어긴 潛商의 逮捕, 治罪에 관한 사항 등 세 부분으로 되어 있다. 筆寫本으로 크기는 40.7×26Cm, 총 58면으로 되어 있다(규장각 문서번호 : 12962).

주지하다시피 조선왕조는 유교를 국시로 하여, 사회기강을 세운 나라로서 특히 남녀간의 윤리에 대하여는 매우 엄격한 규범을 가지고 있었다. 그러나 왜관에 상주하는 왜인들에 의하여 왕왕 이 규범이 깨졌고, 이것은 단순히 남녀간의 문제를 넘어서 조선의 기본적인 가치관을 위협하는 커다란 사회문제가 되었으며, 동시에 양국간의 외교문제로 비화되기가 일수였다.

예를 들면 조선의 경우, 왜인과의 사이에 交奸事件이 발각되면 그 당사자는 물론 연루자 전원을 효시 내지는 유배형에 처하여 아주 엄격히 처벌하였지만, 일본의 경우는 처벌을 하지 않아 때로는 조선측에서 開市와 公作米를 撤供시키기도 했다. 더구나 왜인범죄자에 대한 同律의 처벌이 이루어지지 않자, 1711년에는 양국간에 중대한 외교문제가 되어 통신사의 사행목적중의 하나가 되기도 하였다.

이 글은 특히 이러한 점에 주목하여 1690년(숙종 16) 교간사건의 주요기록인 『倭人作拏謄錄』을 정리, 분석하여 교간사건의 社會史的인 意味 뿐만 아니라 양국관계에서 교간사건이 차지하는 外交史的인 意味를 고찰하고자 한다. 나아가 이러한 작업이 조선후기 「倭館을 통하여 본 釜山人 生活史 硏究」의 한 계기가 되고자 한다.

2. 交奸事件의 실태

『邊例集要』에 의하면 조선후기 왜관에서 발생한 교간사건은 총 9회에 달한다. 이것을 열거하여 보면 다음과 같다.

다음 표에서 알 수 있는 바와 같이, 『邊例集要』에 수록된 9회의 교간사건은 사건발생 연대로 보아 1661년과 1662년의 두 사건은 豆毛浦 왜관에서 일어난 것이고, 나머지 7건은 草梁 왜관에서 일어난 것으로 볼 수 있다.

表1]   왜관교간사건일람표

순번	연 대	동래부사	조선여인	공 모 자	처 리
1	1661(현종 2)	李元禎	良女 古公	朴善同	2인 館外효시.
2	1662(현종 3)		私婢 自隱德	奴 無應忠, 金靑男	3인 館外효시.
3	1690(숙종16)	朴 紳	紛伊, 賤月, 愛今	使令 李明元, 權祥, 李進壽, 烽軍 徐富祥	李明元, 李進壽 옥사 그 외 5인 館外효시.
4	1697(숙종23)	李世載	玉郎, 善貞	金哲石	
5	1707(숙종33)	韓配夏	甘玉	部將 宋仲萬	甘玉, 宋仲萬 효시.
6	1716(숙종42)	金始煥	季月	金以石, 趙守命	공모자 효시, 季月 유배.
7	1726(영조 2)	李重協	娼女 金善陽	秋順弘, 朴召史	秋順弘 효시, 金善陽, 朴召史 유배.
8	1738(영조14)	鄭亨復	私婢 守禮, 良女 崔愛春	田才	田才 효시, 守禮, 崔愛春 정배.
9	1786(정조10)	閔 㷞	良女 徐一月	高甲山 등 5인	高甲山 효시, 그 외 정배.

　　물론 이 9회의 사건이 왜관에서 일어난 교간사건의 전부라고는 볼 수 없다. 왜냐하면『交隣志』禁條에는『邊例集要』에 기록되어 있지 않은 1859년(철종 10)의 교간사건이 나와 있고,[5] 일본측의 사료인『交奸一件』[6]에도 1671년(현종12. 寬文11)과 1699년(숙종 25. 元祿 12)의 기록이 있다. 이러한 내용을 통하여 볼 때, 왜관에서 일어난 교

---

5)『交隣志』禁條, 哲宗 10년. 己未에 左水營의 退婢가 왜인과 간통한 일이 발각 되었으므로 여자를 유인한 자를 효시하였다(좌수영의 退婢 錦紅이 문지기 金 用玉에게 유인 당해서 비밀히 왜관에 들어가 간통하였는데 이일이 발각되었 다. 이에 府使 金鉎의 장계에 의하여 金用玉은 首犯으로 하여 관문 밖에서 효시하고, 錦紅 및 그를 따르던 李文周는 엄한 형벌을 베풀어 섬으로 귀향 보내고, 犯人 倭人은 묶어서 對馬島로 보냈다).

6) 일본측의 기록인『交奸一件』은 對馬島 宗家史料의 일부로서, 일본 國立 國會 圖書館 所藏 對馬島宗家史料 중『分類紀事大綱』31에 수록되어 있는 기록이 다.

간사건의 횟수를 정확히 말할 수는 없고, 위의 횟수는 그것이 탄로가 나서 사건화된 것만을 기록한 것이라고 보아야 할 것이다.

교간사건의 양상은 매우 다양하게 발생하고 있다. 우선 조선여인의 신분을 보면 良女·私婢·娼女·退婢 등 주로 하층계급의 여인이 많았으며, 그에 연루된 공모자 내지는 유인자 역시 양인이나 노비 등이 많았으나 때에 따라서는 使令·烽軍·部將 등 왜관의 경비를 맡고 있던 자들이 직접 공모한 경우도 있었다.

한편 交奸倭人은 직분이 주로 代官이나 禁徒倭로 모두가 양국의 통교에 직접 관여하거나 경비를 맡은 자들이었다.

교간 죄인들에 대한 처리는 조선인의 경우 남녀를 불문하고 모두 왜관문밖에 효시하는 것을 원칙으로 하였으나 경우에 따라서는 먼 곳으로 유배하기도 하였다. 한편 조선에서는 왜관(대마도)에 대하여 조선인과 同律로 다스리도록 요구하였지만, 왜관측에서는 양국사이에 약조가 성립되어있지 않음을 이유로 들어 그저 대마로 소환하는 정도가 고작이었다. 그리하여 조선에서는 관수왜에 대한 公作米를 撤供하였지만 별 진전이 없다가, 1711년 辛卯通信使의 파견을 계기로 하여 양국간에 외교문제가 되어서야 비로소 犯奸約條를 맺게 되었다. 그러나 약조가 이루어졌다고 해서 교간사건이 종식된 것은 아니었고, 그 이후에도 여전히 교간사건은 그치지 않았다.

그러면 왜관에서 일어난 교간사건 중 특히 그 기록이 상세하게 남아 있는 1690년(숙종 16)의 교간사건을 『倭人作拏謄錄』을 중심으로 구체적으로 살펴보기로 하자.

3. 『倭人作拏謄錄』의 교간사건

『倭人作拏謄錄』의 교간사건은 모두 네 부분으로 구성되어 있는데, 주로 동래부사와 경상감사가 1690년 경오년 4월부터 7월 사이에 교간사건에 대하여 禮曹 典客司에 보고한 장계로 구성되어 있다. 그 소

제목을 보면,

　　庚午四月十六日　我國女人潛奸倭人　把守將卒嚴囚訓導等論罪事(東萊
　　　　　　　府使狀啓)
　　庚午五月初三日　館中潛入女人　把守將卒等論罪事(慶尙監司狀啓)
　　庚午六月二十三日　倭館潛入女人終不捉出訓導等別樣勘罪東萊府使請
　　　　　　　推事(慶尙監司狀啓)
　　庚午七月二十日　倭館潛入女人捕捉　交奸倭人同律處斷事(慶尙監司狀啓)

등으로 구성되어 있다. 그러면 이들 내용을 중심으로 교간사건의 전말
에 관하여 정리하여 보자.

1) 사건개요

1690년(숙종 16) 庚午 4월 16일자 『倭人作挐謄錄』에는 4월 초2일
자 동래부사 朴紳의 장계를 다음과 같이 기록하고 있다.

> 지난 2월 24일에 臣이 거느리는 軍官 朴尙汶이 보고한 것에는, 水
> 營 使令 李明元이 처와 딸, 그 여동생 등 3인을 데리고 왜관에 들어가
> 왜인과 더불어 서로 간음하였다하는데, 부산인 寺奴 李進壽, 權祥 등
> 이 함께 공모하여 왕래하였다고 합니다. 또 烽軍 徐富祥도 水營아래
> 살고 있는 여인을 館中에 潛納하여 倭人處에 값을 받고 通奸하였다고
> 하거늘, 각인을 즉시 잡아서 추고하였습니다.7)

즉 이 교간사건은 李明元에 의하여 저질러진 사건이지만, 편의상 이
명원의 妻・딸・여동생 賤月이가 관계된 「粉伊・賤月交奸事件」과 徐富
祥이 공모한 「愛今交奸事件」 등 두개의 사건으로 구분하여 그 발단과
경위에 관하여 살펴보자.
　먼저 「粉伊・賤月交奸事件」을 보면,

---

7) 『倭人作挐謄錄』庚午 四月 二十六日條, 2쪽.

　　李明元이 말하기를 丁卯(1687년, 숙종 13) 4월에 李進壽, 權祥 등에게 꼬임을 당하여 저의 처와 딸 粉伊, 그리고 여동생인 賤月이를 왜관 안에 데리고 들어가 왜인과 교간하도록 하였다고 합니다만, 처는 이미 改夫하여 도주한지 몇 년이 되었으며, 설혹 지금 있다하여도 어찌 왜인에게 팔아 음간을 자초하겠습니까, 공모절차는 李進壽 등에게 추문하십시요.8)

라고 하면서, 왜관에 潛納女人의 사실은 인정하고 있지만, 자신의 妻에 대해서는 부정하였다. 함께 공모한 李進壽와 權祥은 고기를 팔아서 살아가는 자로 왜관에서 朝市9)로 왕래할 때에 왜인과 서로 안면이 있었다. 그들을 취조하니,

　　날짜는 알 수 없으나, 정묘년(1687년) 4월에 四代官倭10) 井耳摠左衛門, 忠兵衛, 二代官倭 延食只 등 3인이 우리 여인을 간절히 구하면서 銀 58兩을 주어서 이명원에게 전해주었습니다. 그후 이명원의 처와 딸인 粉伊를 권상이 데려다 주었습니다. 이진수는 禁徒倭11) 利兵衛, 判右衛門 두 사람이 역시 여자를 구하며 銀 2냥 5전을 주거늘 명원에게 전하여 주고, 후에 명원의 여동생 賤月을 왜관에 데려다 주었습니다.12)

---

8) 『倭人作拏謄錄』 庚午 四月 二十六日條, 2~3쪽.
9) 왜관의 東門인 守門 밖에서 조선상인이 매일 아침에 생선과 야채류를 가지고 와서 파는 아침시장을 말한다(『增正交隣志』 권4, 朝市).
10) 代官은 주로 무역의 매매교섭, 결재, 조선측에서 나오는 각종 지급물의 수취나 재촉 등 주로 경제적인 업무를 담당하였다.『交隣志』 差倭의 代官倭에 의하면, 인조 2년(1624) 乙亥에 島主 平義成이 代官 24인을 정하여 보내어 公私의 무역과 매매를 전관하게 하였는데, 숙종 10년(1684)에 감하여 10인으로 하고 3년마다 교체하게 하였다. 그 중 第1代官, 第3代官은 公貿木米와 文書 등의 일을 주관하였고, 3代官은 1년마다 교체하여 年條代官이라고 하였다 (田代和生, 앞의 논문, 4) 代官).
11) 禁徒倭는 倭館내에서 간사한 행동과 외람된 행위를 방금하는 직책으로 모두 22명이며, 1년마다 교체하였다(『交隣志』 差倭條).
12) 『倭人作拏謄錄』 庚午 四月 二十六日條, 3~4쪽.

고 하였다. 즉 權祥은 이명원의 처와 딸 분이를, 그리고 李進壽는 이명원의 여동생 천월이를 각기 왜인들에게 돈을 받고 교간을 알선하였다는 것이다.

이들은 모두 밤이 깊어 사람이 없는 시각에 宴享大廳에 몰래 들어가 낮은 담장을 넘어 왜관안으로 들어갔다고 자백하였다. 그리고 왜관에 들어간 후에는, 명원의 妻는 한번 관중에 출입한 후 욕을 본 것이 분하여 알 수 없는 곳으로 도망하여 갔다고 하고, 粉伊는 代官의 房에 있다고 하였으며, 賤月이는 나이가 많아 팔지 못하였으나 지금은 어디에 있는지 모른다고 하였다.

한편 「愛今交奸事件」은 徐富祥을 추고한 결과 자백하기를,

> 지금부터 5~6년전 日月을 모르지만, 지금은 죽었는데 이명원의 동생으로 之石이라고 칭하는 자가 愛今이라는 여인을 데려와서 나에게 말하기를 왜인이 여자를 구하는 고로, 수영아래에 살고 있는 私婢인 이 사람을 지금 데리고 왔다고 하면서, 나와 함께 같이 가자고 하거늘, 같이 왜관의 酒房에 가서 왜인 馬太守라는 놈에게 銀 3냥을 받고 허락하였습니다. 之石과 함께 데리고 간 것이 두 번이고, 내가 혼자 데리고 간 것이 네 번인데, 매번 銀 3냥을 받았습니다.[13]

라고 하였다. 그리하여 동래부에서는 愛今이의 소재를 확인하여 金海萩山倉에서 체포하여 심문하니, 애금이가 자백하기를

> 제가 19세때인 丙寅年(1686) 8월, 李三石과 그의 형 明元의 꾀임을 받아, 부산 訓導處에 가게 되었습니다. 부산에 갈 때는 男服을 하였는데, 놀랍고 괴이하게 여겨 따르지 않자, 명원이는 訓導를 자칭하면서 다른 사람의 이목을 속이려면 이같이 변복을 해야 한다고 하였습니다. 어느 한곳에 이르러 담장을 넘어 잠입하게 되었는데, 저는 비로소 팔린 것을 알고 발악을 하였습니다. 그러자 명원이는 칼을 빼어들고 겁을 주었고, 저는 나이도 어리고 약한 여자로서 감히 거부하지도

---

13) 『倭人作拏謄錄』 庚午 四月 二十六日條, 4~5쪽.

못하고, 그와 함께 酒房에 잠입하여 왜인 馬太守라는 놈과 교간하였으며, 명원은 銀 6냥을 받았습니다. 저는 옷을 빼앗기고 나쁜 소행을 하였습니다. 왜인은 서부상에게 저를 맡기었으며, 그후는 부상이가 데리고 왕래하였으며, 받은 돈으로 贖良하였습니다. 交奸倭人은 馬太守라는 놈으로 이름을 바꾸어 四古沙門이라 하는데, 지금은 이미 돌아갔으며 4代官 食只衛門이라고 칭하는 왜인입니다.14)

라고 하였다. 즉 이 내용을 보아 이명원은 처와 딸, 그리고 여동생 賤月이를 교간시키기 전에 이미 그의 동생 之石 · 徐富祥과 공모하여 사비인 愛今이를 꼬여서 교간사건을 일으킨 것을 알 수 있다. 이로 볼 때 이들 두 교간사건이 발각된 것은 1690년 2월이지만 그것이 발생한 것은 이미 4년전인 1686년 8월과 1687년 4월의 두 차례였다. 그리고 교간의 대가로 상당한 양의 銀貨를 받은 愛今이는 이 돈으로 贖良까지 하였던 것이다.

그리고 이들과 교간하였던 왜인은 代官 및 禁徒倭로써 왜관내에서 무역을 직접 관장한다던지, 경비를 담당하였던 자들이었음을 알 수 있다.

2) 倭館의 구조

그러면 여기서 이들의 출입경로를 이해하기 위하여 왜관의 구조에 관하여 살펴보자.

왜관의 구조와 경관에 대하여 보면, 동서가 372보 4척, 남북이 256보로 6척을 1보로 계산할 때 동서 677.5미터, 남북 465.4미터가 된다.15) 남쪽과 동쪽은 바다에 접하였고, 내부는 龍頭山을 경계로 동관과 서관으로 나뉘어져 있는데, 東館에는 관수의 숙소겸 집무소인 館

---

14) 『倭人作孥謄錄』 庚午 四月 二十六日條, 4~5쪽.
15) 『增正交隣志』 권3, 館宇에 의하면 「館基自東至西三百七十二步四尺自南至北二百五十六步倭俗以六尺爲一步」로 되어 있는데, 1尺을 30.3센티미터로 계산하여 보면 대략 이 길이가 된다. 물론 史料에 따라서 약간의 차이는 있지만 거의 10만평 내외의 규모가 된다(田代和生, 앞의 논문).

守屋을 비롯하여 開市大廳·裁判屋(이상을 三大廳이라고 함)·東向
寺·通詞屋·神社가 있고, 해안쪽으로는 水夫屋·浜番所·倉庫 등이
있다. 또한 西館에는 서쪽의 三大廳(副特船, 第1船, 參判屋)이라는 사
절단의 숙박소와 六行廊이 나란히 있다. 왜관의 담장은 처음에는 6척
높이의 土墻이었는데, 1709년 돌로 축성하여 개수하였다고 한다.16)

왜관의 구조

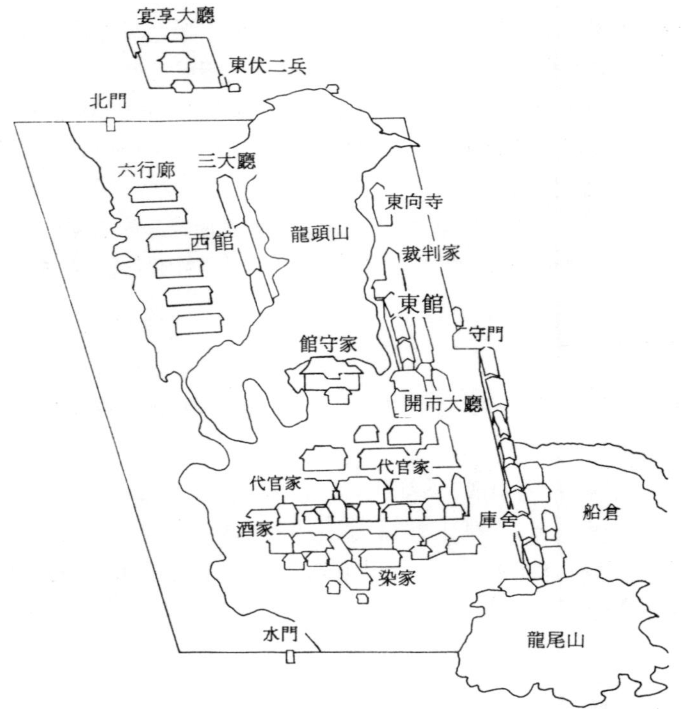

*위의 그림은 국립박물관소장 倭館圖(卞璞筆)를 모사하였음.

16)『通文館志』권7, 人物(洪舜明)條.

그리고 이 담장에는 세 곳에 출입구가 있었는데, 水門(無常門 : 서남쪽의 문으로 1間이며, 관내의 일본인이 죽었을 때 그 시체를 운반하는 문으로 열쇠는 조선측에서 관리하였다), 北門(宴享門 : 1間으로 일본사신이 연향대청에 출입할 때 이용한 문으로 東伏兵將이 지키며 항상 봉쇄하였고 열쇠는 조선관리가 관리하였다), 東門(守門 : 왜관의 정문으로 12間이며 東萊·釜山將校 각 1인·通事 2인·門直 2인이 수직하고, 동래부사가 발급한 帖文을 가진 자만이 출입할 수 있었다)이 있었다.

조선에서는 왜관에 대하여 항시 출입을 통제하고 있었으며, 왜관담장 밖에서 왜관을 경비하기 위하여 伏兵幕을 설치하였다. 복병막은 처음에는 동·남·서 세곳에 설치하여 각 鎭將의 將校 1인과 卒 2인으로 하여금 윤번하여 월장하는 것을 방비하였으나, 1739년(영조 14) 교간사건이 일어나자, 이를 계기로 다시 3개처를 추가하여 6곳으로 증설하였다.17)

이상에서 언급한 왜관의 구조를 생각하면서 이 교간사건의 전개과정을 정리하여 보면, 사건의 발단은 水營使令이었던 이명원이 四代官 食只衛門의 청을 받아, 처음에는 1686년 8월, 자신의 동생 之石· 徐富祥과 공모하여 金海에 사는 私婢 愛今이를 꼬여서 男服으로 변장시켜 담을 넘어 왜관에 잠입하여 酒房으로 가서 교간을 시켰으며, 그 댓가로 은화를 받았으며, 애금이는 그 돈으로 속량을 하였다는 것이다. 그후 이듬해 1687년 4월에 다시 평소 朝市에서 안면이 있던 二代官 延食只, 四代官 井耳摠左衛門, 忠兵衛 등 3인의 청을 받아 權祥으로 하여금 이번에는 자신의 妻와 딸 粉伊를 데려다 주도록 하였고, 다시 禁徒倭 利兵衛, 判右衛門의 청을 받아 李進壽로 하여금 자신의 여동생 賤月이를 데려다 주어 교간케 하였던 것이다.

이들은 모두 밤이 깊은 시각에 왜관북쪽에 있는 宴享大廳을 통하여 왜관에 이르러 북문근처에서 당시는 아직 土墻이었던 낮은 담장을 넘

―――――――――

17) 『增正交隣志』 권3, 館宇에는 이 내용과 함께 각 伏兵幕의 위치도 상세하게 기록되어 있어 왜관 潛越에 대한 경비의 삼엄함을 잘 알 수 있다.

어서 왜관안으로 들어간 후, 먼저 東館에 있는 酒房으로 가서 왜인과
교간하였던 것이다.

3) 체포

이 교간사건이 일어난지 3년후에 발각된 경위는 기록이 없어 알 수
없다. 그러나 동래부사 朴紳은 1690년 2월 軍官 朴尙汝에 의하여 사
건을 보고 받은 후, 즉시 이들에 대한 체포를 지시하여 모두 잡아 들
였고, 推問한 결과를 4월 초2일에 장계하였다. 이 장계에 의하면 교간
사건 관련자 전원을 체포하도록 하였으나, 체포된 자는 李明元, 李進
壽, 權祥, 徐富祥, 愛今 등 5인이었으며, 이명원의 딸 粉伊와 여동생
賤月은 왜관안에 있어 체포하지 못하였다는 것이었다.

그리하여 동래부사는 분이와 천월이를 체포하고자, 군관·무사로 하
여금 館外를 파수하여 몰래 도망나가는 것을 막도록 하는 한편, 관수
왜에게 훈도와 별차를 보내어 책임을 추궁하고 여인들을 찾아내어 捉
出해 주도록 요청하였다. 이에 館守倭 등도 놀라며, 犯罪倭人을 잡아
서 구류하겠다고 하면서, 여인이 숨어 버렸고 얼굴도 모르기 때문에
잡기가 어렵다고 핑계를 대면서 捉出하여 주지 않았다고 한다.

훈도 등이 다시 핑계대는 사연을 묻자, 관수왜는

> 일본의 법은 본래 房舍를 수색하는 법이 없고, 犯倭 등이 水刑을 당
> 하여 죽는 경우가 있어도 자백하지 않을 것이며, 이렇게 되면 몰래 여
> 인을 죽여 함구하는 폐단이 있을까 염려되옵니다.18)

라고 하면서 더욱 핑계를 대었다. 그러자 동래부사는 훈도를 통하여
관수왜에게 일러 전하기를,

> 지금 여인이 왜관에 잠입한 것은 막대한 변이거늘, 관수가 핑계를

---

18) 『倭人作拏謄錄』 庚午 四月 二十六日條, 7쪽.

대고 잡아 보내지 않는 것은 가히 놀랄만한 일이다. 장차 결말을 기대
할 수 없으므로 우선 啓聞하여 관중 왜인에게 일공하는 米饌·紫炭 등
물자을 철파하고, 米·公木 등도 주지 말고 차차 철회할 것이며, 한편
對馬島中에 글을 보내어 島主를 책유하면, 너희들은 죽고도 남을 죄이
나 遠人의 道에 일체의 법을 가볍게 여길 수 없으니, 우선 이로써 개
유한즉, 너희들은 스스로 알고 굴복하여, 독려하여 나오게 하도록 하
라.[19)]

고 독촉하였다. 그러자 관수는 왜관밖의 파수를 한결같이 엄밀히 하여
철파하지 않되, 한편으로 館外把守를 철파한다고 소문을 내면 여인이
스스로 나와 잡혀올 것이라고 하였다. 이것은 館中에서 여인이 잡혀
나오면 館守 이하가 용서받기 어려운 죄를 추궁받게 되므로 몰래 여인
을 관밖으로 내어보내 잡히게 하려는 계책이었고, 요행히 잡히지 않을
수 있는 계책이라고 동래부사는 파악하고 있었다.[20)]

　이어 동래부사는 교간죄인들을 粉伊와 賤月을 잡아들인 후에 함께
처벌하려고 하였지만, 한달 이상 지나 더 이상 기다릴 수 없다고 하면
서, 李明元·李進壽 등이 足杖한 후 아직 刑을 정하지 않았으나, 옥중
에서 병으로 죽었음을 알리고 나머지 죄인들의 처벌을 품계하였다.

　그후 5월 초3일 경상감사 吳始大의 장계에 의하면, 동래부사 朴紳
은 왜관을 지키는 파수장졸들이 경계를 엄히하지 못하여 이같은 일이
일어났다고 하면서 그들을 잡아 가두고, 심문한 결과 교간죄인들이 잠
입한 날이 밝혀지게 되었다. 즉 愛今은 1686년(丙寅) 8월 초6일 처
음 倭館 안으로 들어가 그때부터 몰래 왕래하였으나 근년에는 다시 들
어가지 않았다고 하였고, 權祥에게 기일을 심문한즉 분이와 賤月은
1687년(丁卯) 4월 초1일에 처음 왜관에 들어간 후, 粉伊는 왕래를
끊었었으나, 賤月은 1689년(己巳) 11월 초 6일에 다시 왜관에 들어
갔는데, 이들은 모두 東·西伏兵의 관할지역인 宴享大廳과 북쪽 담장

---

19) 『倭人作拏謄錄』庚午 四月 二十六日條, 8쪽.
20) 『倭人作拏謄錄』庚午 四月 二十六日條, 8~9쪽.

밖의 은밀한 곳으로 潛入하였다고 자백하였다. 이에 해당날짜의 東·
西伏兵을 조사한 결과 私奴 裵俊日, 文忠男, 李學 등으로 밝혀졌고,
이들에 대한 구금이 지시되었다.

　이어 훈도·별차를 통하여 粉伊와 賤月이를 족출하는 일을 재차 독
촉하면서, 이때부터 犯奸倭人에 대한 처벌이 논의되기 시작하였다.

> 　辛丑(1661), 壬寅(1662) 양년에도 일찌기 이같은 변이 있었으나,
> 범죄왜인을 同律로 다스리지 못하여 探試之計를 세운 적이 있습니다.
> 臣이 등록을 보니 辛丑(1661) 5월의 일로 故 判書 臣 李元禎이 부사
> 때의 일인데, 府에 사는 良女·私婢 6인이 왜인과 더불어 교간을 하다
> 가 탄로가 나서 죄의 경중에 따라 처단을 받았던 적이 있었습니다. 그
> 러나 능히 東邊之民(倭人)을 엄하게 다스리지 못하여 이같은 일이 또
> 있게 되었으니, 우리의 수치이며 저들이 법대로 다스리지 않았기 때문
> 입니다.
> 　또한 壬寅(1662) 6월 故 監司 李星徵이 府使때의 일로, 府에 살던
> 私婢 自隱德이 왜관에 잠입하여 왜인과 더불어 세 번 몰래 교간하다가
> 탄로가 나서 법에 의하여 처단된 적이 있었습니다. 당시 倭館에 영을
> 내려 해당 관리가 館守를 책유하여 그로 하여금 범죄왜인을 처리하도
> 록 하였습니다. 왜인을 어떻게 처치하였는지는 本府 謄錄중에 기록이
> 없어 상세한 것은 비록 알 수가 없으나, 피차 同律로 하지 않은 것 같
> 습니다. 왜인의 情狀이 狡詐하여, 먼저 同律 여부를 누차 말하지만,
> 그 뜻은 犯罪倭人을 비호하려는 계책입니다.[21]

라고 장계를 올려, 조선측의 죄인 뿐만 아니라, 왜관측의 범간왜인도
모두 조선죄인과 마찬가지로 똑같은 同律의 법으로 다스리도록 촉구하
였다.[22] 범간왜인에 대한 이러한 同律적용의 요구는 이후 양국간의

---

21) 『倭人作拏謄錄』 庚午 五月 初三日, 14〜5쪽.
22) 이 내용은 『邊例集要』와 『朝鮮王朝實錄』에도 언급되어 있는데, 『邊例集要』에
　　는 왜관에서 끝내 잡아 보내지 않는다면 日供을 철파하도록 하였으며, 『肅宗
　　實錄』에는 同律處斷할 것과 館守倭 등의 처벌을 對馬島主에게 移書하도록 지
　　시하고 있다. 『肅宗實錄』 권22, 肅宗 16년 7월 甲辰, 『東萊館倭 歲匿我國女人

외교적인 문제로 비화되어 1711년 辛卯通信使 때에 이르러서야 비로소 대마와의 約條에 의하여 이루어지게 되었다.

관수왜에 대한 훈도·별차의 연이은 책유에도 불구하고, 분이와 천월에 대한 捉出件은 전혀 진전이 없었고, 그 사이에 범간왜인 二代官倭는 대마도로 돌아가 버리고 말았다. 뿐만 아니라 이번에는 館守交代의 기간이 얼마 남지 않았음을 이유로 다시 시일을 지연시켰다. 이에 조정에서는 大臣과 備局堂上會議를 열어 동래부사도 문책하기로 결정하였다.

> 동래부사는 당연히 훈도·별차를 엄하게 신칙하고 극력 개유하여야 함에도 불구하고, 매번 조정을 귀찮게 하면서 일을 더욱 부당하게 만들었으니, 동래부사 및 훈도·별차는 따로 따로 科罪하여 조정에 尊重之意를 보이고, 狡倭로 하여금 어려움을 느끼도록 하여야 한다. 그리고 새로운 府使와 訓別을 즉시 차송하여 관수왜를 책유하도록 하고 끝내 내보내지 않은 즉, 日供을 철파함이 옳으며, 동래부사 朴紳·訓導·別差는 함께 잡아 가두어 심문함이 가하다.[23]

고 하여, 결국 交奸事件으로 인하여 당시 경비를 맡았던 東·西伏兵은 물론, 館守倭를 책유하였던 訓導·別差, 그리고 東萊府使에 이르기까지 모두 처벌을 받게 되었던 것이다.

4) 처형

이로부터 약 한달후, 7월 20일 경상감사 吳始大는 동래부사의 장계에 의하여 분이와 천월의 체포에 관하여 다음과 같이 보고하였다.

> 本府(동래부) 別武士 丁汝贊, 훈도 朴再興, 별차 朴世亮이 進告한

二名 訓導別差等 告于府使朴紳 紳以聞 備國覆奏 請以犯罪人及交奸倭人 同律處斷 館守倭禁徒倭等罪狀 移之馬島 上可之』.
[23] 『倭人作拏謄錄』庚午 六月 二十三日, 30쪽.

것에, 왜관 잠입여인 粉伊, 賤月이 잡혀 왔다고 보고하거늘 추고한 것
이 庚午 7월 초8일이었습니다.[24]

그들을 심문한 결과 자백하기를, 粉伊는 연월은 기억할 수 없으나
13세 때에 권상의 꾀임을 받고 父 명원, 권상과 함께 草梁에 가서 宴
享廳의 낮은 담장을 넘어 왜관에 들어가 二代官倭 延食只와 그를 따르
는 倭 素沙門과 鷹房倭 素尤食只 등 3인과 서로 통간하였다. 그리고는
일이 발각되자, 同代官倭의 집 누각 밑에 구멍을 파고 출입을 하였는
데, 어제 왜인이 와서 이일은 이미 끝났으니 염려할 것이 없다고 하
여,[25] 賤月과 같이 멀리 도망하여 피하기 위하여 왜인복색으로 갈아
입고, 왜인과 함께 선창에서 조그만 배를 타고 舊館에 도착한 후, 포
에 내려 沙川村을 향하려 하다가 잡히게 되었다고 그간의 사정을 털어
놓았다.

또한 賤月은 壬戌(1682)년 통신사 행차시 이미 죽은 부산인 李砲手
라는 자의 꼬임에 빠져 처음 관중에 들어갔는데, 지금은 죽은 加兵衛
倭와 교간하고 5일을 머무른 뒤 나왔다고 하였다. 또 丁卯(1687)년
4월 李進壽의 꼬임으로 다시 입관하여, 처음에는 以酊庵 正官倭 海如
門과 그가 돌아간 후에는 小禁徒倭 沙如門, 都禁徒倭 汗禮門, 伊惠衛
등 4인과 서로 통간하였는데, 粉伊와 함께 같은 배로 나와 장차 沙川
을 향하려 할 때에 분이와 더불어 일행이 함께 잡혔다는 것이다.

그렇다면 이들은 잡히기 전 얼마동안이나 왜관에 머물러 있었을까.
粉伊의 경우는 처음 入館하여 교간한 것이 13세 때인 1687년 4월이
라고 앞서의 東·西 伏兵에 대한 조사에서 밝혀졌는데, 왕래를 끊었다
는 기록만 있지, 다시 나왔다던가 들어갔다는 기록이 없는 것으로 보
아, 단정하기는 어렵지만 1687년 4월 입관한 이후 1690년 7월까지

---

24) 『倭人作拏謄錄』 庚午 七月 二十日, 31쪽.
25) 이 내용에 관하여 일본측의 기록에는 「倭館內에 조사가 심해지자 여자를 도
   망치게 하였다. 여자가 왜관 밖에서 잡히었기 때문에 왜관 내에서 책임을 질
   필요가 없다」(앞의 宗家史料 『分類紀事大綱』31, 7월 21일조)고 기록하고 있
   다.

왜관에 있었다는 이야기가 된다. 한편 賤月의 경우는 1682년 통신사 행차시 처음 입관하였다가 5일만에 나왔고, 그후 1687년 4월에는 분이와 함께 입관하였다가 얼마나 있었는지는 모르지만 일단 나왔다가, 1639년 11월초에 세 번째로 입관한 후,26) 1690년 7월까지 왜관에 있었던 것으로 볼 수 있겠다.

그러나 일본측의 宗家史料인 『分類紀事大綱』 31, 元祿 六月三日자 취조문에는 이들의 입관을 軍官 朴尙泯에게 발각되기 하루전인 2월 23일로 자백하고 있어, 그 진위를 정확히 알 수는 없다.

粉伊와 賤月이를 체포한 후, 동래부사 朴紳은 왜관 잠입여인이 시일이 오래지나 지금에야 발각된 것을 자신의 죄로 인정하면서, 종래 潛商人 처벌 때에는 조선인을 먼저 처벌하고 왜인도 同律로 처벌할 것을 요구하였으나 끝내 이루지 못하였음을 한탄하며, 신임부사의 부임 후에 왜관 잠입여인과 교간왜인을 同律로 처단하도록 강력히 요구하였다.

『倭人作孥謄錄』의 기록은 위의 狀啓와 이것을 윤허한다는 내용으로 끝이 난다. 따라서 이 기록만으로는 더 이상의 처리과정에 관하여는 알 수 없다. 그러므로 이후의 사건전개에 관하여는 『邊例集要』와 일본 국회도서관 소장의 宗家史料인 『分類紀事大綱』의 기록을 통하여 살펴보도록 하자.

『邊例集要』에도 7월조에 粉伊, 賤月 등이 왜관으로부터 밤을 타서 몰래 나왔던 고로 잡아들여 취조하여 가두었으며, 신임부사의 부임을 기다린 후에 처단할 것이라고 치계하였다고 한다.

8월이 되어 新任府使 南壄는 범간왜인을 同律로 처단할 것과 여인을 몰래 관중에 숨겨두고, 내보내지 않은 죄를 관수왜에게 책유하였다. 이에 대해 관수는

---

26) 『倭人作孥謄錄』, 庚午 四月 二十六日條(6쪽)에 李明元의 공초내용에, 「賤月이는 四寸으로 친한 까닭에 작년 11월 초3일 집에 왔사오며, 초5일 무렵 李進壽가 와서 데리고 간 후, 지금 어디에 있는지 알지 못하옵니다」라는 기록으로 보면, 權祥의 심문 내용의 11월 초6일과 거의 일치한다.

봄에 여인이 입관하였다는 말을 듣고, 조사하여 찾도록 명령하였지
만 끝내 찾을 수 없다가 어느날 멀리 밖에서 잡았다고 들었다. 당초
왜관에 있었다면 어찌 속인 것이겠는가.27)

라고 변명을 하였다. 그리고는 奸倭에 대해 同律을 적용하는 것은 종
래 淫奸이 있을 때에도 한 두번 요구한 것이 아니나, 일찍이 거론하지
않은 것은 약조에 없는 바이기 때문이며, 同律之意의 일은 수긍할 수
없는 일이라 하였다.

그러나 이 사실은 왜관 내에 조사가 심하여지자 여자를 도망치게 하
였으며, 여자가 왜관 밖에서 잡히였기 때문에 왜관 내에서 책임을 질
필요가 없다는 기록을 보면, 이것이 완전히 허위임을 잘 알 수 있다.
뿐만 아니라 왜관에서 2월 26일부터 조사가 시작되자 停職중이던 범
간왜 4인을 이미 대마에 귀환시켰고, 6월 11일부터는 이중 3인을 다
시 직무를 보게 하였으며, 7월 11일에는 이들에게 왜관으로 돌아가지
말도록 명령을 내렸던 것이다.28)

그러면 여기서 현재 일본국회도서관에 소장되어 있는 宗家史料 중
交奸事件에 관한 유일한 기록인 『分類紀事大綱』 31册의 사료를 간단
히 요약하여, 당시 왜관 및 대마측의 입장을 비교하여 보자.

<u>宗家史料『分類紀事大綱』31 交奸一件 要約文</u>29)

　* 4월10일
　　먼저 달 17일 동래로부터 兩判事에게 근일 중에 巡察使가 동래에
　　와서 관내 여인 유치사건을 조사할 것이니, 그러한 일이 없었다고
　　말해달라는 부탁이 있었다.

---

27) 『邊例集要』 권14, 雜犯, 庚午(1690) 8월.
28) 앞의 史料, 『分類紀事大綱』 31, 6월, 7월조.
29) 이 자료는 日本 鳥取大學 池內敏敎授로부터 빌려 보았으며, 名古屋大學 高橋
　　公明敎授와 함께 내용을 요약한 것이다.

* 4월 14일
  朴僉知(東萊府使)가 파직되었다고 들었으나, 다시 재임을 할 것인
  지는 알 수 없다.
* 5월 28일
  지난 겨울 11월초에 진세(李進壽)라는 조선인에게 釉木棉 등이 필
  요하여 銀子 65몸메를 먼저 주었는데, 그후 물건이 없다고 하면서
  차일피일 미루다가, 재촉을 하니 大工 利右衛門이라는 자에게 물건
  대신에 여자를 데리고 와서 4~5일만 맡아달라고 하여 여자를 대신
  맡고 있었다. 그러나 2월 26일 관수로부터 조사가 시작되었다.
* 6월 3일
  사건을 보고하면 문제가 커지기 때문에 그동안 보고하지 않았다.
  그러나 대마도에서 조사를 시작하였기 때문에 보고를 하게 되었다.
  사건의 진상인즉은 지난 2월 23일 왜관 안에서 조선여인이 누구
  와 약속을 하여 약속장소에서 그를 기다렸는데, 약속한 사람은 나
  타나지 않고 날이 저물어 가자 지나는 나에게 사정을 말하여 내가
  집에 데리고 가서 보호를 하던 중이었다.
* 6월 11일
  관내의 여인사건으로 인하여 해당 3인이 정직 중이었으나 다시
  임명하였다.
* 7월 11일
  관련된 4인을 대마에 있으면서 조선에 절대로 돌아가지 않도록
  명령하다.
  관련 4인의 명단제시(井手總左衛門, 市山伊兵衛, 日高利右衛門,
  大工 小嶋利右衛門).
* 7월 12일
  그러나 이들 중 大工 小嶋利右衛門이 代官을 보좌하여 벌써 조선
  에 갔다고 보고하다.
* 7월 21일
  왜관 내에서 조사가 심해지자 여자를 도망치게 하였다. 여자가 왜
  관 밖에서 잡히였기 때문에 왜관 내에서 책임을 질 필요는 없다.
* 8월 13일
  大工 小嶋利右衛門이 吉丸편으로 대마에 돌아갔다.

    * 10월 8일

      입관여인 3인, 유인한 남자 2인 등 5인을 참죄하였다고 보고하다.

    * 10월 21일

      9월 29일 입관사건에 연루된 조선인 5인을 참죄하였다는 보고가
있었으나 그들에게서는 통보가 없었다.

    * 11월 12일

      동래로부터 조선인 처형 소식과 함께, 일본인도 같은 죄이기 때문
에 똑같이 처리하여 달라는 요구가 있었다. 그러나 벌써 용서하여
주었기 때문에 어떻게 처리하면 좋겠는가를 대마도에 물었다.

이상의 내용을 통하여 양측의 기록을 비교하여 보면, 상당한 차이가
있음을 알 수 있다. 우선 기본적으로 왜관측에서는 대마도에 대하여
이 사건을 은폐, 내지는 축소하려는 입장을 가지고 있었고, 또 사건이
발각되고 난 후에는 왜관과 대마도가 서로 협조하여 책임을 회피해 가
는 상황을 볼 수 있다.

한편 신임부사의 장계를 받은 후, 조정에서는 왜관과의 禁條중에 피
차간의 범죄자는 館外에서 형을 집행할 것을 특별히 一條로 禁條에 넣
을 것을 지시하였고, 이번의 잠입교간은 범죄에 해당되나 끝내 同律로
처리하지 아니하니 동래부에서 대마도주에게 서계를 보내어 同律로 하
도록 촉구하되, 여인 분이와 천월은 먼저 관문밖에 효시하도록 하였
다. 이에 동래부에서는 愛今 및 공모자 權祥과 徐富祥의 처리를 문의
하니, 이들 다섯 사람을 모두 1662년(壬寅, 顯宗 3)의 예에 따라서
함께 관외에 효시하고, 파수한 각인의 죄상은 본도(경상감사)에서 죄
의 경중에 따라 엄단하도록 회계하였다.

이들의 처형에 관한 기사는 『邊例集要』권14, 庚午(1990년) 9월조
에 기록되어 있으며, 『肅宗實錄』에는 숙종 22년 10월 계해(6일)조[30]
에 기록되어 있는데, 일본측의 『分類紀事大綱』에는 9월 29일 坂下와
和館사이에서 이들 5인을 참죄하였다고 기록되어 있다.[31]

---

30) 『肅宗實錄』권22, 肅宗 16년 10월 癸亥,「梟示東萊館倭交奸女人愛今等三人及
    引誘潛致於倭館者權祥徐富祥等於倭館門外」.

　이들을 처형한 후, 동래부사 李衡詳은 계속하여 島中移書에 의하여 同律을 요청하는 것보다는 차라리 約條를 고치는 것이 후환을 없애는 것이라고 치계하자, 조정에서는 島中移書는 계속하되, 對馬島主가 江戶로부터 돌아오는 것32)을 기다려 문위역관이 갈 때에 미진한 곳을 고치어 송부하도록 하였다.

　한편 왜관측은 동래로부터 조선인 처형소식과 함께 일본인도 같은 죄이기 때문에 똑같이 처리하여 달라는 요구가 있었다는 사실과 왜관에서는 이미 이들을 용서하여 대마로 귀환시켰는데, 차후 어떻게 하였으면 좋겠는가를 대마도에 물었다.33)

　이후 양국 모두 이 교간사건에 관한 기록은 남아 있지 않아, 그후의 전개상황은 알 수 없다. 그러나 『邊例集要』에는 1693년 11월 부사 成瓘때에 犯奸倭를 同律로 처리해 줄 것을 島主에게 移書한다고 하니, 왜관의 裁判倭는 피차간에 대면도 아니하고, 사람을 다 죽인 후 흔적도 없는데, 이제 와서 同律을 운운하는 것은 사리에 맞지 않는다고 강경히 거부하였다는 기록이 있다.34) 그후 양국간에 이 문제를 어떻게 처리하였는지는 알 수가 없다.

---

31) 앞의 『分類紀事大綱』 元祿 三年 十月八日之日帳.

32) 이 제도를 參勤交代라고 하는데, 江戶時代에 德川幕府는 전국의 大名을 일정 기간동안 將軍이 있는 江戶에 參勤시켜 그들을 통제하는 정책으로 활용하였다. 원칙적으로 1년은 在國(자신의 임지), 1년은 江戶에 參勤하였고, 동시에 妻子는 江戶에 남아있어 인질이 되기도 하였다. 당시 對馬島主 宗義眞은 1690년 3월 15일 대마도를 떠나 參勤을 한 뒤, 이듬해인 1691년 4월 20일 대마도에 돌아왔다(田中健夫 外, 『前近代對外關係史の綜合的研究』, 東京大學 史料編纂所, 1980, 124쪽, 義眞參勤交代表 참조).

33) 앞의 『分類紀事大綱』 元祿 三年 十一月 十二日 平田所左衛門へ遣.

34) 『邊例集要』 권14, 雜犯, 癸酉(1693) 11월조.

4. 1711년 犯奸條約의 체결

犯奸倭를 同律之罪에 적용하는 약조가 맺어지게 된 직접적인 사건
은 1707(숙종 33)년 12월의 「甘玉交奸事件」이다. 『邊例集要』권14,
정해 12월조에 기록된 사건의 내용을 보면,

> 부사 韓配下의 때에 部將 宋仲萬이 여인 甘玉을 데리고 왜관에 잠
> 입하여 왜인과 더불어 교간하다가 일이 드러나게 되었는데, 奸倭를 잡
> 아 가두고 同律로 적용할 것을 관수에게 책유하니, (관수는) 奸倭同律
> 을 금일부터 실시하는 것은 성신의 도가 아니라고 운운하면서 끝내 회
> 답이 없었습니다. 謄錄을 살펴보면 왜인이 교간을 한 것은 한 두번이
> 아닌데, 同律의 뜻을 누차 책유하였으나 회답이 없었으니 이번에도 물
> 을 것도 없습니다.35)

라고 啓를 올리니,

> 다시 책유하고 회답을 기다리라. 부산첨사는 재판에게 엄하게 따지
> 고, 끝내 듣지 않으면 도주에게 移書를 하되, 부사는 가볍게 청하거나
> 묻는 일이 없도록 하라.36)

고 회계하였다. 그 이듬해, 1708년 2월 부산첨사는 館守倭에게 同律
의 뜻을 누차 책유하였으나 전혀 회답이 없다고 하면서, 피차간에 同
律之意를 約條중에 삽입하여 영구히 定式으로 삼을 것을 건의하였다.
　여기서 約條란 대마도 또는 왜관과의 사이에 맺은 여러 가지 약조를
말하는데, 그 내용은 『增正交隣志』권4 約條와 『邊例集要』권5 約條
에 자세하다. 특히 여기서 동래부사나 관수왜와의 사이에서 거론이 되

---

35) 『邊例集要』권14, 雜犯, 丁亥(1707) 12월조.
36) 위와 같음.

고 있는 약조는 1683년(숙종 9) 癸亥通信使 때에 대마도에서 정한
약조를 말하는 것 같다. 그 내용은

> 一. 境界를 정한 밖에서는 크고 작은 일을 막론하고 왜관 경계밖으로
> 나온 자는 모두 사형으로 다스린다.
> 一. 路浮稅를 행한 자를 현장에서 잡았을 때는 준 자나 받은 자나 모
> 두 사형에 처한다.
> 一. 開市 때에 各房에 잠입하여 密賣를 한 자는 피차간에 사형에 처한
> 다.
> 一. 五日雜物을 들여 보낼 때에 왜인은 色吏·庫子·小通事 등에게
> 욕을 하거나 때리지 말 것.
> 一. 피차간에 범죄를 행한 자는 모두 관문 밖에서 형을 집행할 것.

등인데, 대마도 봉행 平眞賢 등 5인이 書名을 하여 가져와, 이것을 돌
에 새겨서 왜관 밖 경계37)를 정한 곳에 세웠다 한다.38) 이외에도 『增
正交隣志』에는 館守倭가 다시 청해온 약조 8개항이 나열되어 있으나
交奸에 관한 조항은 없다.39)

그후 9월이 되자, 관수왜는 일본에서는 唐人과 交通한 倭女가 그
수를 알 수 없을 정도로 많으나, 죄로 다스리지 않는다고 하면서, 더
구나 약조에도 없는 죄를 어떻게 同律로 다스리겠는가라고 반문해 오
기도 하였다. 이에 동래부에서는 交奸女人과 同情人은 우선 처단을 하

---

37) 倭館의 境界에 관하여는 『增正交隣志』 권4, 約條, 숙종 5년(1680)조에 「己未
(1679)에 新館의 界限을 정하였다. …(중략)… 동쪽으로는 松峴에 이르기까지
館과의 거리가 3백보쯤되고, 서쪽으로는 西山에 이르기까지 관과의 거리가
80보쯤되며, 서남쪽으로는 草梁 民家에 이르기까지 관과의 거리가 1백보쯤되
고, 남쪽으로는 바닷가에 이르기까지 관과의 거리가 1백보쯤 되게 한다」고
되어 있다.
38) 현재 釜山市立博物館 野外展示場에는 「約條制札碑」(부산기념물 제17호)가 전
시되어있는데, 비문의 내용이 위와 일치하는 것으로 보아, 당시에 세운 約條
의 禁標(『增正交隣志』에는 標木을 세웠다고 기록하고 있으므로 아마도 같은
내용을 나무에도 써서 여러곳에 세웠을 것으로 생각된다)로 추정된다.
39) 『增正交隣志』 권4, 約條, 九年癸亥信使在馬島定約條. 館守倭又請申約條.

고, 차후에 도해역관을 보낼 때에 **島中移書**하여 **同律之罪**를 약조에 삽입하자고 치계하였는데, 조정에서는 그렇게 하도록 하였다.[40]

그러나 이듬해 1709년 4월, **渡海譯官**편에 **甘玉**을 교간한 왜인을 **同律**로 촉구하는 서계를 송부하였으나 받지 않자, **兩譯**이 사력을 다하여 지금 서계를 받지 않으면 장래 **江戶**로부터 책임을 면치 못할 것이라고 강조하였지만 끝내 전하지 못하고 돌아왔다. 이에 조정에서는 **兩譯**을 임무를 소홀히 한 죄로 정배시키고, **犯奸倭人**은 부산첨사로 하여금 엄격히 조사하도록 하였다. 그리고 재판의 서계도 조선쪽에서 거부하였다.[41]

그후 5월부터는 **犯奸倭**의 **同律問題**와 1704년이래 단절되었던 **彦千代圖書**[42]의 발급문제가 결부되어 여러차례 교섭이 진행되었지만 전혀 진전이 없었다.

1710년(숙종 36)에 들어서면서 왜관의 상황은 더욱 복잡해져 갔다.

3월에는 동래부사 **權以鎭**으로부터 6개항에 달하는 건의문이 상계되었다. 그 내용은 역관과 초량왜관 왜인의 **居住紊亂**, **交易定價**에 대한

---

40) 『**邊例集要**』 권14, 己丑 9월조.

41) 『**邊例集要**』 권14, 雜犯, 己丑(1709) 4월조.

42) 彦千代圖書란 兒名送使인 대마도주의 아들 이름으로 발급되는 도서로서, 그 기원은 1452년 宗成職이 도주 습직때에 그의 아들에게 어릴때의 이름(兒名)인 千代熊丸으로 도서가 발급된 것에서 비롯된다. 임란후 통교가 재개된 후, 1611년 종의지는 아들 彦三(후에 義成)의 圖書발급을 조선에 요청하자, 조선에서는 宗義智의 조·일외교에 기여한 공적을 생각하여 그해에 도서를 발급하여 주고 사송선의 도항을 허가하였다. 그후 1615년 義成이 도주가 된 후에도 반납을 하지 않고 있다가 1657년 義成이 죽자 반납되었다. 한편 義成의 嫡子 彦滿(후에 義眞)도 부친의 예에 따라 圖書를 청구하였으나, 조선에서는 앞서 彦三의 圖書가 반납되지 않았다는 이유를 들어 발급하지 않다가 1642년에 발급하여 주었다. 따라서 1642년부터 1657년까지는 兒名送使가 2척인 셈이다. 1654년 彦滿이 도주가 되면서 彦滿送使는 이름을 「平義眞送使」로 바꾸어 1702년 義眞이 죽을 때까지 使送船이 파견되었고 1704년 반납되었다. 여기서 彦千代란 彦三·彦滿의 彦과 千代熊丸의 千代를 가리키는 것으로 생각된다(田代和生, 『近世日朝通交貿易史の硏究』 第1部 第3章, 渡航船增加工作とその種類』, 創文社, 1982, 78쪽. 孫承喆, 柳在春역, 『近世韓日外交秘史』 제5장, 補論, 1987, 강원대학교 출판부, 216쪽).

논쟁, 譯官에 의한 부정적인 人蔘交易, 대마도주로부터 訓導에의 受給, 훈도·별차에의 增給, 중국생사를 역관이 왜인에게 전매하는 것 등이었다. 이에 대하여 앞의 세 가지는 정지가 되었지만 나머지는 논의만 되었을 뿐 아무런 조치가 취해지지 않았다.[43]

4월에는 朝市에 간 조선여인과 왜인사이에 밀통이 많아 동래부사가 이를 금지하자 왜인들이 館外脫出하는 경우가 많았는데, 이를 방치한 죄로 훈도·별차가 경상좌수사에 의해 杖刑에 처해지기도 하였다. 이 내용을 『肅宗實錄』은 다음과 같이 기록하고 있다.

> 왜인이 초량촌에서 나온 이후에는 閭閻에 출입할 수가 없어서, 매번 朝市때마다 아국 남녀가 간다. 그런데 남자가 가지고 가면 비록 팔지 못할 물품이라도 여인이 가지고 가면, 나쁜 물건이라도 반드시 팔기 때문에 朝市에 가는 자는 모두 여인이다. 동래부사 權以鎭이 草梁·釜山 海夫村人들에게 말하기를 이것은 단지 魚菜만을 파는 것이 아니고, 너의 妻女를 파는 것이다. 너희 역시 사람인데 어찌 이것을 참겠는가하니, 이때부터 여자를 보내지 않고 남자를 보내었다. 그러자 왜인들이 魚菜가 부족하다는 핑계를 대고 부득불 무역을 구하며 禁標 밖으로 나왔다.[44]

그리고 館守倭와 一代官倭에게는 그 책임을 물어 公作米를 撤供할 것을 건의하기도 하였다.

한편 조선에서는 1707년 甘玉交奸事件에 대한 同律을 촉구하는 서계를 계속 대마도주에게 보내었다. 그 예로 5월에는 裁判이 圖書를 청하려고 왔는데, 뜻을 이루지 못하고 쓸데없는 답서를 받아가면, 무슨 면목으로 島主를 볼 수 있겠는가라고 하면서 조선측의 서계를 받지 않고 돌아가려고 승선하였다는 기록이 있다.[45]

드디어 7월이 되자, 조선에서는 간왜여인 감옥과 공모자 宋仲萬을

---

43) 『肅宗實錄』 권48, 숙종 36년 3월 갑오.
44) 『肅宗實錄』 권48, 숙종 36년 4월 정미.
45) 『邊例集要』 권14, 庚寅(1710) 5월.

법에 의하여 관문밖에 효시하고, 역관을 통하여 이 사실을 관수왜에게
알리어, 만약 圖書를 얻을 뜻이 있으면 犯奸倭人을 참수하여 그 머리
를 가져와 사죄하면 그 벌하는 뜻이 풀릴 것이라 하였다. 그러나 왜관
으로부터는 더 이상의 조치는 없었다.

　그러자 이듬해 1711년 5월, 비변사에서는 犯奸倭에게 同律을 적용
하는 것을 馬島에서는 약조를 핑계로 시종 거부만하고 있으니, 이번
사행이 저쪽에 도착한 후, 피차간에 同律勘罪의 뜻을 약조로 정할 것
을 전교를 받아 시행하도록 지시하였다.46)

　그리하여 약조를 체결하는 문제는 결국 1711년 辛卯通信使에게 위
임되었고, 三使는 江戶 체류중에 대마도주 宗義方에게 요청을 하였다.
그러나 대마측에서 들어주지 않자, 이번에는 장군에게 직접 탄원하겠
다고 주장하였고, 이에 당황한 對馬奉行은 일을 급속히 추진하여 드디
어 교간에 관한 새로운 약조를 체결하게 되었다.

　그 과정을 辛卯通信使 副使 任守幹은 『東槎日記』에서 다음과 같이
기록하고 있다.

　　몇 해 전에 館倭 源七이 부산여인을 범간한 일이 있었는데, 대마도
에서 끝내 형벌을 쓰지 않으므로 朝家에서 약조를 정해 지금까지 행하
고 있다. 이 때문에 사신일행이 江戶에 머무를 때, 이 문제를 논란하
였으나 도주가 자못 어렵게 여기는 뜻이 있었고, 또 도주에게 서계를
보냈으나 역시 듣지 않았다. 세 사신이 상의하여 關白을 하직할 때에
글을 올리면 혹시 변통이 있을까 하여, 한편으로 書草를 만들고 한편
으로는 奉行들에게 이 사실을 말하였더니, 奉行들이 약간 황겁한 기색
이 있었다.

　　通譯官을 島主 집에 보내어 이 사실을 알리려 하자, '約條 사항에
强奸·和奸을 묻지 않고 다 같은 죄로 단정한다면 大明律에 위반되는
것이 있으니, 차등을 두어 죄를 정하면 사리가 당연할 것입니다. 꼭
島主 집에 보낼 것이 아니라 저희들과 결정하는 것이 좋겠습니다.'하
기에 드디어 그 말에 따라 약조를 써서 奉行을 도주 집에 보내어 도주

---

46) 『邊例集要』 권14, 辛卯(1711) 5월.

의 도장을 찍어 오게 하였다.47)

그 내용은,

　一. 馬島의 사람으로서 초량관 밖에 나가 여인을 强姦한 자는 律文에
　　　의하여 死刑에 처한다.
　一. 여인을 유괴하여 和奸한 자 및 未成年者를 强姦한 자는 영원히 유
　　　배하여 가둔다.
　一. 여인이 관중에 잠입하였을 때, 잡아 보내지 않고 奸通한 자도 역
　　　시 그 다음의 律文을 적용한다.48)

는 것으로, 이때 비로소 양국간에는 교간범죄인에 관한 약조가 맺어
지게 되었고, 이후 이 약조에 의하여 同律로 처리하게 되었다.

　그 예로 1716년 부사 金始煥의 때에 목장에 살고 있던 金以石이 趙
守命과 공모하여 여인 季月을 관중에 데리고 가서 왜와 교간하게 하였
는데, 以石과 守命은 관문밖에 효시하고, 季月은 황해도 信川郡에 遠
地定配하였으며, 奸倭 5인중 2인은 流竄之律을 적용하였다는 기록이
있다.49)

---

47) 任守幹, 『東槎日記』, 坤, 新定條約.
48) 약조의 원문을 소개하면,
　　<朝鮮史料>
　　　一.『邊例集要』권5, 壬辰(1712) 2월조. 任守幹, 『東槎日錄』, 坤, 新定約條.
　　　一. 馬島之人 出往草梁館倭 强姦女人者 依律文論以一罪事.
　　　一. 誘引女人和奸者 及强奸未成者 永遠流竄事.
　　　一. 女人潛入館中 以不爲執送 因爲奸通者 用次律事. 辛卯十一月日 對馬
　　　　　島 太守 着圖書.
　　<日本史料>
　　　一. 宗家史料『分類紀事大綱』31(日本國會圖書館所藏).
　　　一. 館倭出館强奸者以一罪論斷.
　　　一. 和奸及强奸未成者永遠流竄.
　　　一. 女人自入館所淫奸者以次律施行.
여기서 一罪는 같은 죄 또는 한가지 죄로 직역이 되나, 그 의미는 斬罪에 해당
되므로 사형이라고 의역하였다.

5. 맺음말

이상에서 1690년을 전후하여 부산 초량왜관에서 발생한 「交奸事件」
을 奎章閣에 소장되어 있는 『倭人作孼謄錄』과 그와 관련된 사료들을
중심으로 살펴보았다.

이미 언급한 바와 같이 1678년 초량왜관이 신축되어 1872년 명치
정부에 의하여 점령되기까지 왜관에 얼마나 많은 왜인이 거주하였는지
그 정확한 수를 알 수는 없다. 그러나 기록에 의하면 1678년 4월 23
일 豆毛浦倭館으로부터 草梁倭館에 이전하는 날, 館守 이하 460여명
의 對馬人이 新館에 들어갔다고 한다.50) 물론 이 인원이 상주하는 인
원인지, 아니면 통교를 위하여 일시 내항하는 인원을 포함한 것인지에
대하여 정확하지는 않지만 상당한 수가 상주하였고, 또한 이들은 모두
남자였던 것이다. 그래서 이들 왜인과 조선여인 사이에는 종종 交奸事
件이 일어났고, 이것은 당시 유교를 국시로 하고 있는 조선사회에는
커다란 사회문제가 되었던 것이다.

왜인과는 이유를 불문하고 사적인 접촉을 일체 허용치 않았던 조선
으로서 倭人交奸事件을 용납할 수 없었음은 당연한 처사였다. 그래서
조선에서는 교간사건이 발각이 되면, 그 해당자를 모두 왜관의 관문밖
에서 참수하여 효시를 하는 것으로 경계를 삼도록 하였으며, 동시에
왜관측에 대하여는 交奸倭人을 조선측과 똑같이 처리해주도록 同律을
요구하였다. 그러나 왜관(대마도)에서는 교간에 대한 약조가 없음을
이유로 들어 처벌하지 않는 경우가 많았다.

그리하여 결국 「同律之罪」의 적용문제는 1690년과 1697년의 교간
사건을 계기로 하여 양국간의 외교문제로 비화되면서, 館守에 대한 撤

---

49) 『邊例集要』 권14, 雜犯 . 이외에도 1726년 丙午 5월, 1738년 戊午 11월, 1786년
   丙午 12월에도 交奸事件에 관한 기록이 있는데, 조선인 공모자는 관문 밖 효
   시, 여인은 遠地定配하였고, 交奸倭人은 流竄之律에 따라 벌을 내리고 있다.
50) 田代和生, 앞의 책, 「草梁倭館の設置と機能」, 172~3쪽.

供・撤市를 비롯하여 圖書發給의 중지 등 구체적인 제제조치로 나타났다. 그러나 그럼에도 불구하고 대마측에서는 同律의 조항이 약조에 없다는 이유로 계속 거부하였고, 조선측에서는 1711년 辛卯通信使때 江戶에서 將軍에게 탄원할 것을 대마측에 사전 통보함에 이르러, 三使와 對馬島主 사이에 교간에 관한 세 가지 내용의 약조가 맺어짐에 의하여 1661년이래 50여 년간이나 문제가 되어 왔던 교간왜인에 관한 同律罪의 적용문제가 타결을 보게 되었던 것이다.

그러나 약조가 맺어졌다고 해서, 교간사건이 완전히 종식된 것은 아니었고, 또 약조의 내용대로 양측의 범죄자들이 똑같이 처리된 것도 아니었다. 예를 들면 약조 후에도 왜관에서의 교간사건은 계속되었고, 또한 처벌에 있어서도 조선측의 경우는 교간사건에 관여한 조선남자는 모두 館門外 梟示를 하였고, 여인의 경우는 遠地定配를 하였지만, 왜관(대마)측은 流竄之律에 의하여 縛送한다고 하였지만, 일부만 적용되었고 또 대마도로 박송 후 어떻게 처리되었는가는 알 수 없다.

어쨌든 이러한 교간사건은 조선후기 한일관계사에 있어 官 중심의 접촉만을 다루는 정치・외교사적인 측면과는 달리 또 다른 측면에서 시사하는 바가 크다고 생각한다. 예를 들면 교간사건의 발단이나 처리과정을 통하여 당시 倭館 實態의 한 단면을 볼 수 있으며, 양국인의 사회적인 가치관은 물론 상호인식에 이르기까지 많은 소재를 제시해준다. 뿐만 아니라 同律의 문제가 결국은 통신사의 파견을 통하여 江戶에서 「新定約條」의 방식에 의하여 타결된다는 점에 이르러서는, 단순한 사회문제가 아니라 외교문제로 비화된다는 점에 있어서 그 역사적 의미는 상당히 크다고 생각된다.

이점에 있어 왜관 내에서 발생하였던 여러 사건, 예를 들면 行悖倭人・負債倭・密通・密賣 등 하층민의 접촉에서 일어난 여러 가지 사건을 통한 역사적 접근은 당시 왜관의 참 모습을 재현하는 일 뿐만 아니라, 조선후기 한일관계사의 실상을 조명하는 데 필수적인 연구소재라고 생각한다. 이러한 점에서 왜관을 통하여 본 「부산사람들의 生活史 硏究」가 촉망된다.

제2편
對馬島·幕府와 한일관계

제1장 대마도의 朝·日 兩屬 관계
제2장 조선시대 日本天皇觀의 유형적 고찰
제3장 명·청 교체기 對日外交文書의 年號와 干支

제1장

대마도의 朝·日 兩屬 관계

1. 머리말

1590년(선조 23) 임진왜란 직전에 통신사 부사로서 일본에 파견되었던 金誠一은 귀국후 제출한 보고서에서,

> 대마도는 우리 나라와 어떤 관계인가? 대대로 우리조정의 은혜를 받아 조선의 동쪽 울타리를 이루고 있으니, 의리로 말하면 君臣之間이요, 땅으로 말하면 조선에 부속된 작은 섬이다.[1]

라고 했다. 이같이 대마도를 조선에 부속된 섬으로 생각했던 인식은 이미 조선 초기부터 조선인들에게는 일반화된 보편적인 사고였다.

뿐만 아니라 이러한 인식은 대마도인들 스스로도 마찬가지였는데, 예를 들면, 1419년(세종 원년)에 대마도주가 보낸 사신은,

> 우리 대마도에게 조선 영토 안의 州·郡의 예에 따라 州의 명칭을 정하여 주고, 印信을 주신다면, 마땅히 신하의 도리를 지키어 시키는 대로 하겠습니다.[2]

---

1) 金誠一, 『海槎錄』 권3, 「許書狀官答」.

고 하여, 대마도가 조선에 복속되어 있음을 명백히 했다.

그렇다면 이러한 인식은 어떠한 역사적인 근거를 가지고 있는 것일까. 이 글은 조선시대에 대마도가 영토적으로는 일본에 속해있으면서도, 정치·외교적으로나 경제적으로는 조선에 복속되어 있던 '대마도의 양속성'을 역사적으로 재검토하고자 하는 목적을 가지고 있다.

2. 왜구의 본거지

대마도는 한국의 부산에서는 53km, 일본의 구주 博多에서는 124km가 떨어져 있는 작은 섬으로, 일본보다는 한국 쪽에 더 가까이 있으며 현재 약 4만 3천명의 인구가 살고 있다.3) 그러나 대마도는 섬이라기보다는 바다에 떠 있는 산이라고 표현하는 편이 더 나을 정도로 온 섬이 산으로 되어 있다. 그래서 활주로를 만들만한 평지도 없어, 산을 깎아 비행장을 만들었고, 그나마 활주로가 짧아 소형 프로펠러 비행기가 福岡에서 승객을 실어 나른다. 또한 섬 안에서의 교통도 요새와 같이 터널을 뚫어 남북 두 개의 섬이 통하고 있는데, 터널만도 100개가 넘는다. 따라서 지금도 농사를 지을 땅이 없어, 계곡사이와 일부 해안 지대에서만 농사를 짓고 있는데, 논농사의 면적도 섬 전체 면적의 2.3%에 불과하다. 이와 같이 섬의 위치가 일본보다 조선에서 가깝지만, 자연 환경이 아주 척박할 뿐만 아니라, 또 대한해협을 남에서 동북으로 흐르는 빠른 해류와 불규칙적으로 부는 해풍 때문에 북서 계절풍을 이용하지 않으면 조선에서의 왕래가 그리 쉽지 않았다.4)

---

2) 『世宗實錄』 2년 윤 정월 기묘.

3) 對馬自治連絡協議會, 『つしま百科』(1993)에 1990년 10월 현재 인구가 4만 6천 여명이었으나, 1996년 2월에는 4만 3천여 명으로 3천여 명이 감소한 것으로 파악되었다. 통계에 의하면 1870년경에는 3만명, 1910년경에는 5만명, 1950년 경에는 7만명까지 증가하였으나 그후 계속 감소하는 경향을 보이고 있다. 한편 조선후기에 해당되는 1699년에는 인구가 32,725명이었다는 기록이 있다 (위의 책, 70쪽).

그렇다면 조선시대의 대마도는 어떠했을까.

1444년(세종 26) 4월 招撫官으로 壹岐섬에 파견되었던 康勸善은 귀국하여 보고하기를,

> 대마도는 토지도 좁고 또한 척박하여 농업에 힘쓰지 않게 되니, 기근을 면하지 못하여 도둑질을 멋대로 하고, 그 마음도 포악합니다. …(중략)… (이곳은) 일본 국왕의 명령 역시 미치지 않아, 그 중간에서 망령되게 자존하면서 포악하오나, 모두들 圖書를 받고 우리 조정에 귀순하기를 원하오니, 청하건데 이 섬의 두목들에게 예전같이 내왕하게 하고, 이따금 양식이나 주고 도서를 주어 뜻밖의 우환을 대비하게 하소서.[5]

라고 하여, 척박한 자연환경 속에서 조선에 의지하여 살아가고 있는 모습을 적고 있다.

대마도에 대한 이러한 인식은 대마도와의 통교가 정상적으로 이루어지고 있었던 성종대에도 마찬가지였는데, 예를 들면 일본에 통신사의 일원으로 다녀왔던 前經歷 李仁畦는 1479년(성종 10)에 성종을 인견한 자리에서,

> 그 섬은 生利가 매우 박하므로, 비록 후하게 접대하려 하더라도 할 길이 없습니다. 도주에게는 겨우 한 섬의 씨를 뿌릴 만한 밭밖에 없으므로, 오로지 우리 나라에서 해마다 내리는 것에 의지할 따름입니다.[6]

고 하였다. 그리고 1481년(성종 12) 선위사로 대마도에 파견되었던 金自貞도 성종과의 문답에서,

---

4) 田中健夫는 대마도의 역사를 채색하는 조건으로 대마가 조·일간의 離島라는 점, 항상 빈곤하였다는 점, 국방상의 중요지점이라는 점을 들고 있다. 田中健夫, 「中世の對馬と宗氏の勢力擴張」 『中世海外交涉史の研究』(東京大學出版會, 1959) 참조.
5) 『世宗實錄』 권104, 26년 4월 기유.
6) 『成宗實錄』 권101, 10년 2월 병신.

> 대마도는 토지가 메말라서 모두 산 위에 자갈밭만 있고, 잡초가 무
> 성하여 가꾸지도 않았으며, 도주의 집 뒤에 단지 논이 수십 경 있었습
> 니다. 집은 모두 띠(茅)로 덮었으며, 생활은 오로지 우리 나라에 의지
> 할 뿐입니다.7)

라고 하여, 대마도의 척박한 자연환경을 토로하였다.

그러면 대마도민들이 조선으로부터 식량을 받아 가기 전에는 어떤
방법으로 이 문제를 해결하였을까.

대마도민이 식량을 해결하는 방법은 두 가지였다. 하나는 화전을 개
간하거나, 葛根이나 蕨根을 대용식으로 하는 것이었고,8) 또 하나는
외부에서 식량을 조달하는 방법을 찾아내는 것이었다. 그러나 화전의
개간도 지극히 제한적일 수밖에 없었고, 결국 海賊(倭寇)이 되어 조선
연안을 습격하여 약탈을 감행하게 되었다.

그러나 조선과 대마도의 관계가 처음부터 왜구로 시작된 것은 아니
다. 최근의 연구성과에 의하면, 11세기 후반부터 13세기 후반까지 대
마의 고려에 대한 進奉關係를 밝혀 냄으로써 왜구 관계 이전의 고려와
대마도 관계를 새롭게 정리했다. 대마도의 양속 관계를 밝히는데 매우
귀중한 연구 성과다.9) 그러나 진봉관계도 여·몽연합군의 일본정벌과
일본내부의 사정에 의하여 단절되고, 그 결과 식량문제를 해결하기 위
해 대마인은 왜구로 변질되어 갔다.

왜구 창궐에 관하여는 많은 연구가 있다. 종전의 연구에 의하면 약
간씩의 차이는 있으나 1223년부터 1392년까지 169년간 총 529회를
기록하고 있다.10) 왜구의 침입은 조선조에 들어와서도 계속되었는데,

---

7) 『成宗實錄』 권133, 12년 9월 병자.
8) 『世宗實錄』 권75, 18년 12월 계미. 1764년 甲申通信使때 정사 조엄에 의하여
   대마도 佐須奈에서 구황식물로 조선에 전해졌던 고구마(쓰시마이모)가 대마
   도에서 재배된 것도 조선 후기의 일이다.
9) 羅鐘宇, 『韓國中世對日交涉史硏究』 제1장, 고려전기의 한일관계(단국대학교대
   학원 박사학위논문, 1992). 李 領, 『東シナ海世界における麗·日關係史の硏
   究』 第2編, 中世前期の高麗と日本 - 進奉關係を中心として - (日本 東京大學
   綜合文化研究科 大學院 博士學位論文, 1995) 참조.

통계에 의하면 1392년부터 1443년(세종 25)까지 총 155회나 되며, 특히 건국 직후 10년간은 년 10회가 넘는 해도 여러 번 있었다.11) 따라서 조선왕조에 들어와서도 왜구금압은 역시 국가 안위에 직결되는 매우 심각한 문제였고, 조선 정부가 취한 왜구 대책은 중요한 內政問題인 동시에 외교상의 과제였다. 물론 이 왜구들이 모두 대마도 출신은 아니지만, 여러 기록을 통해서 볼 때 거의가 대마도인들이며, 그 점은 1389년(고려 공양왕 2) 朴葳 軍과 1419년(세종 원년) 李從茂 軍의 대마도정벌을 통해서도 확인할 수 있다.

3. 조선의 통제정책

조선 정부의 왜구대책은 다각적으로 시도되었는데, 군비 확충과 무력에 의한 토벌, 막부장군과 중소영주들을 통한 외교교섭, 왜구에 대한 직접적인 회유와 통교제도의 정비 등 세 가지로 정리할 수 있다. 그리고 이러한 정책들을 통하여 조선은 대마도를 조선중심의 군사, 외교, 정치, 경제질서에 편입시켜 갔던 것이다.

첫째, 군비 확충과 무력에 의한 토벌을 보면, 이것은 고려말부터 진행된 일로서, 선군을 확충하여 병력을 증원하고, 崔茂宣으로 하여금 화약과 화포를 제조하게 하였으며, 1389년 2월에는 경상도원수 박위로 하여금 전함 1백 척을 이끌고 대마도 진공을 단행하여 왜선 3백척을 소각하는 등 전공을 올렸다. 조선조에 들어와서도 海防對策을 충실히 한 결과, 1397년(태조 6)에는 "연해지역에 대한 수군의 방어에 의해 적이 감히 접근하지 못하게 되었다."고 할 정도로 수군을 강화하였다. 태종대에 이르면 더욱 진전되어, 1408년(태종 8)에는 병선이

---

10) 李鉉淙, 「高麗後期의 倭寇」『講座韓日關係史』(현음사, 1994), 田中健夫, 『倭寇』(日本, 敎育社, 歷史新書 66), 국방군사연구소, 『왜구토벌사』(1993) 참조.
11) 조선초기 왜구의 침입횟수에 관하여는 孫承喆, 『朝鮮時代 韓日關係史研究』(지성의 샘, 1994) 54쪽.

603척, 수군이 5만 5천명에 달했다. 그러나 왜구는 근절되지 않았고, 조선에서는 초강경책의 무력응징으로 대마도정벌을 단행하게 된다. 대마도정벌은 태조때에도 기획한 적이 있었으나,12) 실제로 단행된 것은 1419년(태종 19)이었다.

삼군도체찰사 李從茂 이하 병력 17,285명은 그해 6월 19일에 65일분의 군량을 병선 227척에 나누어 싣고 거제도에서 출전했다. 20일 대마도의 아소만을 공격하여 적선 130여척을 나포하고 두지포에 정박한 후, 대마도주에게 효유문을 보냈으나 답신이 없자, 26일 상륙작전을 감행하여, 각지를 토벌하면서 가옥 2,000호를 소각하고, 왜구 100여명을 죽였다. 그러자 대마도주는 이종무에게 서계를 올려 군사의 철수와 수호를 간청하였고, 왜구의 주력이 도내에 없었던 만큼 정벌의 목적이 완전히 달성된 것은 아니었지만, 왜구의 본거지에 큰 타격을 가하였고, 또한 태풍에 대한 우려도 있어 7월 3일 귀환했다. 그러나 귀환직후 다시 왜구가 출몰하자, 재차 정벌군을 편성하여 출정을 대기하던중 7월 12일 김해에서 도독 劉江이 요동에서 돌아오던 왜구의 주력부대를 대파했다는 전갈이 있자, 재 정벌계획은 중지되었다. 소위 대마도정벌로 불리는 역사적 사건이다.13)

둘째, 막부장군과 중소 영주들에게 외교 교섭을 하여, 그들로 하여금 왜구를 금압하도록 하는 우회적인 방법을 이용했다. 즉 조선 정부는 1404년 室町幕府의 足利義滿 장군이 명으로부터 日本國王으로 책봉을 받자, 막부장군을 외교권의 주체자로 인정하여, 국가 대 국가 차원의 외교 관계를 수립하고, 막부장군을 통해 왜구의 금압을 요청했다. 그러나 당시 일본의 중앙정권은 지방통제력이 약해 별로 효과가 없었다. 이에 조선에서는 다시 왜구에게 직접적인 영향력을 행사할 수 있다고 생각한 지방의 중소 영주들에게 교섭하여, 그들로 하여금 왜구를 금압하도록 요청했다. 『海東諸國紀』와 『朝鮮王朝實錄』에는 이들의

---

12) 『太祖實錄』 권10, 5년 12월 정해.
13) 대마도정벌에 관하여는 이재범, 『왜구토벌사』, 국방군사연구소, 1993, 203~221쪽 참조.

왕래에 관하여 아주 자세히 기록되어 있는데, 그것을 통계화하면 다음
표와 같다.

표1]　　　　　　　　　　조선 전기 대일사행과 파견대상[14]

왕대 ＼ 파견대상	태조	정종	태종	세종	단종	세조	성종	연산	중종	명종	선조	계
幕府將軍	1	1	5	7		1	2				1	18
九州節度使	3											3
大內殿	1		2									3
壹岐島主			2	2								4
對馬島主	2	1	11	6	2	3	4	1	2	1		33
기타(미상)			4									4
계	7	2	24	15	2	4	6	1	2	1	1	65

　그러나 이들과의 교섭도 기대했던 만큼의 효과를 얻을 수가 없었다.
결국 조선에서는 왜구 당사자를 직접 회유하는 방법을 가장 유효하게
생각했으며, 그들을 상대로 여러 가지 통제책을 정비해 나갔던 것이
다.

　셋째, 각종의 방법으로 왜구를 직접 회유하여 조선에서 만든 통교
규정에 따르게 함으로써, 그들을 조선 중심의 정치·외교·경제질서에
편입시키는 정책을 실시했다.[15]

　왜구가 통교자로 전환된 형태는 使送倭人, 興利倭人, 投化倭人 등
세 부류로 구분할 수 있다. 그러면 이들이 어떠한 규정을 통하여 조선
중심의 질서에 종속되어 가는가를 살펴보자.

　첫째, 도항지인 포소를 제한하는 三浦制度를 들 수 있다. 즉 흥리왜

---

14)　韓文鐘,『朝鮮前期 對日 外交政策 硏究』, 전북대학교 대학원 박사학위논문,
　　1996년, 139쪽.
15)　조선에 도항하여 오는 왜인들을 조선중심의 정치·외교·경제질서에 종속시
　　키는 정책을 羈縻政策이라고 하는데, 이 기미정책의 구체적인 내용과 성립
　　과정에 관하여는 孫承喆,『朝鮮時代 韓日關係史硏究』제1장 東아시아 國際秩
　　序와 交隣體制(지성의 샘, 1994) 참조.

인이나 사송왜인의 신분으로 도항해 오는 왜인들이 무질서하게 내왕하
자, 조선에서는 국방상의 이유와 그 폐단을 줄이기 위하여, 1407년부
터 富(釜)山浦와 乃而浦를 도박처로 한정시켜 그 출입과 교역품을 통
제하기 시작했다. 이후 1419년 대마도 정벌에 의해 일시 폐쇄하였으
나, 그들의 간청으로 1423년에 다시 부산포와 내이포 두 곳을 허락하
고, 이어 염포를 추가함으로써 삼포제도를 확립했다. 포소에는 왜관을
설치하여 각기 제포(乃而浦)에 30호, 부(釜)산포에 20호, 염포에 10
호의 恒居倭人을 거주하게 하여, 도항 왜인에 대한 접대와 교역을 허
가함으로써 통교질서를 확립하도록 했다.

표2]   삼포항거왜인수[16)

	세종 초		1466년		1475년		1476년		1494년	
	호수	인구	호수	인구	호수	인구	호수	인구	호수	인구
제 포	30	·	300	1,200여	308	1,722	308	1,731	347	2,500
부산포	20	·	110	330여	67	323	88	350	127	453
염 포	10	·	36	120여	36	131	34	128	51	152
계	60	·	446	1,650여	441	2,176	430	2,209	525	3,105

그러나 왜인의 거주는 점차 늘어나 결국에는 삼포왜란을 일으키게
되었다.
둘째, 각종 도항증명의 휴대를 의무화했다. 왜인들이 조선에 입국하
기 위해서는 書契, 圖書, 通信符, 行狀, 路引, 文引 등 여러 가지가 있
는데, 그 실시 연대나 동기, 목적 등이 각각 다르지만, 모두가 도항왜
인을 다각적으로 회유하고 통제하여 조선의 외교 질서에 예속시키기
위한 제도였다.[17)
書契는 사송왜인의 파견자가 조선 정부 앞으로 발송하는 일종의 외

---

16) 孫承喆,『朝鮮時代 韓日關係史研究』(지성의 샘, 1994) 81쪽.
17) 각종의 도항증명과 그 규정에 관하여는 李鉉淙,『朝鮮前期 對日交涉史研究』
    제4장 제3절 入國驗證의 種別·規格 及 用度 참조.

교문서이다. 즉 도항자의 인적사항이나 도항의 목적을 서계의 형식으로 작성하여 조선정부 앞으로 보내는 것인데, 조선에서는 대마도정벌 이후, 이것을 입국증명서로 간주함으로써 사송선에 대한 통제책으로 이용하였던 것이다. 그리하여 1420년(세종 2)부터는 사송선의 제한과 통교체제의 일원화를 도모하려는 방침에 따라 대마도인은 대마도주의 서계를, 구주지역의 사송인들은 九州探題의 서계를 지참하도록 했다.18) 그 결과 사송왜인의 자격으로 도항하여 오는 왜인들은 대마도주나 구주탐제의 서계가 없으면 사송선으로서의 접대를 받을 수가 없게 되었다. 그리하여 이후의 모든 흥리왜인들도 사송선에 동승하거나 서계의 지참이 요구되었기 때문에 대마도주와 구주탐제의 권한이 강화되었으며, 조선측으로서는 이를 통해서 도항자를 통제할 수 있게 되었다. 그러나 점차 서계를 위조하거나 개서하는 사례가 많아지자, 이후에는 서계이외에도 도서가 필요하게 되었고, 호족이나 대마도주가 발행하는 행장이나 문인, 노인 등이 별도로 요구되었다.

圖書는 서계에 찍는 인장을 말하는데, 위조서계가 속출하자, 반드시 조선에서 발급하여 준 도서를 찍도록 하였다. 도서발급과 그 사용례는 기록상 1419년(세종 즉위)에 처음 나타난다.19) 도서를 받은 왜인을 受圖書人이라고 하는데, 이들이 조선에 도항하여 올 경우, 서계에 이 도서를 찍어서 증거로 삼았다. 수도서인은 공식적으로 조선으로부터 교역권을 인정받는 것이 되고, 또 세견선도 정약받았으므로 해마다 신청자가 쇄도했다. 그리하여 조선에서는 이에 대하여 엄격하게 선별하였지만 계속 늘어나서 1471년(성종 2)에는 수도서인이 32인이나 되었는데, 이중 대마도인이 23인이나 된다.20)

그러나 이후 조선의 긴축정책으로 인하여 수도서인도 대마도주의

---

18) 『世宗實錄』 권8, 2년 7월 임신.

19) 『世宗實錄』 권4, 원년 6월 갑술.

20) 대마도의 수도서인으로는 島主 1인, 島主一族 5인, 仁位中村氏 5인, 受職倭人 7인, 早田家 1인, 島主管下 4인이다(한문종, 「조선전기 대마도의 통교와 대일정책」『한일관계사연구』 제3집, 1995, 160쪽).

문인발행권에 의하여 제약을 받게 됨에 이르러서는 사실상 통교상의 특권을 상실하게 되었다. 한편 발급도서의 유효기간은 수도서인의 생존기간으로 한정하였으나 실질적으로는 세습이 허락되기도 했다. 그러나 도서의 이동과 위조 등의 문제가 계속 발생하자 조선에서는 1510년 삼포왜란을 계기로 대마도의 수도서인을 인정하지 않고 본토의 수도서인도 대폭 정리했다.

通信符는 조선측과 왜측의 통교자가 반쪽씩 나누어 갖고 있다가 도항해 온 후에 맞추어보고 확인하는 방식의 교역허가장으로 일종의 勘合符이다. 1414년(태종 14) 使送船의 제한이후 사송왜인들이 日本國王使나 巨酋使를 사칭하는 사례가 있었기 때문에 이를 방지하기 위하여 통신부를 만들어 주어 증명으로 삼았던 것이다. 대개 구리로 만들었는데 1474년(성종 5)에 막부측의 요청에 따라서 일본국왕사에게는 특별히 象牙符를 10개 만들어 주었다. 도서와 통신부는 전근대 동아시아 국가간에서 나타나는 조공무역의 한 형식인데 실정막부가 이를 요청하여 받았다는 것은 조·일통교의 조공적 성격을 단적으로 나타내주는 하나의 사례라고도 볼 수 있다.

行狀은 도항왜인의 신분과 자격을 확인하기 위하여 거주지의 호족이 발행한 일종의 신분증명서이다. 이 제도는 고려중기 이래 여진인의 통제책으로 사용되었는데 흥리왜인에 대한 통제책으로 전용되게 된 것이다.

노인과 문인은 도항증명서로서 흥리왜인 및 사송왜인에 대한 통제방식이다. 路引은 본래 국내상인들에게 징세 및 왕래의 제약을 위하여 발급한 것이었으나 이를 왜인과 여진인 통교자에게 전용하여 입국증명으로 삼았었는데, 후에 문인으로 통일했다.

도항증명서인 文引에는 선박의 대소와 使送人, 船夫의 숫자 등이 적혀 있었고, 이것을 모든 도항선에 적용시켰기 때문에 효과적인 통제수단이 되었다. 문인제도는 1426년(세종 8) 대마도주의 요청에 의하여 검토된 적이 있었는데, 이 제도가 본격적으로 실시되기 시작한 것은 1438년(세종 20)에 대마도주와 문인제도를 정약하면서 부터이다.21)

당시 回禮使 李藝가 대마도주와 맺은 약조에는 종래 여러 호족에게 허용하였던 문인발행권을 앞으로는 대마도주에게만 인정한다는 것이었다. 따라서 이후에는 일본국왕사나 일부 巨酋使를 제외한 모든 통교자는 대마도주가 발급하는 문인을 가져와야만 접대를 받고 교역을 할 수 있게 되었다.

한편 문인제도는 남해안에서 조업을 하는 왜인어부들에 대한 통제책으로도 활용되었다. 1441년(세종 23) 조선에서는 대마도주와 孤草島釣魚禁約을 체결하였는데, 이 조약에 의해서 어로왜인들은 대마도주로부터 조어문인을 받아야만 고기잡이를 할 수 있었다. 어로를 위한 왜인들은 경남 통영의 지세포(현재의 거제도)의 관아에 신고를 하고 문인을 맡긴 다음 知世萬戶가 발행한 고초도 왕래문인을 받아 전남 남해안의 고도와 초도 일대에서 어로행위를 했다. 고기잡이를 마친 왜인들은 지세포에 현물로 어세를 내고 문인을 돌려 받은 후에 돌아가도록 규정되어 있었다.22) 그리고 이때에 받은 어세는 경상감사의 주관하에 입국왜인의 접대비용에 충당하기로 되어 있었다. 그런데 왜인들이 어세를 내지 않고 도망가버리는 예가 많아서 규정대로 잘 지켜지지 않았다. 하지만 이 조약에 의해서 대마도주는 또 하나의 이권이 주어진 셈이 되었고 대마도내에 지배권을 강화하는데 큰 도움이 되었다.

대마도주를 통한 문인발행권의 단일화조치는 조선측에게도 통교일원화를 위한 효과적인 통제책이 되었다. 즉 흥리왜인으로 조선에 도항하여 오던 모든 왜인들은 서계・행장・문인 등의 규제책으로 인하여 형식상으로는 사송왜인으로 전환되게 되었으며, 사송선에 필요한 서계와 문인의 발행권을 대마도주에게 줌으로써 일원적인 통제가 가능하게 되었던 것이다. 그리고 대마도주는 이를 이용하여 도내의 지배력을 장악하였고, 문인발행에 따른 수수료의 수취, 교역물품에 대한 과세 등을 통해 대조선무역의 독점적 권한과 이익을 향유했다. 이상의 여러 가지 통제책은 모두 도항왜인에 관한 여러 가지 증명과 입국시의 통제

---

21) 『世宗實錄』 권82, 20년 9월 기해.
22) 『海東諸國紀』 朝聘應接紀 「釣魚禁約」.

와 접대, 교역을 위한 것이었는데, 그 과정은 대체적으로 서계·도서·행장·노인·문인을 순차적으로 사용하거나 혹은 혼용하였으며, 1438년 대마도주와의 문인제도 정약이후 대체적으로 문인으로 일원화되었다.

그러나 이상의 통제책이 최종적으로는 대마도주에게 위탁하는 형식이 되었기 때문에 그 운영상에 모순과 한계가 있었다. 따라서 조선에서는 결국 통교자에 대한 도항횟수나 교역량, 세견선수 등을 직접 통제할 수밖에 없었다. 그리고 이러한 조치는 세견선수의 정약과 접대규정의 체계적인 정비로 매듭지어 졌다.

셋째, 모든 도항자의 歲遣船數를 정함으로써 도항횟수 및 교역량을 제한하였고, 또 교역의 방식을 조공무역의 형식을 갖추게 했다.

세견선정약은 1424년(세종 6)에 구주탐제에게 春秋 2회 遣使를 허용한 것이 시초이나, 이것이 통제책으로 확립된 것은 1443년(세종 25) 對馬島體察使 李藝가 대마도에 가서 대마도주와 맺은 癸亥約條를 맺음으로써 비롯된다. 세견선정약이란 조선정부가 매년 도항하는 사송선의 수를 정하는 것이다. 이 제도는 중국에서 外夷에 대해 조공횟수와 시기, 선박수를 한정하는 것과 같은 것인데, 고려시대에 일본 大宰府의 進奉船을 정약한 것과 마찬가지다.23)

계해약조의 주요내용은 대마도주의 세견선을 50척으로 제한하는 것이었고, 별도로 부득이 보고할 일이 있는 경우 特送船을 허락하였으며, 대마도주에게는 특별히 200석의 콩과 쌀을 하사하는 것이었다. 계해약조의 내용은 위의 두 조항만 전하여 오지만, 이것은 세견선·도주특송선·세사미두에 관한 것에 불과하다. 그러나 이 조약을 계기로 다른 통교자들도 모두 세견선정약을 맺게 되었기 때문에, 이는 조선초기 대일 통교체제의 기본 틀을 확정짓는 시초가 되었다. 그리하여 세조대에는 대마도 종씨일족·수도서인·수직인·본토의 호족 등에 대한 세견선 정약이 맺어지게 되었던 것이다. 그 결과 사송선이 연간 400

---

23) 中村榮孝,「歲遣船の定約」『日鮮關係史の研究』下, 참조.

여 척에 이르게 되자 성종대 초기에 다시 정비했다. 『海東諸國紀』와 『經國大典』에 규정된 것을 보면 1년에 입국한 선박수가 220여 척이나 되고, 입국 왜인수가 5,500 내지 6,000여명, 무역을 제외한 순수한 접대비만도 2만 2천여 석에 달했다고 한다.

이로써 세견선 정약을 축으로 사송선의 통제책이 계통적으로 운영되었고, 이에 따르는 여러 제도가 갖추어져 성종대 초기에는 일본으로부터의 모든 통교자가 획일적으로 규제되어 통교체제가 확립되게 되었는데, 이를 총체적으로 집대성한 것이 申叔舟의 『海東諸國紀』이다.

『海東諸國紀』가 완성되는 성종 초기에는 세견선만 일년에 112~126척에 이르고 있는데, 그중 대마도로부터의 세견선이 절반 이상을 차지하고 있다.

표3]　　　　　　　　　　『해동제국기』에 나타난 세견선수24)

	1선	1~2선	3선	4선	7선	50선	계
畿內 5주	1						1
山陽道 8주	3						3
北陸道 7주	1						1
西海道 9주	16	12					28~40
對馬島	3		1	1	2	1	74
壹岐島	3	2					5~7
계	27	14~28	3	4	14	50	112~126

『海東諸國紀』에 의하면 조선에서는 일본으로부터 오는 사송인을 일본국왕사・거추사・구주탐제사 및 대마도주특송사・제추사의 4등급으로 나누어 접대했다. 일본국왕사는 막부장군이 보낸 사절이고, 거추사는 大內・少貳 등 서국지역의 대호족, 畠山・細川・斯波 등 막부의 유력자 및 京極・山名 등 守護大名의 사절이 이에 해당한다. 제추사는 구주・일기와 대마도내의 소호족・수직인・수도서인의 사절과 흥리왜인 등이 여기에 포함되었다. 따라서 모든 사절은 이 등급에 따라서 분

---

24) 李鉉淙, 『朝鮮前期 對日交涉史硏究』(한국연구원, 1964) 61쪽.

류되었고, 사송선의 숫자와 각종급료와 **接待宴** · **日供** · 하사품 · 포소의
정박기간 등 29개 항목에 걸쳐 각종의 차등적인 접대규정이 세밀하게
규정되어 있다.

  이 규정에 의하면 이들 도항인은 모두가 도항에서부터 무역을 끝내
고 돌아갈 때까지 조선 측에서 정한 제 규정대로 규제를 받아야만 통
교가 가능했다. 즉 도항자의 대부분은 외교적인 목적보다는 경제적인
교역이 목적(때로는 대장경이나 범종을 구하는 경우도 있었음)이었지
만, 기본적으로 이들은 사송선의 명칭으로 도항해야 했고, 무역 절차
는 반드시 상경을 하여 조선 국왕을 알현하여야 하며, **進上**과 **回賜**의
형식으로 조공무역을 하게끔 규정함으로써 **大國**인 **朝鮮中心**의 질서에
철저하게 예속시켰던 것이다. 이를 조선중심의 기미정책이라고 한다.
그러면 도항자에 관한 통제규정 가운데 특히 대마도의 양속관계를 확
인할 수 있는 수직왜인제도에 관하여 구체적으로 살펴보자.

4. 수직왜인의 성격

1) 수직왜인의 구성

  受職倭人이란 조선 정부로부터 관직을 제수 받은 왜인을 말하며, 이
에는 **降倭** 또는 **向化倭**로 조선에 투화 내지는 귀화하여 관직을 제수
받은 **歸化倭**와 일본(대마도포함)에 거주하면서 조선의 관직을 받은 **通
交倭**의 두 종류가 있다.

  수직왜인에 관한 최초의 기록은 1368년(고려 공민왕 17)에 **對馬島
主**가 **萬戶**의 버슬로서 사신을 파견하였는데, 고려에서는 그에게 쌀 1
천석을 하사했다는 기록이 있다.[25] 이로 미루어 볼 때, 대마도주는
고려의 지방 무관직인 만호를 받았고, 그에 상응하는 대우로 쌀을 받
아갔음을 알 수 있다.

---

25)『高麗史』권41, 世家41 공민왕 17년 11월 병오.

조선 초 수직왜인의 시초는 1396년(태조 5) 왜선 60척과 수백인의 왜인을 인솔하고 투항한 疚六으로, 조선에서는 그에게 「宣略將軍 龍驤巡衛司 行司直兼海道管民 萬戶」의 관직을 제수 했다. 구륙은 그 이듬해에 藤六으로 개명하였는데, 조선에서는 다시 「宣略將軍 行中郞將」(서반 종4품하)의 관직을 제수했다.26) 이외에도 1397년에는 賊首 林溫이 병선 24척을 이끌고 와서 투항하여 宣略將軍의 관직을 제수받은 것을 비롯하여 望沙門, 昆時羅, 沙門吾羅, 三寶羅平, 玄准 등 대마도에 거주하는 많은 왜인의 두목들이 투항하여 관직을 제수받았다. 한편 平原海, 藤次郞, 看智沙也文과 같이 의술, 조선술, 제련술 등의 기술을 가지고 투항하여 수직인이 된 자도 있었으며, 平道全과 같이 대마도주의 代官으로 내조하여 수직왜인이 된 자도 있었다.27) 1396년 구륙의 수직이후 1461년까지의 향화왜인으로 수직한 자는 모두 23명에 달하며, 그들은 모두 대마도인들이었다.28)

그런데 이들 향화수직인들은 관직을 받은 후에는 조선에 정착한 경우보다는 다시 대마도로 귀환하여 통교자로 내조하는 자가 많았다. 즉 23명중 池門, 禹原之, 都羅而老, 藤次郞, 藤六, 林溫, 藤賢, 表沙貴, 看智沙也文 등이 귀환한 것으로 기록되어 있는데, 이들중 藤六, 林溫, 藤賢, 表沙貴 등은 매우 빈번하게 통교왜인으로 내조하고 있다.

이와 같이 조선초기에는 수직의 대상이 주로 조선에 투항하여 온 항왜 또는 향화왜인이었는데, 수직을 통한 왜인통제에 효과가 있자, 세종말년에 이르러서부터는 그 대상을 대마도는 물론이고 일본 본토에까지 확대하여 갔다. 그 이유는 대략적으로 볼 때, 일본에 거주하는 왜인에게 수직이 시작된 1444년(세종 26)은 조선에서 서계, 문인제도, 癸亥約條(1443년) 등 통교제도가 정비된 이후의 일로, 이전까지 비교

---

26) 『太祖實錄』 권10, 5년 12월 계사, 병오. 권13, 7년 2월 갑오.
27) 『太祖實錄』 권13, 7년 7월 병인.
28) 한문종, 앞의 논문. 7쪽에 제시된 향화수직인의 명단을 정리하여 보면, 藤六(藤陸, 疚六), 非疚時知, 林溫, 都時羅, 池門, 藤昆, 吳文, 張宝, 信吾, 張望, 表時, 藤賢, 平原海, 禹原之, 具踐, 平道全, 表沙貴, 藤次郞, 邊相, 表沙溫, 沙古, 看智沙也文, 都羅而老 등 23명이다.

적 자유롭게 왕래할 수 있었던 통교자들이 보다 나은 통교조건을 확보하기 위해 갈망하던 즈음으로, 조선에서는 이러한 분위기를 이용하여 그들에게 관직을 제수하여 조선의 정치, 외교질서에 편입시켜 연 1회의 親朝라는 특권을 부여함으로써 그들을 간접적으로 통제하여 간다는 방책을 취했다고 생각된다.

1444년(세종 26) 壹岐에 거주하는 藤九郎에게 「護軍」의 관직을 제수하면서부터 시작된 일본 거주 수직왜인은 1510년 삼포왜란에 의하여 통교관계가 일시적으로 단절될 때까지 총 90명에 달하고 있으며, 이들중 대마도인은 52명에 이른다.29)

일본에 거주하면서 관직을 받은 수직왜인은 몇가지 유형으로 분류되는데,

① 敵首 또는 그의 일족으로서 왜구의 두목으로 조선에 투항했다가 다시 귀환한 자들의 자손과 왜구가 평화적인 통교자로 전환하여 내조한 자와 그의 후손이 이에 해당된다. 예를 들면 왜구의 적수로 투항했다가 다시 귀환한 林溫, 井大郎, 張宝, 三寶羅平의 자손 등은 전자에 해당되며, 후자의 대표적인 예는 早田 일족으로 平茂持 · 平茂續 · 平伊也知 · 中尾吾郎 · 皮古三甫羅 · 平盛秀 · 皮古時羅 등 7명이 4대에 걸쳐서 조선관직을 받았다. 이들의 후손은 현재에도 대마도 尾崎에 살고 있고, 그 집에는 皮古三甫羅 등에게 수직한 告身이 3장이나 보존되어 있다.30)

② 피로인을 송환하였거나 표류인을 구조하여 송환한 자들로, 和知難酒毛와 信沙也文 · 三甫羅酒文 등이 이에 해당된다. 이중 信沙也文은 1456년(세조 2) 조선인이 표착한 사실을 조선에 알려와 三甫羅酒文과 함께 미두 20석을 하사받았고, 司直에 제수되었으며, 특히 信沙也文은 시위를 허락 받아 이듬해에는 호군이 제수되었고, 이어서 金信文으로 개명하고 兼司僕에 임명되었다.31)

---

29) 한문종, 위의 논문, 표2 참조.
30) 中村榮孝, 『日鮮關係史の研究』上卷 15, 「受職倭人の告身」 585쪽.
31) 『世祖實錄』 권8, 3년 7월 임오 · 갑신 · 병술.

③ 조선에 침입하여 약탈을 자행하였던 적왜를 포송하거나 참수한 공로로 수직왜인이 된 자들로, 藤九郎[32], 宗貞秀, 宗大郎[33], 平調光[34] 등이 이에 해당된다.

④ 조선의 사행을 호송하였거나 조선에 사신으로 왕래한 것을 계기로 수직왜인이 된 자들로, 그 대표적인 예로 宗金은 1420년(세종 2) 회례사 宋希璟의 막부사행을 인도한 공로로 1455년(세조 원)에 그의 아들 宗家茂와 함께 호군직을 수직한 것을 들 수 있다.[35]

⑤ 대마도주의 特送이나 도주의 管下人으로서 조선에 내조하여 수직왜인이 된 자로서, 皮古汝文, 平國忠, 助國次, 吾都音甫 등 16명에 달하고 있는데, 이들은 특히 조선과 대마도의 통교와 외교관계를 유지하는데 많은 역할을 했다.[36] 한편 일본에 거주하는 이들 수직왜인의 특징중의 하나는 그의 자손들이 계속하여 수직왜인이 된다는 점인데, 앞서 예를 든 早田 일족을 비롯하여 林溫, 藤茂家, 井大郎, 和知難酒毛, 六郎酒文, 宗盛吉, 助國次, 皮古汝文, 藤九郎, 藤影繼, 藤安吉, 宗家茂, 道安, 多羅而羅 등은 그의 자손들이 父의 관직을 습위하였거나 또는 습위를 요청하여 계속하여 수직왜인이 되었던 것이다.

2) 수직왜인의 대우

그렇다면 이들 수직왜인들은 조선 정부로부터 어떠한 대우를 받았을까. 이점을 통하여 그들이 조선의 정치 체제 속에 어떠한 형태로 예속되어 있었던가를 가름할 수 있겠다.

① 정치적 대우 : 먼저 수직왜인이 제수 받은 관직을 도표화하면 다음 표와 같다.

---

32) 『成宗實錄』 권129, 12년 5월 무자. 권130, 6월 기미, 권132, 8월 경오.
33) 『中宗實錄』 권55, 20년 9월 경신·임술.
34) 『明宗實錄』 권19, 10년 8월 갑술·병자. 10월 신묘. 11월 을미.
35) 『海東諸國紀』 日本國紀 筑前州 宗家茂.
36) 韓文鐘, 위의 논문, 100쪽의 「⑤島主管下人」 참조.

표4]   수직왜인의 처음 받은 관직[37]

처음에 받은 관직	품 계	向化 倭	通交 倭
同知中樞	종2품	·	3
護軍	정4품	·	24
副護軍·宣略將軍·司宰少監	종4품	2	3
司直·行司直	종4품	2	2
副司直	정5품	1	7
司果	종5품	·	4
副司果	정6품	·	2
司正·行司正	종6품	6	16
副司正	정7품	4	·
司猛·散員	종7품	6	15
기타·典醫博士	정8품	2	14
계		23	90

이 표를 보면, 수직왜인이 받았던 관직은 종2품 **同知中樞**에서 정8
품 **司猛**에 이르기까지 매우 다양하게 분포되어 있는데, 전문직인 **典醫
博士**와 **司宰少監**을 제외하면, 모두 서반의 무관직이었다. 이점은 조선
에서 그들에게 비록 실권을 주지는 않았지만, 대마도를 조선의 남쪽
울타리로 인식하고 그들이 국경을 지킨다는 의미에서 무관직을 주었다
고 생각된다.

그런데 수직왜인이 받은 품계는 향화왜인의 경우는 선략장군(종4
품)과 행사직(정5품)의 관직을 주었고, 그의 부하들에게는 사정, 행사
정, 산원 등 정7품 이하를 제수하는 경우가 많았는데, 반면 일본거주
수직왜인은 호군(정4품)을 제수받는 자가 많았다. 이 시기는 대일통교
체제가 완성된 시기로 조선에서는 이들을 우대하여 왜구의 침입을 방
지하기 위한 방책으로 활용하였던 같다.

한편 **宗貞秀, 藤原信重, 橘康連, 平長親** 등은 초직으로 당상관을 제
수받았는데, 이는 극히 이례적인 일로서 적왜를 참수한 자와 일본·유

---

37) 韓文鐘,「朝鮮前期の受職倭人」『年報 朝鮮學』第5號(日本 九州大學, 1995) 15
    쪽.

구국사를 안내한 자, 그리고 총통과 화약을 전래한 자들이었다. 그리고 수직왜인 중 당상관에 이른 자는 위의 4인을 포함하여 총 15명이었는데, 이들은 대부분이 대마도수직인들이었다.

② 경제적 대우 : 수직왜인에 대한 경제적인 대우는 크게 두 가지로 분류할 수 있다. 먼저 향화왜인인 경우는 수직과 동시에 토지와 집, 의복, 식료 등이 지급되고, 때에 따라서는 조선 여인과 결혼이 허가되었고, 국가에 부담해야 하는 田租는 3년, 徭役은 10년 면제되었다. 그리고 관직에 상응하는 祿俸은 물론, 노비와 마필, 마료까지 지급하여 완전하게 조선의 정치체제 속에 수용하였음을 볼 수 있다.

한편 일본 거주 수직왜인에게도 기본적으로 관직을 제수하는 敎旨 또는 告身과 그에 상응하는 조선관리의 관복과 관대를 하사하였는데, 이들은 반드시 년 1회 도항하여 서울로 상경한 후, 하사 받은 조선관복을 입고 조선 국왕을 알현하여 입조·숙배하는 절차를 밟아야 했다. 그리고 이때 가지고 온 물품을 조선국왕에게 진상하고 하사물을 받는 조공무역을 행하였고, 이 기회를 이용하여 또 사무역을 행하기도 했다. 따라서 수직왜인이 부여받은 년 1회의 입조는 무역상의 커다란 특권을 보장받은 것이며, 도서를 받게되면 대마도주와 마찬가지로 세사미두(10석 내지 15석)의 정약자가 되기도 했다. 『海東諸國紀』 「朝聘應接紀」 使船定數條에 "우리 나라에서 관직을 받은 자는 1년에 1회 내조할 수 있는데, 다른 사람을 보낼 수 없다"고 하여, 수직왜인은 세견선의 정약자인데, 다만 다른 정약자와의 차이점은 다른 사인을 파견하지 못하고, 본인이 직접 내조해야 한다는 규정이 있었던 것이다.

한편 수직왜인이 내조하였을 때 상경인수는 당상관은 3인, 상호군이하는 2인으로서 구주절도사나 도주특송에 맞먹는 대우였다. 수직왜인은 「朝聘應接」에 있어서도 三浦熟供, 三浦宴, 京中日供, 闕內宴, 禮曹宴, 留浦日限 등도 諸酋使와 동등한 대우를 받았다. 또한 수직왜인 중에는 연1회 내조의 특권이외에도 통교상의 특권, 즉 도서를 사급받거나 세사미두의 정약자가 많았는데, 수도서자가 14명인데 그중 대마도수직인이 9명이며, 세사미두를 사급받는자는 14명중 13명이 대마도의 수직인으로 대부분이 **賊首** 또는 그 일족이었는데, 그들이 지급 받는 세사미두는 대체로 10~15석이었다. 결국 조선에서는 이들 수직왜인을 포함하여 모든 통교왜인에게는 일정량의 쌀이 무상으로 지급하였는데 그 부담은 엄청난 양이었다. 예를 들면 1439년 예조에서 대마도주에게 보낸 서계에 의하면, 일년에 오는 자가 1만 명이나 되었고, 그들에게 지급한 쌀이 거의 10만석이 되었다고 한다.[38]

3) 수직왜인의 역할

① 수직왜인의 역할로는 우선 왜구의 토벌 종군을 들 수 있는데, 이 경우는 주로 향화수직인에 해당된다. 예를 들면 1406년(태종 6) 투항왜인 **林溫·藤六·吳文** 등으로 하여금 전라도에서 왜구를 토벌하도록 하였으며, 1410년에는 **平道全**으로 하여금 아들인 **望古**와 휘하 8인을 거느리고 경상, 전라, 강원에서 왜적을 방어하도록 했다.[39]

② 일본 거주 수직인의 경우는 왜구의 동정 및 일본 정세를 보고하는 역할을 하기도 했다. 예를 들면 1418년(태종 18) **平道全**은 도주의 병문안을 위하여 일시 대마도에 갔다가 조선으로 돌아와서는 왜적이 조선을 침략하려 한다는 소식을 알려주고 대비하도록 하였으며, 1555년(명종 10) **平信長**은 왜적이 명과 조선을 침략하려 한다고 보고하였고, 또한 이듬해에는 왜적선 70여 척이 조선을 침략하기 위하여 떠났다고 보고하기도 했다.[40] 또한 1444년(세종 26) **藤九郎**은 수직후, **一字符**와 **二字符**를 만들어 각각 두 개로 나눈 뒤, 하나는 삼포에 두고 하나는 가지고 돌아가서, 평시에는 일자부를 보내고, 왜구의 움직임이 있을 때는 이자부를 보내어 조선에 왜구의 동정을 항시 보고하기도 했다.[41]

---

38) 『世宗實錄』 21년 10월 21일(병신)조. 10만석을 현재의 도량형으로 계산하면, 1석은 열 말이고, 120근이므로 10만석×120근(0.6㎏) = 7,200톤이 된다.
39) 『太宗實錄』 권19, 10년 2월 갑자. 5월 무자.
40) 『明宗實錄』 권18, 10년 6월 갑자. 권32, 21년 2월 경진.
41) 『世宗實錄』 권104, 26년 6월 정유.

③ 대마도주와 조선의 사절로서 조선과 대마도를 왕래한다던지, 사행을 호송하면서 조선과 대마 사이의 외교적인 교섭이나 현안 문제를 처리하기도 했다.

예를 들면 1408년(태종 8) 平道全은 대마도에서 피로인을 쇄환하여 귀환하였고, 그 이듬해에는 報聘使로서 대마도에 파견되었으며, 1411년과 1416년에도 대마도주에게 미두를 사급하고 화호와 왜적의 금압을 요청하기 위하여 대마도에 파견되기도 했다.42) 또 1476년(성종 7)에는 선위사 金自貞을 대마도에 파견하였는데, 그때 중추 平茂續, 첨지 皮古汝文, 호군 源茂崎, 특송 助國次 등이 선위사 일행을 호행했다.43) 또한 1479년(성종 10)에는 통신사 이형원을 막부에 파견하였는데, 이때 대마도주 특송으로 내조한 平國忠에게 통신사행을 호행하도록 했다.44)

④ 도주의 명을 받아 삼포항거 왜인들을 통할한다던지, 쇄환하는 일을 담당하기도 했다.45) 예를 들면 1466년(세조 12)에는 삼포왜인의 작란을 효유하기 위하여 수직왜인 藤安吉을 三浦曉諭使로 삼아 파견하였고, 1469년(성종 즉위년)에는 중추 平茂續이 대마도에서 내조하여 삼포에서 항거하는 왜인을 쇄환하였으며, 대호군 皮古汝文은 1474년(성종 5)에 平茂續과 같이 도주특송으로 내조하여 역시 같은 일을 했다.46)

⑤ 조선술, 의술, 제련술 등을 조선에 알려오기도 했다. 즉 1413년(태종 13)에는 평도전으로 하여금 선박을 제조케 하여 조선병선과 빠르기를 비교하기도 했으며, 1445년(세종 27)에는 수직왜인 藤九郎으로 하여금 왜선체제로 병선을 만들어 시험케 했다. 그러나 왜선이 조선배 보다 속도는 빠르나 내구성이 약하고 높이도 얕아서 제조기술이

---

42) 『太宗實錄』 권16, 8년 11월 경신. 권17, 9년 4월 계사. 권22, 11년 9월 기사. 권32, 16년 7월 임진.
43) 『成宗實錄』 권69, 7년 7월 정묘. 권72, 7년 10월 신사.
44) 『成宗實錄』 권104, 10년 5월 임술.
45) 『成宗實錄』 권48, 5년 10월 무자.
46) 『成宗實錄』 권48, 5년 10월 무자.

수용되지는 않았다.47)

또한 의술에 정통하였던 向化僧 平原海에게 전의박사를 제수하고 平姓을 하사하였는데, 그는 醫員, 判典醫監事를 거쳐 中樞院副事에 까지 이르렀다. 특히 그는 1403년(태종 3)에는 內醫로서 활약하였을 뿐만 아니라 사람들의 질병을 치료한 공로로 奴婢 2口를 하사 받기도 했다.48)

또한 수직왜인 중에는 무기제조에 관련된 기술을 가진자들이 있었다. 한 예로 1554년(명종 9)에는 平信長이 총통을 제조하였는데 정밀하기는 하나 화약을 넣기가 쉽지 않고 위력이 약해서 후대하여 돌려보냈다. 또한 그 이듬해에는 平長親이 가지고 온 총통이 매우 정교하였고, 그가 만든 화약도 위력이 대단하여 그에게 당상관을 제수하기도 했다.49) 그러나 이들이 전해온 조선술, 의술, 제련술 등이 조선에 어떠한 영향을 끼쳤는지는 알 수 없다.

5. 수직왜인의 告身

그러면 이들 수직왜인에게 관직을 제수 하면서 내려준 告身(때로는 敎旨)을 통하여 그들이 조선의 정치체제안에 어떻게 편입되어 있었던가를 살펴보자.

현재 이들 수직인에게 관직을 제수한 문서인 告身(敎旨)이 전부 14개 현존하는데, 우리 나라 국사편찬위원회에 3개가 있고, 나머지 11개는 대마도 내지는 일본에 남아 있는 것으로 조사되어 있다.50) 이것

---

47) 『成宗實錄』 권37, 4년 12월 임오.
48) 『太宗實錄』 권5, 3년 5월 정해.
49) 『明宗實錄』 권17, 9년 12월 갑신, 을유. 권18, 10년 5월 갑인. 당시 平長親이 받은 교지가 국사편찬위원회에 소장되어 있다.
50) 中村榮孝, 「受職倭人の告身」 『日鮮關係史の硏究』 上卷, 585쪽 참조. 필자는 1996년 3월 8일 전쟁기념관에서 열린 심포지움 「한·일 양국간 영토인식의 역사적 재검토」를 준비하는 과정에서 6장을 조사·촬영하였다.

들 중, 대마도 早田氏 가문에서 소장하고 있는 3개의 고신과 국사편찬위원회에서 소장하고 있는 3개의 고신을 비교·고찰해 보자.

조선시대 문무반의 관리에게 관직을 내리는 사령장의 형식은 크게 둘로 나뉘어지는데,『經國大典』禮典에 의하면「文武官四品以上告身式」과「文武官五品以下告身式」이 있다.

먼저 4품 이상의 고신식을 보면,

　　　　教旨
　　　　某爲某階某職者
　　　　年　囯　月　日

이것은 교지형식으로, 4품 이상의 관리는 국왕의 명으로 내려주며 교지에는「施命之宝」를 찍는다.

한편 5품 이하의 고신식은

　　　某曹某年某月某日奉
　　　教具官某爲某階某職者
　　　　年　囯　月　日

이 서식에「某曹」라고 되어 있는 것은 문관은 이조, 무관은 병조가 教를 내리기 때문이다. 수직인은 모두 무관의 벼슬을 제수 받았기 때문에 병조의 소관으로,「兵曹之印」을 찍는다. 그리고 수직고신들에「某年某月某日奉」이 없는 것은 그러한 예가 많으므로 이 고신들이 잘못된 것은 아니다.「具官某」가 있는데, 바로 성명이 쓰여진 것은 처음 임관하는 경우이기 때문이다

그러면 이들 고신을 시대 순으로 배열하여 보자.

① 早田氏 소장 고신.
현재 남아있는 고신 가운데 가장 오래된 것으로 1477년(성종 8)

고신이다. 그러나 애석하게도 다른 것들이 거의 완전한 원형을 유지하고 있음에 비하여 이것만은 심하게 손상되었다. 지금 해독이 가능한 부분을 옮겨보자.

兵□□
　（曹奉）
敎忠毅校尉弥□□爲□□□□□
　　　　（果毅校尉虎）
賁衛司直者

　　成化十三年九月十七日

　이 내용을 보면, 弥□□이라는 자가 忠毅校尉 虎賁衛 司直이던 것을 이 날에 果毅校尉 虎賁衛 司直으로 한 것이다. 司直은 정5품인데, 충의는 무반 정5품 이하이고 과의는 정5품 이상이기 때문에, 이때 정5품 이하이던 것을 상위로 올리는 승진의 고신이다. 호분위는 조선초기 중앙의 군사제도인 오위, 즉 의흥·용양·호분·충좌·충무의 하나로 서울서부에 주둔하는 부대이다.

　이 수직의 당사자는『海東諸國紀』日本國紀, 對馬島에 의하면 船越에 살고 있는 副司果 平伊也知며, 별명이 早田彦八이다. 1470(성종 원년)에 도주의 청에 의하여 수직된 자로, 平茂持의 아들이라고 했다. 早田彦八이라면 현재도 대마도 尾崎에 살고 있는 早田氏의 선조가 틀림없으며, 따라서 이 고신의 당사자인 弥□□는 彦八의 별명인 伊也知이다.51) 그런데 여기서『朝鮮王朝實錄』1485년(성종 16) 12월 기해조에 의하면 早田彦八이 僉知로 나오는데, 첨지는 중추부의 정3품 당상관의 관직이 되므로, 정5품 이하에서 정3품까지는 7회의 승진이 있어야 하는데, 그 사실여부는 좀더 검증되어야 할 것이다.

---

51) 中村榮孝, 앞의 책, 위의 부분 참조.

다음은 1482년(성화 18. 성종 13) 皮古三甫羅의 고신이다.

教旨
　　皮古三甫羅爲宣略將軍虎賁
　　衛副護軍者
　　成化十八年三月　日

　皮古三甫羅(彦三郎)는 이때 처음으로 수직하였기 때문에, 『海東諸國紀』에는 보이지 않는다. 이 고신의 양식은 『經國大典』의 「文武官四品以上告身式」에 준하였고, 선략장군은 종4품하, 부호군은 종4품에 상당한다. 이 고신에는 다른 고신에서는 볼 수 없는 특색으로서, 「朝鮮國王之印」 즉 「大寶」가 찍혀져 있다.
　『朝鮮王朝實錄』과 『海東諸國紀』에 의하여 작성한 早田一族의 가계표를 참고하여 보면 平伊也知인 早田彦八의 숙부, 즉 平茂續의 아들로 판단된다.

早田氏의 계보

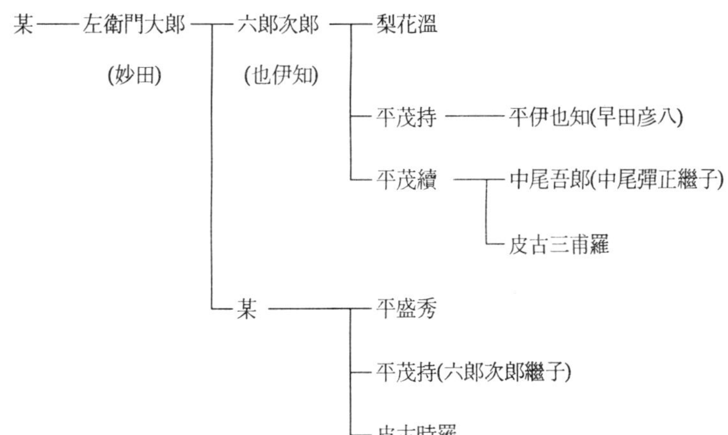

다음 皮古而羅의 고신은 1503년(연산군 9)에 받은 것이다.

兵曹奉
教皮古而羅爲承義副尉厇賁衛
司猛者
弘治十六年三月　日

皮古而羅는 『海東諸國紀』에 1464년(세조 10)에 수직했다고 하는 호군 皮古時羅의 아들이 아닐까한다.52) 아비의 사망 후에는 아들이 수직을 청하는 것이 통례이기 때문에 그 이름을 생각하면 부자가 아닐까 추측된다.

② 국사편찬위원회 소장 고신
현재 국사편찬위원회에는 세 장의 수직왜인 고신이 소장되어 있다. 그중 1555년(명종 10)에 제수된 것이 두 장이 있는데, 먼저 平長親에게 제수된 교지를 보면,

教旨
平長親爲折衝將軍僉知
中樞府事者
嘉靖三十四年五月　日

로 되어 있는데, 절충장군은 무반 3품의 상위이며, 중추부는 무반의 최고관아로서 문무양반중 일정한 사무가 없이 임직이 없는 자를 우대하는 관직이었다. 平長親에 관하여 『朝鮮王朝實錄』에는 다음과 같은 기사가 있어 매우 흥미롭다.

---

52) 中村榮孝, 앞의 책, 위의 부분, 참조.

> 비변사가 아뢰기를, "日本 倭人 平長親이 가지고 온 銃筒이 지극
> 히 정교하고 제조한 화약도 또한 맹렬합니다. 상을 내리지 않을 수 없
> 으니, 바라건대 그의 원대로 당상의 직을 제수함이 어떻겠습니까?"
> 하니, 아뢴대로 하라고 답했다.53)

고 하여, 무슨 관직을 제수하였는가는 알 수 없는데, 실록의 연월과
교지의 연월이 일치하는 것으로 보아 이때 내린 교지가 바로 이것임이
분명하다.

다음 같은 해에 平松次에게 제수된 고신을 보면,

　兵曹奉
教平松次爲承義校尉虎賁衛司
　猛者
　嘉靖三十四年五月　日

이 고신은 平松次가 받은 고신으로 承義副尉는 무반 정8품이며 사
맹은 오위의 벼슬이다. 이 문서의 양식도 『經國大典』 禮典의 「文武官
五品以下告身式」의 기준을 따르고 있다.

다음은 信時羅에게 수여한 고신으로,

　兵曹奉
教信時羅爲承義副尉虎賁衛司猛者
　隆慶三年八月　日

위의 고신은 1569년(선조 2년) 信時羅를 司猛에 임명한 고신이다.
사맹은 정8품 상당관이며, 승의부위는 정8품의 階號이며, 문서의
양식에 관하여서는 앞에서 언급했다. 信時羅가 어떠한 인물인가에 관
하여는 정확히 알 수 없지만, 임진왜란 중에 수직을 받았던 信時老와

---

53) 『明宗實錄』 권18, 10년 5월 갑인조.

동일인물이 아닌가 한다.[54]

6. 맺음말

이상의 내용을 통하여 대마도인들이 조선의 각종 통제책에 의하여
왜구로부터 통교자로 전환하여 조선 중심의 정치질서와 외교질서에 편
입되어 가는 과정을 살펴보았다. 이미 언급하였지만, 고려중엽부터 진
봉관계에 의하여 우리 나라에 종속되어 있었던 대마도는 여·몽 연합
군의 일본정벌과 일본내부의 사정에 의하여 왜구로 변질되었으나, 조
선시대에 들어와 조선의 각종 통제책에 의하여 다시 조선중심의 외교
·정치질서에 편입되면서 조선에 종속되었다.

즉 조선은 건국초기부터 조선국왕과 일본장군을 중국의 책봉체제를
전제로 하여 對等交隣의 선상에 놓고 그를 통해 왜구를 금압 하려고
했으나 그다지 효과가 없었다. 그러자 조선에서는 일본으로부터의 모
든 도항자를 대마도주를 대변자로 하여 조선이 설정한 각종의 통제규
정에 따르게 함으로써, 그들을 조선중심의 정치·외교질서인 羈縻秩序
에 예속시켜갔다.

이와 같이 조선이 설정한 기미질서속에 편입되어, 조선의 관직을 직
접 제수 받고, 본인이 연1회 직접 조선에 도항하여 서울로 상경한 후,
하사 받은 조선관복을 입고 입조하여 조선국왕을 알현하고 숙배하는
절차를 의무화한 이 수직제도는 그들이 받은 관직이 실직은 아니었다
고 해도, 그들이 조선으로부터 받은 대우와 각종의 역할을 통해서 보
면, 그들이 이미 조선의 정치 질서 속에 편입되어 있음은 부인할 수
없는 분명한 역사적 사실이다.

결국 대마도는 조선이 설정한 이러한 기미질서의 제도적인 틀속에
서, 통교자로서의 특권을 보장받아 그들의 생존을 유지해갔던 것이며,

---

54) 中村榮孝,『日鮮關係史の硏究』下卷,「受職倭人の告身」, 614쪽.

적어도 조선전기의 경우만 보더라도 초무관 강권선의 보고에서처럼 대마도는 일본영토였지만 일본정부의 명령이 직접적으로 미치지 않는 지역으로, 정치·외교적으로나 경제적으로 조선에 완전히 종속된 양상을 보여주고 있다. 그리고 대마도의 이러한 양속성은 적어도 조선후기 기유약조가 체결될 당시만 하더라도 약조문에 구체적으로 명시될 정도로 조선과 대마도의 관계를 특징 지워주는 고유한 특성으로 지속되었던 것이다.

제2장
조선시대 日本天皇觀의 유형적 고찰

1. 머리말

조선왕조 건국 후 일본과의 관계에 나타난 최대의 관심사는 고려말부터 극심하였던 왜구를 금압하는 문제였다. 주지하는 바와 같이 당시 조선에서는 왜구금압을 위해 두 가지 정책을 실시하였는데, 하나는 왜구를 직접 토벌하거나 회유하는 것이었고, 다른 하나는 왜구금압을 위해 지방의 중소영주나 중앙의 실권자에게 외교교섭을 벌이는 것이었다.

그런데 당시 조선측에서 외교교섭의 대상으로 삼았던 중앙의 실권자는 「天皇」이 아니라, 남북조 혼란기를 매듭지은 室町幕府의 장군이었다. 예를 들면 태조 이성계는 즉위 직후 1392년 11월, 승려 覺鎚를 足利義滿장군에게 보내어 왜구금지와 함께 왜구에게 끌려간 피로인의 송환을 약속 받았다. 그러나 당시 막부장군으로부터 받은 답서에는 막부장군을 스스로 日本國王이라 하지 않고, 日本國相國이라 했고, 막부장군이 외국에 통문한 예가 없으므로 장군 명의로 답하지 않는다고 했다. 이와 같이 막부장군을 일본의 실권자로 보면서도 그를 日本國王으로 부르지 않는 예는 조선도 마찬가지였다.[1]

---

1) 『朝鮮王朝實錄』에 기록된 장군의 칭호를 보면, 1398년 12월 是月條에는 '相國

조선에서 막부장군을 日本國王이라 부르기 시작한 것은 일본이 명으로부터 책봉을 받은 직후인 1404년 7월, 조선에 사신을 파견하면서이다. 이 사실을 『朝鮮王朝實錄』에는 '일본에서 사신을 보내 내빙 하면서 토산물을 바쳐왔는데, 일본국왕 源道義였다.'[2] 라고 기록하고 있다. 당시 동아시아 국가간에서 國王이란 호칭은 그 나라 최고의 정치적 실권자를 의미하는데, 막부장군을 日本國王이라고 호칭했다는 것은 조선에서도 그를 일본의 최고 실권자로 인식하고 있었다는 것을 의미한다.

이와 같이 건국 직후 조선인들은 막부장군에게만 관심이 있었지, 천황에 대하여는 무관심하였고, 이러한 무관심은 1420년(세종 2), 대마도정벌 이후 回禮使였던 宋希璟의 『日本行錄』을 통해서도 확인이 된다. 예를 들면 송희경도 장군에 대하여는 王이라고 호칭하면서 여러 가지 언급을 하였지만, 천황에 대해서는 단 한 구절도 기록하고 있지 않다.[3] 결국 이것은 당시 조선인들이 일본의 최고권력자를 왕으로 인식하였기 때문에, 왕인 장군에게만 관심이 있었을 뿐, 천황에 대해서는 전혀 관심이 없었다는 말이 된다.

이 글에서는 건국 직후 일본천황에 대한 이러한 무관심이 어떻게 하여 조선인에게 관심의 대상이 되었으며, 천황의 어떠한 면에 관심을 갖게 되었고, 또 그것이 어떻게 표현되며, 어떻게 변화되어 가는가를 조선초기부터 한말에 이르기까지 통시적으로 고찰하고자 한다. 그러나 현재 조선시대 일본천황에 대한 기록은 일본에 사행한 기록과 피랍된 기록, 그리고 일부 실학자들의 저술을 제외하고는 거의 찾아 볼 수가

大夫', 1399년 5월 을유조에는 '日本國大將軍', '日本國大相國', 1402년 무오조에는 '日本國大相國', 1403년 2월 경신조에는 '日本大相國'이라고 쓰여있다. 孫承喆, 『朝鮮時代 韓日關係史研究』 제2장 1절. 朝日交隣體制의 구조와 성격, 지성의 샘, 1994, 53쪽.

2) 『太宗實錄』 권8, 4년 7월 기사. 「日本遣使來聘 且獻土物 日本國王源道義也」.

3) 宋希璟, 『日本行錄』 4월 23일. 「21日 王部落下馬於魏天家」(『海行總載』 제8권 79쪽, 민족문화추진위원회 국역본), 이하 『海行總載』는 민족문화추진위원회에서 간행한 국역본을 가리킴.

없다. 따라서 여기서는 이들 기록 중 천황에 대한 내용을 중심으로 조선인의 천황관을 유형적으로 검토하고자 한다.

2. 조선전기의 천황관

1)『海東諸國紀』의 천황관

조선시대 일본천황에 대한 기록이 처음 나타나는 것은 1471년(성종 2)에 편찬된 申叔舟의『海東諸國紀』이다. 신숙주는『海東諸國紀』를「日本國紀」,「琉球國紀」,「朝聘應接紀」의 세 부분으로 저술하였는데, 천황에 대하여는「日本國紀」의 天皇世系의 항목에서 역대 천황의 계보를 장황하게 일일이 소개하였지만 아무런 논평이나 비판 없이 기술하였다.

그 내용을 간략히 보면, 처음에 天皇 7대, 地皇 7대라 쓰고, 이어서 人皇으로 神武天皇이 기원전 660년에 초대천황으로 즉위한 사실을 기록하고 있다.

> 人皇 神武天皇 시조 이름은 狹野이며, 地神末主 彦瀲尊의 넷째 아들이다. 어머니는 玉依姬(속칭 해신의 딸이라고도 함)이며, 경오년에 신무천황이 탄생하였다(周 幽王 11년). 49년 무오에 大倭州에 들어가 中洲의 衆賊을 모조리 소탕하고, 52년 신유(周 平王 51년) 정월 경신에 비로소 천황이라 일컬었으며, 110년 기미(周 惠王 15년)에 국도를 정하였다. 재위한 연수는 76년이고, 수는 127세이다.[4]

이어『海東諸國紀』가 편찬될 당시의 천황인 後花園天皇(재위 1428~1464)까지 101대에 걸쳐 모든 천황의 세습에 관하여 간략히 기술하고 있다. 그 내용은 주로 천황의 세습관계, 그때 그때의 역사적인

---

[4] 申叔舟,『海東諸國紀』「日本國紀」天皇世系(『海行總載』 제1권 66쪽).

사건, 정치동향, 전란 및 우리 나라 삼국과의 관계 및 중국과의 교류 등을 기록하였으며, 그 외에 혜성, 지진, 대설, 대풍 등 天災나 화재, 기근, 역질 등 각종 재난에 대한 기록으로 구성되어 있을 뿐, 천황의 치적이나 그에 대한 비평은 전혀 언급하고 있지 않다. 따라서 이 「天皇世系」를 통하여는 단순히 천황의 세습관계를 편년식으로 알 수 있을 뿐, 신숙주가 일본천황을 어떻게 생각했으며, 구체적으로 어떠한 천황관을 갖고 있었는가는 전혀 헤아릴 수가 없다.

한편 國王代序의 항목에서는 1158년 征夷大將軍 源賴朝에 의한 鎌倉막부의 창설과 그 이후 室町막부의 足利義政에 이르기까지 막부장군의 세습에 관하여 서술하였다. 그리고 끝부분에서 당시의 막부장군인 義政을 國王이라고 호칭하면서,

> 국왕은 그 나라에서는 감히 왕이라 일컫지 아니하고, 다만 御所라 하며, 그의 명령문서는 明教書라고 한다. 매년 세정(元旦)에 만대신을 거느리고 천황을 한번 알현할 뿐, 평상시에 서로 접촉하지도 않는다. 국정과 이웃나라와의 외교관계도 천황은 관여하지 않는다.[5]

라고 하여, 천황과 장군과의 관계에 대하여 아무런 논평 없이 언급하였으며, 국정과 외교를 모두 國王(將軍)이 전담하고 천황은 이와는 전혀 무관한 존재임을 밝히고 있다.

또 國俗에서는

> 천황의 아들은 그 친족과 혼인하고, 국왕의 아들은 여러 대신과 혼인한다.

고 하여, 천황의 결혼 풍습에 관하여 서술하고 있다.

또 8도 66주의 항목에서는 天皇宮에 대하여,

---

5) 위의 책, 國王代序(『海行總載』 제1권 94쪽).

산성주(지금의 경도지방)의 동북모퉁이에 있는데, 토담으로 둘렀으며, 대문이 있다.
군사 수 백 명이 파수하는데, 국왕이하 여러 대신들이 그 휘하의 군사로써 윤번으로 교체하여 지킨다. 대개 문을 지나가는 사람은 모두 말에서 내린다. 궁중의 비용은 별도로 2주에서 세금을 거두어 바친다.6)

라고 하여 천황의 거처에 대하여 묘사하고 있다.

이상이 『海東諸國紀』에 실려있는 천황에 관한 기록의 전부이고, 그 외에는 중소영주들과의 통교현황이나 통교규정을 다룬 「朝聘應接紀」, 그리고 일본과는 별도로 통교관계에 있던 琉球國에 관한 내용이다.

따라서 이러한 내용을 통하여 볼 때, 『海東諸國紀』에 천황에 대한 기록이 처음으로 나오지만, 결국 신숙주도 건국초기와 크게 다르지 않게 천황 자체에 대하여는 특별한 관심이 있었다고는 볼 수 없다. 그도 역시 천황보다는 오히려 국정과 외교의 실권자였던 장군(국왕)이나 지방의 중소영주 등 조선과 실제적인 통교를 행하고 있던 계층에 주된 관심이 있었다고 본다.

그것은 조선의 경우 이 시기가 일본관계에 있어 최대의 관심사였던 왜구를 여러 가지 통제규정에 의하여 평화적인 통교자로 정착시키는 단계였고, 그를 위한 제도적인 정비가 이루어지고 있었던 때이므로 천황에 대한 관심은 소원할 수밖에 없었기 때문이다. 이 시기는 일본내에 있어서도 황실이 가장 쇠퇴하였던 시기였던 만큼7) 천황의 존재도 드러나지 않아 외국인이 천황의 존재를 의식할 수 없었던 것은 당연한 일이라고 생각한다. 그러나 임진왜란 직전에 일본에 통신사로 파견되었던 김성일의 『海槎錄』에서는 이와는 다른 천황관을 볼 수 있다.

---

6) 위의 책, 八道六十六州, 天皇宮(『海行總載』 제1권 100쪽).
7) 今谷 明,『前近代の天皇』「義滿政權と天皇」第2章 天皇權力の構造と展開, 靑木書店, 1993.

2) 임란 직전의 천황관

조선에서는 1590년 일본에 대한 국정탐색과 왜구대책을 위하여 통신사를 파견하였는데, 이 사절단은 關白이던 豊臣秀吉에의 알현형식을 놓고 庭下拜를 할 것인가, 아니면 楹外拜를 할 것인가로 양국간의 외교적인 갈등을 일으키게 되었다. 이때 通信使 副使였던 金誠一은 庭下拜의 부당성을 주장하면서 그 이유에 대하여 다음과 같이 피력하였다.

> 대저 일본이란 어떤 나라인가 하면 우리 조정과 대등한 나라요, 관백이란 어떤 벼슬인가 하면 소위 僞皇의 대신입니다. 그런즉 일본을 주관하는 것은 소위 僞皇이며 관백이 아니며, 관백이란 정승이며 국왕이 아닙니다. 그러나 오직 그가 일국의 권력을 마음대로 하기 때문에, 우리 조정에서 그 실정을 모르고 국왕이라고 하여 우리 임금과 대등한 예로써 대우하였으니, 이것은 우리 임금의 존엄을 강등하여 아래로 이웃나라의 신하와 더불어 대등하게 된 것이니, 욕되게 한 것이 아닙니까. 전부터 일본 여러殿의 서신에 우리임금을 황제폐하라고 한 것은 또한 소위 僞皇이 우리임금과 대등한 것으로 알았기 때문에 높이기를 이와같이 하여 관백은 감히 우리임금과 겨루지 못하였던 것입니다.
> 우리 선왕들께서 먼저 명분을 다루어야 할 것을 알지 못한 것이 아니면서도, 황제폐하라는 칭호를 거절하지 아니한 것은 대개 그것을 거절한다면 우리 임금이 소위 천황과 대등하게 되지 못하고 도리어 관백과 대등하게 되기 때문이었습니다. 근년에 의논하는 신하들이 깊이 생각하지 못하고 그 칭호를 사양하며 받지 않으려고 하였었는데, 지금와서 본다면 어찌 심한 실책이 아닙니까.8)

라고 하여, 일본을 주관하는 것은 천황임을 분명히 밝히면서 천황이 최고의 통치자라고 하였다. 그리고 이제까지 최고의 통지자로 알려진 관백은 실상 천황의 대신이며 정승이라는 것이다. 그러나 조선에서는 관백이 일국의 권력을 마음대로하기 때문에, 조선에서는 그 실정을 모르고 관백을 일본의 최고 통치자로 대우하여 조선국왕과 대등하게 대

---

8) 金誠一, 『海槎錄』 3. 「與許書狀論禮書」(『海行總載』 제1권, 296~7쪽).

하여 왔다는 것이다. 또한

> 하늘에는 두 해가 없고 땅에는 두 임금이 없는 것은 천지의 떳떳한 법인데, 일본의 僞皇이 이미 나라의 임금이 되었으니 관백은 비록 귀하더라도 신하 일 뿐이다. 사신이 僞皇을 만나볼 때에는 정하배를 하겠지만 관백에게는 정하배를 하는 것이 예가 아니다. 지금 관백이 만약 정하배를 받는다면 이것은 天皇으로 자처하는 것이니, '관백이 天皇을 존경하는 뜻이 어디에 있는가'하여 이 뜻을 가지고 분명히 타이르면 그도 또한 반드시 깨달아 굴복할 것이니, 좇지 아니할 염려가 있겠습니까.9)

라고 하여, 천황이 곧 일본의 임금이므로 조선국왕과 대등한 예는 천황에게 해당되므로 관백에게는 신하에 대한 예인 영외배를 해야 한다는 것이다.

여기서 한가지 특이한 사실은 김성일이 천황의 호칭을 僞皇과 天皇으로 각기 다르게 사용하고 있다는 점이다. 즉 조선의 입장에서 천황을 지칭할 때는 僞皇이라는 칭호를 썼고, 일본의 입장에서 천황을 지칭할 때는 天皇이라고 표기하고 있다. 김성일의 천황관을 엿볼 수 있는 한 단면이라고 생각한다.

결국 김성일의 주장대로 영외배가 이루어졌고, 이들은 장군의 답서를 받아 가지고 귀국을 하여, 국왕 선조에게 일본관찰을 보고하였다. 그런데 이 자리에서 정사 황윤길과 서장관 허무는 豊臣秀吉의 인상을 눈동자가 예리하며 안광이 빛나는 것으로 보아 반드시 병화가 있을 것으로 보고하였으나, 부사 김성일은 그의 눈은 쥐와 같아 겁낼 것이 없으며, 침략에 가능성에 대하여도 부정하였다. 이들의 상반된 보고에 대해 당시 조정은 김성일의 의견을 좇아 방비를 소홀히 하게 되었고, 그 결과 임란은 초반에서 큰 참패를 보았던 것이다.

따라서 이 같은 논리로 본다면, 당시 김성일의 일본관찰은 일본의

---

9) 위의 책, 『海槎錄』 5. 「附行狀」(『海行總載』 제1책, 352쪽).

실제적인 권력상황이나 정치구조를 정확히 보지 못하였고, 또 객관성을 결여하고 있다는 측면을 가지고 있었다고 평가할 수밖에 없다.[10] 그러나 천황을 일본의 최고권력자로 보고 있으며, 관백(장군)을 신하로 보고 있다는 점은 초기의 천황관과는 많은 차이를 보여주고 있다.

3) 임란 중의 천황관

임란 중이던 1596년, 講和의 통신사로 일본에 파견되었던 정사 黃愼은 『日本往還日記』에서 천황에 관하여 다음과 같이 기록하고 있다.

> 나라안에는 소위 天皇이란 자가 있는데, 지극히 높아서 나라 일에는 참견하지 아니하며, 오직 날마다 세 차례씩 목욕하고, 한차례씩 하늘에 참배할 뿐이다. 그의 장자는 그 족속에게 장가들고, 그 외의 아들은 모두 장가들지 아니하며, 천황의 딸들은 모두 여승이 되고, 시집가지 아니하는데, 대체로 그 높음이 상대가 없어서 시집갈만한 사람이 없어서이다. 이른바 관백은 바로 그 권세 부리는 대신으로서 '국왕전' 이라고 이름한 것이다. 지금은 關伯 平秀吉이 그 아들에게 전위하고, 스스로 태합이라고 칭하는데, 나라 일은 모두 秀吉이 관계한다는 것이다.[11]

라고 하여 천황의 성격을 종교적이며, 의례적인 존재라고 기술하면서, 국정은 대신인 관백 平秀吉이 관장한다고 하였다. 이 황신의 기록에서 천황이 제사를 행하는 종교적인 기능을 담당하고 있다는 사실과 나라 일(국정)은 모두 관백(장군)이 담당하고 있다는 이분법적인 인식을 처음 발견할 수 있다.

천황의 종교적 기능에 관하여는 비슷한 시기인 1597년 정유재란 때 일본군에게 잡혀 3년간의 피로 생활 후에 귀환한 鄭希得의 『海上錄』에도 언급되어 있다.

---

10) 河宇鳳, 『朝鮮後期 實學者의 日本觀硏究』, 일지사, 1989, 21쪽.
11) 黃愼, 『日本往還日記』 병신년 12월(『海行總載』 제7권, 175쪽).

개벽 이래로 한 姓이 서로 전하여 지금까지 바뀌지 않았는데, 전대
에 있어서는 이른바 국왕이란 자가 오히려 국정을 스스로 보았지만 수
백년 전부터는 정사를 관백에게 맡기고 그 王은 祭祀만을 주장했으므
로 비록 국내가 크게 어지러워도 범하는 자가 없었다.12)

고 하여, 천황과 관백의 기능을 양분하여 천황은 제사의 종교적인 기
능만을 주관하고, 국정과 정사는 장군이 전담하는 것으로 기술하였다.
이러한 이분법적인 인식은 우연한 일이겠지만, 같은 시기에 일본에 와
서 활동하고 있었던 야소회 선교사들도 똑같은 표현을 하고 있었
다.13)

그런데 여기서 한가지 주목할 사실은 이제까지 천황이라고 불러왔
던 호칭을 사용하지 않고, 천황을 國王이라고 쓰고 있다. 즉,

이른바 국왕은 관백에게 정사를 맡기고 제사만을 주장했기 때문에,
비록 나라안이 크게 어지러워도 왕을 범하는 자가 없고, 관백만이 권
위를 오로지하여 세력이 무거웠다 합니다.14)

그러나 같은 시기인 1598년 5월 전남 무안에서 피랍 되어 2년간의
피로생활 후, 송환된 姜沆은 『看羊錄』에서는,

신이 그 국사의 編年 및 이른바 吾妻鏡이란 것을 구득하여 보았더
니, 4백년 전까지도 이른바 왜천황이 오히려 그 위복을 주는 권한을 잃
지 않았으나, 前世로부터 대신 한 사람을 선택하여 나라 정사를 총괄하
게 하였던 것입니다. 그러나 관백은 그 천황의 명령을 받들어 행할 뿐
이었는데, 관동장군 源賴朝 이후부터 정사를 관백에게 위임하고 제사는
천황이 받들었는데, 급기야 적괴 信長이 나타나 백성의 곤궁이 심하여
졌고, 천황도 畿·縣의 토지를 모두 적괴에게 탈취 당하였습니다.15)

---

12) 鄭希得, 『海上錄』「風土記」(『海行總載』 제8권, 214쪽).
13) 荒野泰典, 「二人の皇帝」『前近代の日本と東アジア』, 吉川弘文館, 1995.
14) 鄭希得, 『海上錄』, 권1, 「自賊倭中還泊釜山日封疏」(『海行總載』 제8권, 297쪽).
15) 姜沆, 『看羊錄』「倭國八道 六十六州圖」(『海行總載』 제2권, 120쪽).

고 하여, 천황이라고 하였는데 그 기능에 대하여는 역시 제사와 정사로서 이분하여 기록하고 있다. 그리고 천황이 이와 같이 제사만을 전담하게 된 것이 源賴朝 이후부터라고 그 기원을 설명하고 있다. 이와 같이 천황과 장군의 기능을 종교와 정치로서 이분하는 인식은 이 시기 천황관의 특징이기도 하다.

한편 이유는 설명하고 있지 않지만, 조선전기에 있어서도 천황의 호칭이 기록에 따라 여러 가지로 나타나고 있음을 볼 때, 그들의 천황에 대한 인식에도 사뭇 차이가 있음을 쉽게 짐작할 수 있겠다. 천황 호칭의 문제는 후에 일괄하여 상술하도록 한다.

3. 조선후기의 천황관

1) 통신사의 천황관16)

조선시대 일본에 파견되었던 사절들의 기행문을 집대성 한 『海行總載』에는 임란 후 한일관계를 재개한 1607년 제1차 정미 회답겸쇄환사의 부사인 慶暹의 『海槎錄』을 비롯하여 1811년 신미통신사의 수행 군관이었던 柳相弼의 『東槎錄』에 이르기까지 총19편의 기록이 남아있다. 이들 기록중 대표적인 것 몇 가지를 통하여 조선의 사절로 일본을 다녀온 통신사들의 천황관에 대하여 살펴보자.

먼저 임란 후 단절되었던 양국의 국교를 재개시킨 정식의 강화사였던 1607년 제1차 정미 회답겸쇄환사의 부사로 파견되었던 慶暹의 경우를 보자. 경섬의 『海槎錄』에는 일본의 제도와 법령을 소개하는 부분에서,

---

16) 조선후기 조선에서 일본에 파견된 사절을 모두 通信使로 호칭할 수는 없다. 왜냐하면 주지하는 바와 같이 1607년, 1617년, 1624년에 파견된 세차례의 사절단은 그 공식 명칭이 모두 回答兼刷還使이었으므로 통신사로 불러서는 안된다. 그러나 본고에서는 편의상 이후의 통신사와 합쳐서 소제목에는 통신사로 표기하였다.

60世인 安德天皇 때에 征夷大將軍 源賴朝가 국정을 전단하여, 크고 작은 일을 가릴 것 없이 모두 그의 손에서 나왔다. 그래서 천황은 다만 헛 이름만 가지게 되었는데, 지금도 祭天과 排佛의 예만 행할 뿐이다. 천황에게 지공하는 비용은 和泉·山城 두 주의 세에서 덜어내어 지급해 준다. 해마다 정월 초하룻날, 관백이 모든 장수들을 거느리고 천황에게 한번 배알 할 뿐, 평상시에는 상접하는 예가 전혀 없다. 관백이 국정을 죄다 장악한 것이 이때부터 비롯되었다.…(중략)…오직 관백만이 권세가 있으므로 아침에 얻었다가 저녁에 잃어버리기도 하여 끊임없이 서로 쟁탈하여 어떤 이는 한 두 대 만에 망한 자도 있고 어떤 이는 자기 대에 얻었다가 자기 대에 잃어버린 자도 있다.[17]

고 하여, 천황이 권력을 잃게 된 원인과 시기, 그리고 당시의 천황의 기능과 관백과의 관계에 대하여 구체적으로 언급하면서, 천황은 실제 정치와는 전연 무관한 제천과 배불 등 소위 종교적인 기능을 담당하고 있는 것으로 인식하였다.

그러나 1617년(광해군 9) 제2차 정사 회답겸쇄환사의 종사관이었던 李慶稷은 『扶桑錄』에서

倭京에 있을 때 들으니, 秀忠이 관백이라는 호칭을 정하고자 하여, 그들의 소위 천황을 가서 보려했으나 허락치 않으므로 그대로 헛걸음하고 돌아왔다 한다. 우리들이 일본 형편을 살펴보건대, 소위 천황이란 것은 다만 하나의 높여 놓은 사람으로서 자리만 채웠을 뿐이므로, 秀忠이 하고 싶어하는 바를 천황이 감히 허락하지 않을 리가 만무한데, '秀賴가 관백자리를 계승했다가 지금 그의 생사를 모르니 경솔하게 허락할 수가 없다…(후략)….'고 말하기까지 하니, 이 말은 더욱 근사하지도 않다. 그런데 포로 되었던 사람들도 모두 말하고 왜인의 말도 한입에서 나온 것 같으니 까닭을 모르겠다.[18]

고 하여, 천황과 관백의 이분법적인 구분에 의문을 제기하고 있다. 즉

---

17) 慶暹, 『海槎錄』 下 7월 17일(『海行總載』 제2권, 332쪽).
18) 李慶稷, 『扶桑錄』 정사 9월 14일 병오(『海行總載』 제3권, 108쪽).

德川秀忠이 관백의 직을 받고 싶어하나 천황이 허락하지 않아서 불가
능하다고 하면서 관백이 국정을 전담한다는 사실을 이해하기 어렵다는
표현을 하고 있다. 또한 『扶桑錄』의 끝 부분에 수록되어 있는 일본의
제도와 풍습에 관한 부분에서

> 관백은 攝政大臣으로서 국사를 전단하는 신하이다. 그러므로 나라안
> 에서는 소위 천황을 임금(君)으로 하고, 관백을 왕이라 일컫지 않는
> 다.…(중략)…소위 천황은 비록 높은 자리에 있으나, 國事에는 간여하
> 지 않고 오직 관직 除目에 도장을 찍는 값이 있을 뿐이다. 관백이 제배
> 하고 도장을 천황이 찍는 까닭으로, 除拜에 대한 謝恩을 하면서 종이
> 한장에 '어마 한필, 대도 한 자루'라고 적어 바친다. 그 값을 지척해서
> 말하지 않으려고 다만 말과 칼이라고만 적는다. 말 값은 銀이 10매이
> 고 칼도 또한 이와 같은데 이것을 받아서 비용에 쓴다고 한다.[19]

라고 하여, 천황을 임금(君)으로 칭하고 있고, 그가 가장 높은 지위에
있지만 국사는 관백이 전담한다고 하였다. 그러나 천황이 국사에 관여
하지는 않으면서도 관직의 除目에 도장을 찍고, 또 관백이 除拜한다
(叙位任官權)는 사실을 적어 그 까닭을 이해할 수 없다고 하였다. 당
시 유교적인 중앙집권체제하에 있었던 조선관리로서 이러한 제도를 이
해할 수 없었던 것은 당연한 일일 것이다.

그런데 또 한가지 주목할 사항은 1624년(인조 2) 제3차 갑자 회답
겸쇄환사 때에 부사였던 姜弘重의 『東槎錄』에는 천황과 관백의 혈통에
대하여,

> 이른바 천황은 곧 源賴朝의 후예이다. 安德天皇 이전에는 크고 작
> 은 정사를 모두 천황이 재결하였는데, 源賴朝가 찬탈한 후에는 관백에
> 게 전임시키고 국사를 간여하지 않았으므로 權柄이 수중에 없고 오직
> 부귀를 누릴 뿐이었다. 그러므로 그 자리를 넘보지 않았다.[20]

---

19) 李慶稷, 『扶桑錄』 정사 10월(『海行總載』 제3권, 151쪽).
20) 姜弘重, 『東槎錄』 을축 3월 聞見總錄(『海行總載』 제3권, 286쪽).

고 하여, 天皇과 源賴朝가 같은 혈통이라고 하였고, 천황이 존속할 수 있는 까닭을 천황에게 권력이 수중에 없기 때문이라는 이유를 피력하고 있다.

관백이 천황의 후손이라는 견해는 1636년 통신사 명칭이 다시 사용되기 시작하는 병자통신사 때의 부사였던 金世濂의 『海槎錄』에도 보인다.

> 高倉天皇 때에 源賴朝가 군사를 일으켜 鎌倉을 차지하였는데, 곧 지금의 江戸이며 관백은 실상 그의 후손이다. 제56대 淸和天皇이 여섯째 아들 貞純에게 源이라는 성을 내리니 源씨가 여기서 비롯되었으며, 平씨는 46대 桓武天皇의 다섯째 아들에게 성을 하사한 것이니, 源과 平이 함께 천황의 후손인데 대대로 서로 공격하였다.…(중략)…해마다 사신을 거느리고 한번 천황을 뵈올 뿐 평상시에는 서로 대하지 않으며, 나라의 정사 및 이웃나라와 방문하는 일을 다 천황이 관여하지 않으니, 거꾸로 된 患이 賴朝에게서 비롯된 것이며, 더러 賴朝가 천황이라 일컬으며 자손이 길이 전하여 간다고 말하였다는 것은 틀린 것이다.[21]

고 하여, 관백을 천황의 후손으로 보고 있는데, 현재는 그 관계가 거꾸로 된 우환(倒置之患)에 의해 잘못되었다고 평하고 있다.

이러한 기록은 이후의 사행록에서 여러 차례 산견된다. 당시 유교적인 君臣의 관념을 갖고 있었던 이들에게 천황과 관백의 관계는 계속 모호할 수밖에 없었고, 또 그러한 관계가 지속될 수 있었던 이유에 대하여도 납득이 가지 않았던 것 같다. 그 결과 양자의 혈통관계에 대하여도 관심을 갖게 되는 것이 아닐까.

관백이 천황의 후손이라는 기록은 종사관 황호도 마찬가지였다. 그는 천황에 대하여,

> 제56대 淸和天皇이 여섯째 아들 貞純親王에게 성을 源으로 내리니, 원씨가 이에서 비롯하였고, 平氏는 제46대 桓武天皇이 다섯째 아들에

---

21) 金世濂, 『海槎錄』 병자 11월 16일(『海行總載』 제4권 74쪽).

게 성을 平氏로 내렸으니, 源氏와 평씨가 함께 천황의 후손인데 대대
로 서로 공격하였으며,…(후략)….

라고 하여, 김세렴과 같은 내용을 기록하면서,

천황은 한갓 헛된 이름만 지니고 있으며 나라의 정사에는 참여하지
못한다…(중략)…천황의 아들딸은 모두 승니가 되어 절에 흩어져 살
며, 다만 맏아들만이 천황의 자리를 잇는다. 그 혼인은 존귀하기 짝이
없는 까닭으로 그 족속 밖에서 하지 않는데, 오직 지금의 관백이 천황
의 딸에게 장가들었으니 전례가 아니라고 한다. 천황은 한 달 중에 보
름이전에는 목욕재개하고 고기와 薰菜를 먹지 않으며 촛불을 밝히고
밤새도록 바로 앉아서 하늘에 기도하되, 보름 후에는 오로지 주색에
빠진다고 한다. 신이 역관을 시켜 지금의 왜황에 관하여 물어 보았더
니, 6~7년 전에 그 딸에게 전위하여, 지금의 왜황은 女皇이며, 모시
는 사내 20여인을 가까이 두었는데, 나라 안에서는 이를 侍女라고 부
른다하니 禽獸의 풍속임을 알만하다.[22]

라고 하여, 천황이 정사에 참여하지 못함을 말하고는, 천황이 일상적
으로는 제사의 기능을 담당하나, 그의 일상생활을 보면 매우 난잡하여
금수와 같다는 매우 부정적인 표현을 하고 있다.
　천황의 일상생활에 대하여는, 1643년(인조 21) 계미통신사의 부사
였던 趙絅도 시문집 『東槎錄』에서 다음과 같이 묘사하였는데,

천황이라 이름하고 평생 위복 내버리니,	生抛威福號天皇
나라의 흥망이란을 누가 주장하나?	理亂興亡孰主張
옥식으로 백년동안, 또 백년 뒤,	玉食百年百歲後
재단엔 한달에 열흘 남짓	齋壇一月一旬強
시남들은 사향을 차고 한연임을 자랑하고,	侍男麝佩誇韓掾
교녀들은 아미눈썹으로 상궁을 원망하네.	嬌女娥眉怨上方
신선에 부귀를 겸했다고 다투어 말하지만,	爭道神仙兼富貴

---

22) 황호, 『東槎錄』 병자 11월 18일(『海行總載』 제4권, 362쪽).

우리 안의 돼지가 겨죽에 밀린다고 이를까   我言牢豕鷖糟糠

라는 시를 지어서 천황의 처지에 대하여 동정적인 묘사를 하면서도, 천황을 우리 안의 돼지로 비유할 만큼 대단히 부정적인 표현을 서슴치 않고 있다.

천황에 대한 이 같은 부정적인 인식은 1711년 신묘통신사의 부사 任守幹의 『東槎日記』에 첨부된 종사관 李邦彦의 『聞見錄』에,

> 왜황은 황후를 맞이하되 동성과 지친을 피하지 않고, 또 나라 풍속이 다 그러하여 형수 또는 처제가 과부로 있으면 역시 동거한다.[23]

고 하여, 특히 결혼풍속에 대하여 아주 심한 비판을 하고 있는데, 이는 유교적인 윤리관으로 볼 때 도저히 용납할 수 없는 부도덕한 행위로 인식하였기 때문일 것이다.

이러한 인식은 그후 1764년 갑신통신사 정사였던 趙曮의 『海槎日記』에도 구체적으로 나타난다. 즉 조엄의 경우 천황과 관백의 기원과 관계에 대하여는 종전의 인식을 그대로 계승하면서, 천황의 무력함에 대해 더욱 노골적인 표현을 하고 있는데,

> …(전략)…그후 陽成皇에 이르러 藤源基經으로 섭정을 하게 했는데 곧 關白이라고 칭했다. 관백의 명칭이 이때부터 시작되어 국가의 모든 일이 모두 관백에게서 결정되었으며, 소위 왜황이란 자는 한갓 虛器만을 안고 있을 뿐이었다…(중략)…중엽이후로는 정사를 관백에게 위임하고 황제의 자리만 지켰다. 天神을 빙자하여 한달 가운데 보름은 마음과 몸을 깨끗이 하여 經을 외우고, 보름은 술을 마시고 음탕한 짓을 하였으니, 속담에 '하는 일이 없이 많은 봉급을 받는다.'고 한 것이 왜황을 두고 한 말이다. 세상에 어찌 이러한 황제가 있단 말인가.[24]

---

23) 任守幹, 『東槎日記』 坤, 문견록(『海行總載』 제9권, 273쪽).
24) 趙曮, 『海槎日記』 3. 갑신 정월 28일 (『海行總載』 제7권, 160~163쪽).

라고 하여, 천황의 방탕함과 허세를 비웃고는, 이어서

> 소위 왜황의 궁궐이 (왜경의) 동북 모퉁이에 있는데 토담을 쳤으며, 관백이 자기에게 소속된 장관으로 군사를 거느리고 지키게 했다. 그리고 관백의 별궁이 서북 모퉁이에 있었는데, 京尹 한사람과 町守 한사람과 京奉行 두사람과 伏見奉行 한사람을 시켜서 지키게 했다. 의들은 모두가 관백의 신임을 얻은 자이었으니, 그 의도가 왜황을 지키는데 있었다.25)

고 하여, 그 원인을 관백이 천황을 견제하고 있는 것과 관련이 있는 것으로 설명하고 있다. 결국 이 문맥으로 보면, 관백은 천황을 감시하기 위하여 자기의 측근으로 하여금 군사를 배치하여 지키도록 한다는 것이며, 그 결과 천황이 무력해 질 수밖에 없다는 인식을 하고 있는 것이다.

한편 천황에 대한 이같은 부정적인 인식과는 달리, 천황이 소외되는 현상에 대하여 천황 옹호적인 견해도 나타나고 있다.

즉 1719년 기해통신사의 제술관이었던 申維翰은 『海游錄』에서, 당시 막부의 조선정책에 지대한 영향을 미치고 있었던 雨森芳洲와의 대화를 다음과 같이 기록하였는데, 우선 당시 천황과 관백의 관계에 관하여 그 기원과 기능에 대한 일반적인 인식을 말하고는,

> '…(전략)…지금 본즉 귀국의 천황이 친히 정치를 하지 아니하고, 관백이하가 다만 천황의 작명만을 가지고서 군이니 후니 대부니 하여, 성읍과 백관이 있어 모든 실무는 다 대부의 가신에게 있고, 각주의 섭정·봉행 모든 사람은 또 태수에게 사사로 군신의 분을 맺어서 각기 능히 자기 일국의 정치를 행하니, 이와 같은 것은 戰國의 세상에 견줄 수 있는 것입니다.' 하였다. 우삼동이 놀래어 사례하여 말하기를, '이는 진실로 정확한 이론입니다. 그러나 중국에서는 이 법이 다만 전국시대에만 행하였는데, 일본은 백대로 폐단이 없으니, 이것이 어려운

---

25) 위의 책, 같은 부분.

것입니다.' 하였다. 나는 또 말하기를, '지형과 민속이 중국과 같지 아
니한 때문입니다. 주나라 말기에 列國이 나누어 경쟁하여 정치가 천자
에게서 나오지 아니하므로 제후와 대부들이 나라를 집으로 삼아서 전
쟁이 연달아 백성이 견디어 낼 수가 없었다.…(중략)…귀국은 바다 가
운데 궁벽하게 있어 이웃나라와 전쟁하는 화가 없으므로 모든 州의 대
부가 세습제도에 습관이 되어 상하가 다른 뜻이 없으니, 이것이 나라
의 운수가 다함이 없고, 또한 변하지 아니하여 지금토록 폐단이 없는
것입니다. 그러나 하늘, 땅, 사람이 생긴 이래로 한가지 일, 한가지 물
건도 억만년 고쳐지지 아니하는 것이 없는데, 이 뒤에 일본의 관제가
다시 진·한과 같은 때가 다시 있을런지 어찌 알겠습니까?' 하니, 雨
森 東이 탄식하기를, '이것은 곧 이치를 아는 말입니다.' 하였다.26)

고 하여 천황과 장군의 역전된 관계를 중국의 전국시대에 비유하면서,
그 관계가 다시 변할 수 있는 가능성을 제시하였다는 점에 있어 매우
주목할 만한 새로운 인식을 하고 있다. 천황과 장군의 관계 변화에 대
한 예견은 1748년 戊辰通信使의 종사관이었던 曺命采의 『奉使日本時
聞見錄』의 「聞見總錄」에 아주 구체적으로 기술되어 있다.

　　대개 倭京의 인물은 앞을 다투어 문예를 서로 숭상하고 중국제도를
흠모하여 항상 일변할 뜻이 있으므로 江戶와 여러 주의 문사들도 소문
을 듣고 본 받아서 倭京에 와서 벼슬하고자 하는 자가 있으나, 그 나
라 금령에 얽매여 감히 조금도 동요하지 못한다.
　　그러나 스스로 군신의 분의를 대강 안다하여 항상 관백이 국권을
천단하여 방자하는 것에 대해 아픔을 참는 뜻을 깊이 품어서 분연히
한번 반정할 뜻이 있으나, 江戶에서는 무력을 숭상하여 병력을 겨루기
어렵고, 또 秀賊 이후로 66주의 권한을 모두 제어하여, 여러 주의 태
수로 하여금 한해 걸러 강호에 번들게 하고, 그 처자들을 데리고 가지
못하게 하였으므로, 여러 주의 태수가 분노하면서도 감히 움직이지 못
한다.
　　閭巷간에 호걸스런 인사가 없지 않으나, 왜인은 관직을 세습하기

---

26) 申維翰, 『海游錄』 下, 「聞見雜錄」(『海行總載』 제2권, 52~53쪽).

때문에 세상에 쓰임을 받지 못한다. 자신에게 관직이 없으면 수하에 거느린 사람이 없으므로 비록 창의하여 일으킨다해도 형세가 어떻게 할 수가 없다. 그러나 <u>태수가 모두 노여워하고 온 나라가 같이 분하게 여겨 때를 기다려 일어나려 하니, 조만간 국내의 변은 반드시 없다고 보장하기 어렵다</u>.[27]

라고 하여, 관백의 국권천단에 대한 반발이 일본 국내에서 일고 있으나, 소위 大名의 江戸參府 제도에 의하여 현실적으로 어쩔 수 없는 형세이지만, 머지않아 大名들의 반발에 의하여 변이 일어나 천황의 **復權**이 이루어질 가능성이 있다고 했다. 천황의 복권 가능성에 대한 예견은 실학자 李瀷과 安鼎福에게서 아주 구체적으로 제시된다.

2) 실학자의 천황관

조선후기 실학자들은 앞서 언급한 사행원들과는 달리 일본을 다녀오거나 일본인을 만나는 등 일본에 대한 직접적인 경험은 없다. 그래서 사행원에 비하여 일본에 대한 지식이 부족하고 남긴 저술의 양도 적지만, 일본에 대한 지식은 오히려 객관적인 측면이 있기도 하다. 왜냐하면 그들은 기본적으로 실학자로서의 개방적인 世界觀과 문화적인 華夷意識을 벗어나려는 태도를 가지고 일본에 대한 접근을 시도하고 있기 때문이다.[28]

조선후기 실학자로 일본에 관하여 주요한 저술을 남긴이는 이익, 안정복, 이덕무, 정약용, 한치연 등을 꼽을 수 있으나, 이 글에서는 특히 천황의 **復權**에 대하여 깊은 관심을 보인 이익과 안정복을 중심으로 그들의 천황관에 대하여 정리해 보고자 한다.[29]

먼저 李瀷(1681~1763)의 경우를 보면, 천황과 장군과의 권력관계

---

27) 曺命采, 『奉使日本時聞見錄』「聞見總錄」(『海行總載』 제10권, 246~249쪽).
28) 孫承喆, 「朝鮮後期 實學思想の對外認識」『朝鮮學報』 제122집, 1987. 참조.
29) 조선후기 실학자의 일본관에 관하여는 이미 河宇鳳, 『朝鮮後期 實學者의 日本觀 研究』(일지사, 1989)에 의하여 자세히 밝혀진 바 있다.

에 아주 예민한 관심을 보이고 있다.

> 姜睡隱의 『看羊錄』에 '400년 전에는 천황이 그래도 권력을 잃지
> 않았다'고 하였다. 임진년에서 거슬러 헤아리면 源·平의 전쟁과 安德
> 이 바다에 빠진 것이 꼭 400년이 된다. 관백이 국내에서 다만 御所라
> 고 칭하고 王이라 칭하지 않았으니 오히려 천황에게 신하 노릇을 한
> 것이다. 후일에 만약 세상이 변하게 되면 권력이 다시 천황에게 돌아
> 가지 아니할런지 어찌 알 수 있겠는가. 나라를 다스리는 자는 마땅히
> 알아야 할 것이다.[30]

라고 하여, 천황의 失權과 정치적 지위에 대한 복권의 가능성에 대하
여 예시하면서, 조선에서는 그러한 변화에 대한 외교적인 대비를 갖추
어야 할 것을 촉구하였다. 이익이 이와 같이 천황과 관백의 지위와 기
능에 대하여 관심을 가졌던 이유는, 양국이 1636년 병자통신사 이후
막부장군의 호칭문제로 외교적인 갈등을 겪었고,[31] 또 한편으로는 조
선국왕의 교린의 상대였던 관백의 정치적 성격과 지위가 국왕중심의
전제군주체제하에 있던 조선관리로서는 이해하기 힘든 부분이었기 때
문이라고 여겨진다.

이러한 이익의 천황에 대한 견해는 「日本忠義」에서 아주 구체적으
로 언급된다. 그는 먼저 외교의례상 조선국왕과 관백을 대등한 관계로
설정하고 있음을 비판하였는데,

> 亡子 孟休가 일찍이 말하기를, 통신사행을 할 때 그 書, 弊, 文字를
> 우리의 대신으로 하여금 (일본의 관백과) 대등하게 상대함이 옳다. 그
> 런데 국사를 도모하는 자가 멀리 생각치 못하고 눈앞의 미봉책만을 행

---

30) 李瀷, 『星湖僿說』 권18, 經史門 「日本史」.
31) 임란이후 조선에서 막부장군에게 보낸 국서에는 막부장군의 호칭이 1607년,
　　17년, 24년에는 日本國王, 1636년, 43년, 55년, 82년에는 日本國大君, 1719년,
　　48년, 64년, 1811년에는 다시 日本國王으로 國王 - 大君 - 國王 - 大君으로 여러
　　차례에 걸쳐 바뀌고 있음을 볼 수 있다(柳在春, 「朝鮮後期 朝·日國書硏究」
　　『韓日關係史硏究』 창간호, 참조).

하고 있고, 또 관백이 왕이 아닌 줄도 알지 못하고 이에 이르렀으니
몹시 애석하다.[32]

고 하였다. 즉 그의 죽은 아들 李孟休는 당시 조선국왕이 외교의례상
관백과 대등한 예의를 갖추었는데, 이를 못마땅하게 생각하고 조선국
왕 대신에 大臣이 천황의 대신인 關白과 대등한 예를 행해야한다고 주
장하였는데, 이익도 이에 동조하고 있었던 것이며, 이익은 자신의 견
해를 1590년 통신부사였던 김성일의 주장을 인용하여 제시하고 있
다.[33]
  이어 이익은 이러한 입장에서 한 걸음 더 나아가 천황의 복권에 대
하여 구체적으로 언급하고 있다.

> 왜황이 실권한 것이 또한 6~7백년에 지나지 않았는데 국민의 원하
> 는 바가 아니다. 점차 충의지사가 그 사이에 나오는데 명분이 바르고
> 말이 옳으니 뒤에 반드시 한번 통하는 바가 있을 것이다. 만일 蝦夷를
> 연결하고 천황을 붙들어 보좌하면서 제후에게 호령한다면 반드시 대
> 의를 펴지 못할 바도 없을 것이다. 66주의 태수들이 어찌 호응하는
> 자가 없겠는가, 만일 그렇게 되면 저쪽은 천황이요 우리는 왕이니 장
> 차 어떻게 처리할 것인가.[34]

라고 하여, 천황의 실권에 대한 일본 국민의 반발이 있다고 하면서,
천황의 복권이 반드시 이루어 질 것이며, 그렇게 될 경우에 장군과 대
등한 의례를 취하고 있는 조선국왕의 외교적 입장이 곤란하게 될 것이
니, 이에 대한 대비를 갖추어야 할 것이라는 탁견을 제시하고 있다.
천황의 복권가능성에 대한 이러한 견해는 앞서도 부분적으로 언급하였
는데, 1719년 기해통신사 때의 제술관 신유한이나 1748년 무진통신
사 때의 종사관 조명채의 주장보다도, 이익의 견해는 한 걸음 더 나아

---

32) 위의 책, 권17, 人事門「日本忠義」.
33) 李瀷,『星湖先生文集』권15,「答安百順 問目」.
34) 李瀷,『星湖僿說』권17, 人事門「日本忠義」.

가 그것이 곧 한일간의 외교문제로 이어질 것이라는 매우 가시적인 예견을 하고 있다.[35]

다음 安鼎福(1712~1791)의 천황관을 보자. 안정복은 이익에게 직접 배운 바는 없지만, 35세에 이익을 만난 후 16년간 서신을 교환하였으며, 그의 학문과 사상은 소위 성호학파의 핵심적인 위치를 점하고 있다.

안정복은 천황을 '日本王'·'倭女王' 등으로 표기하였고, 관백을 '倭酋'라고 부르는 등, 華夷的 認識에서 일본을 夷狄視하면서도,

> (천황은) 하나의 성으로 전해 내려와 오늘에 이르기까지 끊이지 않았는데, 이것은 중국의 聖王도 능히 이루지 못한 바로서 실로 기이한 일이며 封建之法이 능히 행해지고 있는 것이다.[36]

고 하여, 天皇一姓의 역사적 유구성을 '중국에서도 이루지 못한 기이한 일'이라고 하면서 당시 천황이 정치적으로는 무력하지만 그것이 가지는 역사적 의미를 결코 과소평가하지 않았다.

그리고 이러한 입장에서 조선국왕과 관백이 대등한 의례를 취하는 당시의 실정에 대해,

> 관백이 비록 있다고는 하나 또한 倭皇의 신하이다. 그런데 우리 나라가 관백과 대등한 의례를 취하고 있으니 그 욕된 바가 심하다.[37]

---

35) 1868년 明治維新에 의해 실제로 천황이 집권하면서, 조·일양국간에는 바로 이것이 문제가 되어 전통적인 대등 교린관계가 파종에 이르게 되었다. 즉 일본에서는 명치유신을 알리는 서계를 보내왔는데, 그 내용 중 일본천황이 조선국왕에게 보내는 국서식은 과거 장군과 조선국왕의 대등관계를 벗어난 것이었고, 이를 거부한 서계 거부사건은 결국 양국관계를 단절시키는 원인이 되었던 것이다(孫承喆, 『朝鮮時代 韓日關係史研究』, 제5장 교린체제의 변질과 붕괴, 지성의 샘, 1994, 참조).

36) 安鼎福, 『順菴先生文集』 권2, 「星湖先生書」(戊寅).

37) 李瀷, 『星湖先生文集』 권15, 「答安百順 問目」.

고 비판하였고, 이러한 인식의 선상에서 천황에 대하여 언급하고 있다. 이같은 안정복의 천황관이 유교적인 명분론에서 나온 것인지, 아니면 일본의 실제 정치상황을 바탕으로 이루어진 것인지는 알 수 없지만, 그는 심지어 조선이 天皇復權(復位)운동에 직접 개입할 수도 있다는 대단히 적극적인 천황복권론을 주장하고 있다.

> 그 나라는 東武와 西京이 서로 仇敵이 된 것이 오래되었다(關白은 東都에 있고, 倭皇은 西都에 있으면서 문사를 주로 하였다. 왜황이 자리를 잃고 관백이 정치를 전담한 이후 兩도시가 서로 원수 보듯이 하였는데 힘이 약하여 감히 움직이지 못한다고 한다).
> 또한 어찌 忠臣義士가 분통함을 품고 왜황의 지위를 회복시키고자 하는 자가 없겠는가. 만일 우리가 天時와 人和를 얻어 나라안의 정치에 여유가 있고 국방에도 어려움이 없어진다면 知彼知己를 충분히 요량한 후, 비로소 관백에게 글을 보내 君臣의 大義로써 권력을 내놓게 하고 (천황을) 복권하게 하는 것이다. 그러면 그들은 반드시 놀라고 나라안이 모두 흉흉해 질 것이다. 또 九州와 나라안에 檄文을 전하면 그 나라에서 서로 따르는 자가 반이 될 것이다. 이렇게 하여 (관백의) 죄를 토벌하고 그 명분을 바르게 하면 이것은 천하의 의거로서 이른바 한번 힘써 영원히 편안케 하는 것이다.[38]

라고 하여, 일본내에서는 막부체제에 불만을 품고 천황을 부흥시키려는 충신의사들이 있으므로 천황의 복위(復權)가 불가능한 것이 아니라고 하였다. 나아가 심지어 조선에서 정세를 잘 판단하여 힘을 키운 후, 국방의 어려움을 없게 한 후, 관백에게 군신대의를 밝히는 글을 보내고, 구주와 일본국중에 격문을 선포하면 일본인의 반 이상이 따르게 될 것이고, 그때 관백의 죄를 다스리고 명분을 바르게 하여 천황이 복위하게 되면, 앞으로 두 나라 사이가 영원히 편하게 될 것이라고 하는 주장을 하였다.

그렇다면 안정복의 천황복권론은 어떠한 성격을 가지고 있는 것일

---

38) 安鼎福, 『順菴先生文集』 권19, 「倭國地勢說」.

까. 즉 앞의 인용문을 보면 안정복의 천황복권론은 기본적으로 관백에 대한 비판과 천황옹호의 입장만을 가진 것 같지만, 실제는 그렇지만도 않다. 예를 들면 안정복의 입장은

> 일본의 법은 왜황이 편히 寄生하면서 아무 것도 할 수 없게 되어 있다. 그러나 천하의 사변은 정해진 형태가 없으며 오랑캐들의 흥하고 쇠함에는 일정한 운수가 없다. 만일 왜황이 宇文邕처럼 처음에는 비록 재주를 숨기고 있다가 끝내는 권세를 잡게 되든지, 혹은 관백이 스스로 황제가 되고 그 신하를 관백으로 삼는 경우도 있을 수 있는데, 그 때에 이르러 전날의 잘못된 관례를 따르고자 한다면 반드시 분쟁이 일어날 것이다.[39]

라고 하여, 안정복의 관심은 어느 한편의 입장을 두둔하는 것이 아니다. 즉 그는 천황이 다시 권력을 장악하는 경우나 당시의 관백이 황제가 되고, 그 신하를 관백으로 했을 때의 두 경우를 모두 상정한다는 측면에 있어서 누가 천황이 되는 것이 문제가 아니라, 새로 천황이 실권을 잡았을 때, 조선국왕과의 외교의례를 어떻게 설정할 것인가가 문제였던 것이다. 이점에서 안정복의 천황복권론은 매우 현실적인 의미를 갖게 되며, 이러한 우려가 100년 후 명치유신에 의해 현실화되었다는 점을 상기할 때, 주목할 만한 탁견이라고 생각된다.

4. 개항기의 천황관

개항이후 일본에 파견되었던 조선사절의 천황관은 그 이전의 견해와 사뭇 달라지고 있음을 볼 수 있다. 명치유신 이후 일본을 처음 방문했던 修信使 金綺秀는 『日東記游』에서 먼저 천황의 집권에 대하여,

---

39) 安鼎福, 『星湖先生文集』 권15, 「答安百順 問目」.

> 금상 무진년에 그 나라가 관백을 폐하고 천황이 몸소 정사를 다스
> 리게 되자, 우리 나라에 통문하였으나 邊臣이 이를 보고하지 않았으
> 니, 이는 그 명호의 참망한 것을 미워한 까닭이었다. 이 때문에 봄에
> 강화도 사건이 있었으나, 조정에서는 비로소 그들이 다른 뜻이 없음을
> 알고 예전의 화호를 계속해서 허락함에 저들 사신이 기뻐하며 돌아갔
> 다.40)

고 하여, 명치유신에 의한 천황의 집권을 설명하고, 이어 강화도조약
에 의하여 조선국왕과 천황의 대등한 외교관계가 이루어지고 있음을
간략히 설명하였다.

천황의 집권에 대한 그의 평가는 다음의 기록을 통하여 알 수 있다.

> 관백이 섭정 할 때는 이른바 倭皇은 하나의 허위에 지나지 않았으
> 니, 배부르게 먹고 色慾을 충족하고 궁실에 편안히 거처할 뿐이며, 다
> 른 일에 간섭하지 않았다. 그런 까닭으로 자신도 또한 자포자기가 되
> 어 鍾鼓의 소리가 밖에 들린다는 것도 감히 盛德의 일이라고는 말할
> 수가 없었다. 지금의 왜황은 단시일에 분발하여 관백을 없애고 비로소
> 친히 정무를 살피게 되었으니, 그것이 잘 변혁되었는지 잘못 변혁되었
> 는지는 알 수 없지만, 또한 사람이 세상에 난 보람에는 부끄럽지 않겠
> 다.41)

고 하여, 천황의 집권이 잘된 일인지, 아니면 잘못된 일인지에 대한
평가는 유보하고 있지만, 그 자체에 대하여는 거부감 없이 받아들이는
입장을 취했다.

한편 천황을 접견한 소감에 대하여,

> 왜황을 赤坂宮에서 보았는데, 한결같이 우리 임금을 拜見하는 것
> 같이 하였다. 먼저 肅拜禮를 행하고 다음에 入侍禮를 행하였는데, 진

---

40) 金綺秀, 『日東記游』 제1권, 事會 1칙(『海行總載』 제10권, 347쪽).
41) 金綺秀, 위의 책, 제3권, 政法 22칙(『海行總載』 제10권, 453쪽).

퇴 할 적에는 공경하여 감히 예절을 어기지 아니하였다. 왜황이 거처하는 곳에 이르러서는 趨蹌하여 나아가 그 의자 앞에 서서 두 손을 마주잡고 서 있었다. 왜황은 보통체구에 얼굴은 희나 조금 누르고, 눈은 반짝 반짝하게 정채가 있으며, 神氣는 단정하고 조용하였다. 자세히 다 살피지도 못하였는데, 傳語官이 물러가라 하므로 몸을 돌이키지 않고 뒷걸음으로 나왔다. 후일에 돌아와서 다른 사람에게 이야기하였더니, 그 사람들이 혹 비웃기도 하므로 나는 말하기를, '그대의 선조도 저들의 관백에게 조복을 입고 뜰 아래에서 배례하지 않았는가. 관백은 신하이고 왜황은 군주이니, 나의 배례가 어찌 그대의 선조가 배례한 것과 같겠는가. 그가 의자를 피하고 몸을 공손히 하여 서서 보는 예절이, 어떤 전고에서 나왔는지 알 수 없다. 그러나 관백이 전상에 깊숙이 앉아 있는데 감히 쳐다보지도 못했던 일에 비한다면, 나의 소득이 너무 많은 것이 아닌가.' 하였다.42)

고 하여, 과거 관백을 접견할 때의 절차가 잘못되었음을 지적하고, 천황을 접견하는 절차가 조선국왕을 배례하는 절차와 크게 다르지 않았다는 견해를 피력하고 있다.

그리고 『日東記游』의 마지막 부분에서 천황에 대한 총평을 하였는데,

> 그들의 이른바 황제는 나이 지금 25세인데, 보통의 체구였습니다. 얼굴은 희나 조금 누르고 눈에는 精彩가 있었으며, 천연적으로 생김새가 고왔습니다. 정력을 다하여 정치에 힘쓰고, 매우 부지런하여 관백도 능히 폐지할 만하면 폐지하고, 제도도 능히 변경할 만하면 변경했습니다. 다리에 딱 붙는 바지와 반신의 옷이라도 군대를 부리는데 이로울 만한 것은 비록 서양인의 옷이라도 서슴없이 옛날 것을 버리고 따랐으나 사람들은 감히 다른 주장을 할 수가 없었습니다. 옛날의 관백도 지금은 從四位의 관직으로서 봉록만 받고 강호에 있으나, 또한 감히 원망하는 기색과 웃사람을 엿보는 마음이 없다고 합니다.
> 이 사람(천황)은 이미 중국 君主의 처지로서는 논할 수도 없는 것

---

42) 金綺秀, 위의 책, 제1권, 行禮, 의복, 부11칙(『海行總載』 제10권, 377쪽).

이며, 斷髮文身과 雕題漆齒도 또한 서양인의 의복보다 나을 것이 없으
니, 이것으로써 저것을 바꾸어도 그다지 다를 바가 없습니다. 그러나
대개 영명하고 용단성이 있어 인재를 가려 임용하는 것은 취할 만한
점이 많은 것 같았습니다.[43]

라고 하여, 천황의 복권과 국정 능력에 대하여 매우 긍정적인 평가를
보이고 있다. 그러나 그가 비록 천황의 복권에 대해 긍정적인 평가를
하고 있지만, 그 천황의 직위가 중국의 황제에는 비교가 될 수 없다는
단서를 달았다는 점에 있어 천황의 복권를 다만 집권자의 교체라는 일
본의 국정변화 차원에서 인식하고 있음을 알 수 있다. 그리고 천황의
복권과 일본의 근대화를 연결 지어 논함으로써 그것 자체를 일본내의
하나의 정치개혁으로 받아들였던 것 같다.

   그후 1881년 신사유람단의 일원으로 일본에 파견되었던 이헌영은
『日槎集略』에서 천황친권에 대하여 '일본국의 국왕은 무진년으로부터
모든 정치를 친히 하여 정치가 아주 새로와 졌다'[44]고 기록하면서 천
황을 국왕으로 호칭하였다. 그 외에 천황에 대한 다른 특별한 언급은
없었고, 다만 일본의 근대화를 장황하게 기술하고 있을 뿐이다.

   그런데 1882년 임오군란 후 수신사로 파견되었던 朴泳孝의 『使和
記略』에는 천황의 호칭에 상당히 다른 변화가 보인다. 예를 들면 일본
외무성에서 외무경과의 대화에서는,

   (전략)…나는 말하기를 '지금 국서를 받들고 왔으니, 陞見할 시일
을 속히 질정하여 주시기 바랍니다.'하고는 國書의 등본을 외무경에게
전하니 외무경 이하 여러 관원이 살펴보았다.…(중략)…나는 이에 陞
見할 때의 頌辭의 초본을 내어 보이고는 이내 辭別을 하면서 읍하였
다.[45]

---

43) 金綺秀, 위의 책, 제4권, 還朝, 附行中聞見別單(『海行總載』 제10권, 511∼512
   쪽).
44) 李鑢永, 『日槎集略』 天, 聞見錄(『海行總載』 제11권, 19쪽).
45) 朴泳孝, 『使和記略』 임오 9월 5일(『海行總載』 제11책, 336쪽).

고 하여, 천황을 직접 지칭하지 않고 陛見이라는 표현을 썼다. 폐견이
란 폐하를 알현한다는 뜻으로 天子나 皇帝를 알현한다는 의미로 쓰여
졌던 말이다. 그런데 그가 전달한 국서와 송사에는 조선국왕을 大朝鮮
國大王, 천황을 大日本國 大皇帝 또는 大日本國 大皇帝陛下라고 호칭
하였던 것이다. 그러나 다음날 궁내성에서 천황에게 국서를 전하는 광
경을 기록한 내용에는

> 세 사신은 차례대로 나아가 문턱에 이르러 曲拜禮를 행하고 앞으로
> 나아가 몸을 굽혔다. 日皇이 일어서서 관을 벗으니 容儀는 정숙하고
> 보통 체구인데 눈이 커서 도량이 있는 듯하였다. 내가 국서를 받들어
> 日皇에게 바치니, 일황이 몸을 굽혀 받아서 한번 읽는데 소리가 크고
> 맑았다.46)

고 하여 日皇이라고 표기하였는데, 일황이 皇帝의 皇인지, 아니면 天
皇의 皇인지는 알 수 없다.

한편 그로부터 2년후 1884년 갑신정변 직후에 봉명사신으로 일본
에 갔던 사절단의 종사관 朴戴陽은 천황의 모습을 다음과 같이 묘사하
고 있다. 즉

> 병장의 갓을 거쳐 몸을 돌이켜 문을 들어가 바라보니, 일본 임금
> (日主)은 신장이 6~7척이나 될 것 같고, 낯이 길며 거무스레한 눈에
> 精彩가 있었다. 몸에는 양복을 입고 황금빛으로 앞뒤의 두 옷깃에 국
> 화를 수놓았는데 이것은 육군의 표식이다. 금실로 짠 끈을 틀어서 만
> 든 노끈을 가로로 두 어깨위에 붙였으며, 또 금색수로 접시만큼 큰 원
> 형을 만들어 두 겨드랑이 위에 붙였는데 이것은 해군의 표지이다. 한
> 가닥 길다란 금색띠가 너비는 3~4촌이나 될 것 같은 것을 왼쪽 어깨
> 에서 오른쪽 겨드랑이에 이르도록 맨 것은, 우리 나라의 금·은패를
> 차는 것과 같은 모양인데 이것은 병대의 표식이다.47)

---

46) 위의 책, 임오 9월 8일(『海行總載』 제11책, 341쪽).
47) 朴戴陽, 『東槎漫錄』 일기, 을유 1월 6일(『海行總載』 제11책, 424~5쪽).

라고 하여, 군복을 입고 있는 천황의 모습을 자세히 묘사하고 있는데, 이것은 이미 군국주의화 되어가는 일본천황의 모습에 대한 비판적인 기록이라 생각한다. 그런데 여기서는 천황을 日主라고 호칭하고 있다.

　결국 이러한 맥락에서 볼 때, 개항초기 천황의 집권과 그에 의한 근대화를 긍정적으로 인식하였던 개화파 조선사절의 천황관도 일본이 점차 군국주의화되어가고 침략의 속성을 드러내기 시작하면서 그에 대한 비판과 부정적인 인식으로 바뀌어져 갔던 것이다.

5. 천황 호칭의 변화

　다음으로 이상의 기록에 나타난 천황과 관백 칭호의 변화를 통하여 천황관이 어떻게 변모되어 가는가를 유추하여 보자. 위의 기록에 나타난 천황과 관백의 칭호를 도표화하면 다음 표와 같다.

　이미 부분적으로 살펴본 바와 같이 천황의 명칭은 시대와 기록에 따라 매우 다양하게 나타난다. 그러나 모든 기록이 마찬가지이지만 왜, 어떠한 이유로 그 명칭이 달라지는가에 대한 특별한 설명은 찾아볼 수가 없다. 따라서 천황호칭에 대한 인식을 구체적으로 언급하는 것은 불가능하며, 다만 기록자의 일본에 대한 다른 서술들을 통하여 천황호칭에 대한 인식을 간접적으로 유추할 수밖에 없다. 그러면 천황호칭에 나타나는 특징을 시기별로 정리해 보도록 하자.

　먼저 조선전기 천황의 칭호가 처음 나타나는 것은 이미 밝힌 대로 신숙주의 『海東諸國紀』이다. 그러나 여기서 신숙주는 천황을 단순히 편년식으로 나열하였을 뿐, 장군을 국왕으로 표기하여 그를 최고의 국정담당자로 인식하였다. 그후 김성일의 『海槎錄』에서는 천황을 「僞皇」이라고 하여 그가 실권이 없는 허상의 천황임을 강조하였고, 장군은 일본내에서의 칭호인 關白으로 기록하였다.

표1]　　　　　　　　　　　천황·장군의 호칭일람표

순번	연대	저자	사　료	천　황	장　군
1	1404	·	朝鮮王朝實錄	없음	國王
2	1420	宋希璟	日本行錄	없음	王
3	1471	申叔舟	海東諸國紀	天皇	國王
4	1590	金誠一	海槎錄	僞皇	關白
5	1596	黃　愼	日本往還日記	天皇	關伯
6	1599	鄭希得	海上錄	王	關伯
7	1600	姜　沆	看羊錄	天皇	關白
8	1607	慶　暹	海槎錄	天皇	關白
9	1617	李慶稷	扶桑錄	天皇	關白
10	1624	姜弘重	東槎錄	天皇	關白
11	1636	金世濂	海槎錄	天皇	關白
12	1636	黃　屎	東槎錄	天皇	關白
13	1643	趙　絅	東槎錄	天皇	關白
14	1711	李邦彦	東槎日記(聞見錄)	倭皇	關白
15	1719	申維翰	海游錄	天皇	關白
16	1747	·	朝鮮王朝實錄	倭皇	關白
17	1748	曹命采	奉使日本時聞見錄	倭皇	關白
18	1755	李　瀷	星湖僿說	倭皇	關白
19	1755	安鼎福	順菴先生文集	倭皇	關白
20	1764	趙　曮	海槎日記	倭皇	關白
21	1876	金綺秀	日東記游	倭(天)皇, 皇帝	關白
22	1881	李鑢永	日槎集略	國王	없음
23	1882	朴泳孝	使和記略	日皇	없음
24	1884	朴載陽	東槎漫錄	日主	없음

　　한편 조선후기에는 1599년 정희득의 『海上錄』에서 「王」이라고 표기한 것을 제외하고는 대체로 「天皇」이라고 호칭하고 있다. 그러나 17세기 중엽부터 천황의 무력함이 부각되고 반면 천황복권의 가능성이 시사되면서부터 천황의 호칭은 「倭皇」으로 변화된다. 왜, 어떠한 이유로 이때부터 「倭皇」으로 호칭되는지 아직 정확한 이유는 밝힐 수 없지만, 현재로서는 병자호란 이후 조선인의 대외관으로 고조되는 조

선 중심주의의 「朝鮮中華主義」와 무관하지 않을 것으로 생각된다.[48]
이점은 관찬사료인 『朝鮮王朝實錄』에 1747년 11월, 이듬해에 파견되
는 戊辰通信使의 국서문제를 거론하는 가운데에 천황을 倭皇으로 호칭
하였다는 사실과 무관하지 않다. 참고로 실록에 기록된 천황에 관한
호칭을 보면 다음 표와 같다.

표2]　　　　　　　　『朝鮮王朝實錄』의 천황 호칭표

순번	서 기	천황	장 군	기사내용	출 처
1	1479	天皇	國王	일본에 가는 通信使의 事目.	성종 10.03.신사
2	1587	天皇	關白, 大將軍, 大君	일본국사 橘康廣의 내빙사실 보고.	선수 20.09.정해
3	1591	天皇	關白,大君	통신사 황윤길의 귀국보고.	선수 24.03.정유
4	1598	天皇	國王,關白	정응태가 명에 무고한 주문.	선수 31.09.계미
5	1598	天皇	國王	『海東紀略』의 내용.	선조 31.09.계묘
6	1598	天皇	없음	영의정 유성룡의 상언.	선조 31.09.을사
7	1629	天皇	國王	예조의 보고문.	인조 07.윤04.신사
8	1747	倭皇	大君, 關白	통신사행에 관한 논의.	영조 23.11.갑진
9	1747	倭皇	關白	변방방비와 교린에 대한 논의.	영조 23.11.신해
10	1809	倭皇	關白	도해역관 현의순의 대마도사 정보고.	순조 09.12.정해

　　한편 개항 이후 천황에 대한 호칭은 기록에 따라 전부 다르게 나타
난다. 즉 명치유신 후 처음으로 일본에 파견된 김기수의 『日東記游』에
서는 그 이전에 사용된 倭皇의 호칭 이외에도 天皇과 皇帝 등을 혼용
하여 쓰고 있다. 특히 주목할 것은 중국의 천자에게만 쓰던 皇帝라는
호칭을 쓴다는 사실이다. 이점에서 김기수의 천황호칭은 매우 혼란스
럽다. 그러나 그후의 이헌영의 『日槎集略』에서는 國王이라고 썼다. 그
러나 박영효의 『使和記略』에서는 「日皇」이라고 하여 다시 皇자를 썼는

---

48) 조선중화주의에 대하여는 孫承喆, 「朝鮮後期 脫中華的 交隣體制의 독립성과
　　허구성」『국사관논총』 제57집, 1994, 및 이 책의 제2편 제3장 주19) 참조.

데, 皇帝의 皇인지 아니면 天皇의 皇인지는 알 수 없다. 그런데 갑신 정변 직후에 파견된 박재양의 『東槎漫錄』에서는 단순하게 日主라고 호 칭하고 있다. 따라서 이러한 맥락에서 볼 때, 개항직후의 천황관은 긍 정적인 인식에서 점차 부정적인 천황관으로 바뀌어 가는 한 단면을 시 사하는 것이 아닌가 한다.

6. 맺음말

이상에서 조선인의 일본천황관을 조선초기부터 한말에 이르기까지 통시적으로 고찰하였다. 그러나 조선시대 일본천황에 관한 사료의 한 계성 때문에 그 대상은 주로 일본에 사행했거나 피랍되었던 사람, 그 리고 실학자가 남긴 기록을 중심으로 살펴 볼 수밖에 없었다.

앞서 서술한 바와 같이 이 글은 조선시대 천황관을 두 가지 관점에 서 고찰하였다. 하나는 조선인들의 천황에 대한 관심이 어떻게 시작되 며, 그것이 어떻게 변화되어 가는가의 문제였고, 또 다른 하나는 천황 과 관백의 관계를 어떻게 인식하고 있었으며, 그 호칭이 어떻게 달라 지는 가였다.

조선초기 조선인의 일본에 대한 관심은 왜구를 통제할 수 있는 실질 적인 힘의 주체가 누구였는가에 집중되었었다. 그래서 이 경우 외교교 섭의 대상은 실질적인 권력자였던 막부장군이었고, 그러한 예는 1420 년 회례사였던 송희경의 『日本行錄』에서도 천황에 대한 언급이 전혀 없으며, 오히려 장군을 王으로 기술하고 있었다는 점을 통해서 확인할 수 있다.

조선측의 사료 중 천황에 대한 기록이 처음 나타나는 것은 1471년 신숙주의 『海東諸國紀』이다. 그러나 여기서도 역대천황의 世系만을 자 세히 언급하였을 뿐, 천황은 국정과 외교에 관여하지 않는다고 함으로 써 천황에 대하여는 여전히 특별한 관심을 두고 있지 않음을 볼 수 있 다. 그러나 이때부터 그 명칭이 「天皇」으로 정착됨을 볼 수 있다.

천황의 지위와 기능에 대하여 분명한 언급이 나타나는 것은 1590년 김성일의 『海槎錄』이다. 그는 장군에의 알현형식이 외교문제가 되자, 일본을 주관하는 것은 천황이며, 장군은 국왕이 아니고 대신이라는 입장에서 관백에 대한 영외배를 관철시켰다. 그리고 김성일은 천황의 허상을 비웃듯이 천황을 「僞皇」이라고 표기하였다. 이로 볼 때 당시 조선인의 천황에 대한 관심은 역시 천황 자체에 대한 인식의 변화보다는 관백에 대한 외교의례 문제에서 비롯됨을 알 수 있다.

이후 천황에 대한 관심은 천황의 역할에 집중되었다. 1596년 황신의 『日本往還日記』, 정희득의 『海上錄』, 강항의 『看羊錄』에서는 천황의 기능을 祭祀로 보고 관백의 기능을 政事로 양분하여 각기 종교적 기능과 정치적 기능을 담당하는 것으로 인식했다.

조선후기에 접어들면서 이러한 천황관은 크게 변화를 갖게 되는데, 대체적으로 보아 두 가지 유형을 지니고 있었다. 하나는 천황의 무력함에 대한 비판이며, 또 하나는 천황의 복권가능성에 대한 시사이다.

먼저 이경직의 『扶桑錄』에서는 천황과 관백의 이분법적인 인식에 회의를 나타내고, 이어 천황의 叙位任官權의 모순을 지적하면서, 현실적으로 천황의 무력함을 비판하기 시작하였다. 천황의 무력함에 대한 비판은 조경의 『東槎錄』에서 천황을 심지어 '우리 안의 돼지'라는 비유로 나타낼 만큼 부정적인 표현을 서슴지 않고 있다. 그러나 그럼에도 불구하고 천황이 존속할 수 있는 이유를 강홍중의 『東槎錄』에서는 관백이 천황의 후손이고, 천황이 권력이 없기 때문이라고 설명하고 있다.

그러나 1719년 신유한의 『海游錄』에서는 천황과 장군의 권력관계를 현실적으로 역전된 관계로 보면서, 천황복권의 가능성을 시사하기 시작하는데, 조명채의 『奉使日本時聞見錄』에서는 머지않아 大名들이 반발하여 변이 일어나 천황의 복권이 이루어질 것을 예상하기도 했다.

이러한 천황복권론은 실학자들에게 이르러 매우 구체적으로 제시되는데, 이익은 「日本忠義」에서 천황의 복권은 반드시 이루어질 것이며, 그 경우를 대비하여 조선의 외교적 입장을 정리해야 한다고 했으며,

안정복은 「倭國地勢說」에서 한걸음 더 나아가 조선이 천황의 복권에 직접 개입할 수도 있다는 대단히 적극적인 천황복권(복위)론을 주장하기도 했다. 그러나 안정복의 천황복권론은 그 핵심내용이, 천황이 다시 권력을 장악하는 경우와 관백이 황제가 되고 그 신하를 관백으로 한다는 두 경우를 모두 상정하고 있다는 점에서, 누가 천황이 되는가가 문제가 아니고, 누구든 새로 천황이 되어 권력을 잡았을 때, 조선국왕과의 외교의례를 어떻게 정할 것인가가 관심의 대상이었다.

따라서 실학자들의 이러한 천황복권론이 당시 일본의 실제 정치상황에 대한 이해를 바탕으로 이루어졌는지는 알 수 없지만, 그들의 천황에 대한 관심은 천황자체보다는 오히려 조선국왕의 외교상대가 누구인가는 외교 의례적인 문제였고, 그것이 곧 천황복권에 대한 관심으로 이어졌다고 생각한다. 또한 천황복권에의 관심은 외교의례에서 갈등을 일으킨 막부장군에 대한 불신감과 상하질서를 원칙으로 하는 유교적인 명분론이 바탕이 되었음도 배제할 수 없다.

그런데 실제로 이러한 우려는 이로부터 100년 후 明治維新에 의하여 현실화되었고, 결국 천황과의 외교의례문제(서계거부)로 인하여 양국의 국교가 단절되었다. 이점에서 1876년의 강화도조약은 사실상 천황과 조선국왕과의 관계를 재설정하는 것이었다고 해도 좋다. 1876년 수신사 김기수는 『日東記游』에서 천황복권과 그의 국정능력에 대하여 긍정적인 평가를 하고 있다. 이것은 유교적 입장과 근대화의 대명제 앞에서 당연한 인식이라고 생각한다. 그러나 일본천황의 직위가 중국황제에 비교될 수 없다는 단서를 달았다는 점에 있어서 천황복권을 다만 일본내에서의 집권자의 교체라는 정치적 변화의 차원에서 인식하고 있었음을 알 수 있다.

그러나 개항초기 개화파 조선사절의 천황복권과 천황에 대한 긍정적인 인식도 이후 일본이 군국주의화하여 조선침략의 마수를 뻗치면서, 점차 부정적인 인식으로 바뀌어 갔던 것이며, 이점은 천황의 호칭이 「皇帝」에서 「日主」로 바뀌어 가는 현상을 통해서도 시사 받는 바가 크다.

제3장

명·청 교체기 對日外交文書의 年號와 干支

1. 문제제기

　조선후기 동아시아 국가간에는 여러 가지 **通交關係**가 존재하였다. 조선을 중심으로 생각할 때, 명과 청에 대하여는 **事大·冊封關係**가 기본적인 형태였고, 그 외의 일본(제한적이지만 후금이나 유구) 등과는 **對等交隣**과 **羈縻交隣**이라는 이중구조의 교린관계를 지속해 갔다. 이러한 관계를 통틀어서 통교관계라고 하는데, 통교관계를 맺은 나라나 집단간에는 어느 경우든 관계형태에 따라 **漢文**으로 작성된 일정한 양식의 외교문서를 주고받는 것이 그 관계를 맺고, 지속해 가는데 필수적인 조건이었다.[1] 이 경우 한문으로 작성된 외교문서는 상호관계에 따라 그 양식이 달랐고, 일반적으로는 이 양식의 형태(書式)에 따라 양자간의 관계형태, 즉 상하관계나 수평관계 등을 가늠할 수 있다.

　조선의 경우 일본과는 **國書**와 **書契**라는 **書式**을 정하여 상호간에 외교문서를 주고받았다.[2] **國書**란 조선국왕과 일본의 실제통치자인 장군

---

1) 田中健夫, 『前近代の國際交流と外交文書』「漢字文化圈のなかの武家政權」, 吉川弘文館, 1996, 1~4쪽.

2) 중국과 일본 양국에 보내는 외교문서 양식에 관해서는 『典律通補別編』 事大文書式, 交隣文書式에 소개되어 있고, 특히 일본에 보내는 외교문서의 양식에 대해서는 『交隣志』 『增正交隣志』 『通文館志』에 國書式과 書契式이 상세히

이나 관백사이에 주고받은 외교문서를 말하며, **書契**란 그 외의 관계, 예를 들면 예조참판과 막부노중, 예조참의와 대마주태수 또는 부산첨사와 대마주태수 등 여러 관계에서 주고받은 외교문서를 말한다.

현재 조선후기 조선에서 일본에 보낸 국서와 서계는 여러 사료들을 통해 서식이나 내용이 거의 파악된다. 예를 들면 국서의 경우는 1606년부터 1811년까지 14회에 걸쳐 일본에 보내졌는데, 1606년 국서를 제외하고는 그 내용을 알 수 있다. 서계의 경우는 다행스럽게도 현재 국사편찬위원회의 **對馬島宗家關係文書**에 조선에서 대마도에 보낸 각종 서계의 원본이 총 9,442점이나 남아있어 이들 사료들을 통해 조선과 일본 관계는 물론 조선과 대마도의 관계를 아주 생생하게 재현해 볼 수 있게 되었다.

그런데 국서와 서계를 보면, 명·청교체기를 전후하여 **書式**이 크게 바뀌는 것을 볼 수 있다. 즉 국서의 경우는 1643년까지는 명의 연호를 쓰고 있으나, 1655년에는 간지만을 써서 년기를 나타내고 있다. 서계의 경우는 1644년 12월까지는 명의 연호를 썼고, 1645년 정월부터는 간지를 쓰고 있다. 즉 대마도종가관계문서 목록에 수록된 1614년 4월의 서계(NO. 1)부터 1644년 12월의 서계(NO. 628)까지는 모두 명나라 연호를 쓰고 있음에 비해, 1645년 1월의 서계(NO. 629)부터 1867년 9월(NO. 9426)[3]까지 조선에서 대마도에 보낸 모든 서계에는 한 건의 예외도 없이 명의 **年號** 대신 **干支**를 쓰고 있다.

書式에는 여러 가지 규정이 있지만, 조선의 경우 명·청의 책봉을 받았으므로 국내외 문서를 막론하고 연호의 사용은 매우 중요한 문제였다. 그렇다면 어떠한 이유로 이 시기에 와서 갑자기 대일외교문서인 국서와 서계에 **中國年號**의 사용을 중지하고 **干支**로 바꾸었을까.

언급되어 있다.

3) 『對馬島宗家關係文書』- 書契目錄集Ⅴ - 에는 NO. 9442의 서계까지 수록되어 있지만, 조선에서 대마도에 보낸 서계로 가장 연대가 내려가는 것은 1867년 9월 (NO. 9426)의 서계이다.

이 글은 특히 이점에 주목하여, 연호변경문제와 조선의 대일정책, 나아가 동아시아 국제관계의 상관성을 파악하여, 한일관계의 구조적인 틀과 그 성격의 한 단면을 분석하는데 목적을 둔다.

2. 1645년 이전의 書式

조선에서 일본에 보낸 외교문서들은 모두 정해진 격식에 의하여 작성되었으며, 외교관계사료집인 『通文館志』나 『春官志』·『交隣志』등에는 國書式과 書契式이라는 항목을 설정해 그 격식을 상세히 적고 있다.

이들 사료를 통하여 대일외교문서의 양식을 보면, 國書[4]와 書契[5]는 모두 겉봉을 쓰는 外式과 내용을 적는 內式이 있다.

국서의 크기는 周帖의 길이가 세로 2척 4촌(약 73㎝), 가로 5촌 5푼(167㎝)이며, 매첩에 4행씩을 쓰도록 하였다. 먼저 국서의 外式을 보면, 오른쪽 가에는 '奉書'라 쓰고, 왼쪽 가에는 '日本國大君殿下'라 쓴다고 하고, 주를 달아서 처음에는 '日本國王'이라고 일컬었는데, 1636년에 '日本國大君'으로 고쳤다가, 1711년에 다시 '日本國王'으로 바꾸었고, 1719년에 또다시 '日本國大君'으로 개칭한 사실을 설명하였다. 그리고 겉봉의 서식으로 '奉'자와 '日'자를 나란히 쓰고, '書'자와 '下'자를 나란히 쓴다고 했다. 마주 붙인 곳에는 '朝鮮國王 姓諱謹封'이라고 쓰고, 글자를 띄어 쓴 곳에는 '爲政以德'이라고 새긴 어새를 찍으며, 성과 휘를 쓴 곳에는 모두 다 어새를 찍는다고 했다.[6]

內式은 '朝鮮國王 姓諱 奉書'라고 쓰고, 四帖 한가운데에 평행으로

---

4) 국서의 형식이나 내용에 관하여는 柳在春, 「朝鮮後期 朝·日國書硏究」『韓日關係史硏究』창간호, 1993, 참조.

5) 서계의 형식에 관하여는 李　薰, 「朝鮮後期 對日外交文書」『古文書硏究』4. 1993, 참조.

6)『交隣志』國書式.

'日本國大君殿下'라고 쓴다. 이 경우도 朝·日자와 書·下 자를 평행으로 나란히 쓴다. 그리고 五帖의 평행에서 시작하여 사연을 쓰고 끝에 '不備'라고 쓴 다음 평행으로 '某年某月'이라 쓰고, 말첩 가운데 2행부터 '朝鮮國王 姓諱'를 쓰되, 연월일과 가지런하게 썼다.

그리고 국서를 담는 궤는 銀으로 장식하고 붉은 칠을 한 다음 金으로 용을 그렸다. 작성된 국서는 금으로 용을 그린 紅段甲褓로 싸서 궤에 넣은 후, 다시 금으로 용을 그린 紅絹甲褓로 쌌다.

위에서 설명한 國書式을 그려보면 다음과 같다.

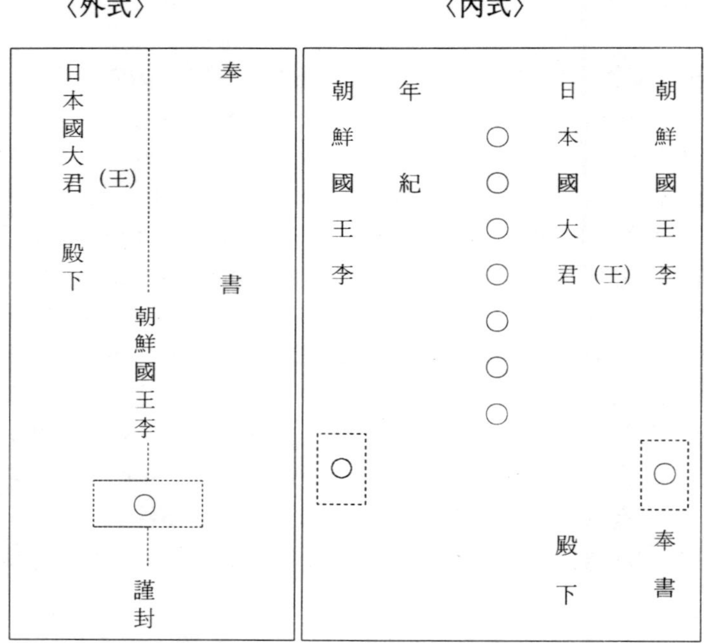

여기서 조선후기 일본에 보낸 국서에 쓰여진 年紀를 일람해 보면, 다음 표와 같다.

표1]   조선후기 국서 년기일람

서기	왕년	년기	비고	서기	왕년	년기	비고
1607	선조 40	萬曆	회답겸쇄환사	1682	숙종 8	壬戌	통신사
1609	광해 1	萬曆	기유약조	1711	숙종 37	辛卯	〃
1617	광해 9	萬曆	회답겸쇄환사	1719	숙종 45	己亥	〃
1624	인조 2	天啓	〃	1747	영조 23	丁卯	〃
1636	인조 14	崇禎	통신사	1763	영조 39	癸未	〃
1643	인조 21	崇禎	〃	1811	순조 11	辛未	〃
1655	효종 6	癸未	〃				

이 표에서도 알 수 있듯이 조선후기 일본에 보낸 국서의 경우 1643
년까지는 모두 명의 연호를 사용하였으나, 1655년부터는 한 건의 예
외도 없이 모두 간지를 사용하고 있다.

그렇다면 서계의 경우는 어떠한지를 살펴보자.

書契는 그 크기를 보면, 周帖의 세로가 2척 3촌(약 70㎝)이라 했
고, 가로의 크기는 정하지 않은 것으로 보아서, 내용에 따라서 길이가
달라졌던 것으로 보인다. 실제로 국사편찬위원회에 소장되어 있는 서
계의 크기도 세로의 크기는 대개 52~54㎝였으나, 가로의 크기는 내
용에 따라 60~80㎝로 크게 차이가 있는 것을 확인할 수 있다.

이러한 書契도 外式과 內式이 모두 書式으로 정해져 있다. 먼저 『交
隣志』에 기술되어 있는 外式을 보면, 오른쪽 위에 '奉書'라고 쓰고, 왼
쪽에는 '日本國執政具銜某公閤下'라고 쓴다. 執事이하는 그 벼슬에 따
르되, 대마도주는 '日本國對馬州太守某公'이라고 한다. 이상은 閤下라
고 일컫고, 萬松院은 '日本國對馬州鍾碧山萬松院', 以酊菴은 '日本國對
馬州沙門 以酊菴'이라고 일컫고, 江戶護行長老는 '日本國某長老'라고 일
컬으며, 이상은 足下라고 한다. 그리고 '奉'자는 평행으로 하여, '日'자
와 나란히 쓰고, '書'자는 '下'자와 나란히 쓴다. 合銜한 곳에는 '朝鮮國
禮曹參判'이라 쓰는데, 도주에게는 參議의 명의로, 그리고 萬松院·以
酊菴·護行長老에게는 佐郞의 명의로 작성하되, 한자 띄어서 성명을
쓰고, 그 아래에 근봉이라 쓴다. 글자를 띄어 쓴 곳에는 圖書를 찍는
다.

內式도 이와같이 하며, 三帖 一行에서부터 '朝鮮國禮曹參判姓名奉書'라고 쓰고, '日本國執政官衝을 갖추어 閣下라고 쓴 뒤에, 사연을 云云하고, 평행으로 '年月日'을 쓰고, 帖을 달리하여 한가운데에 (한글자 낮추어) 예조참판 성명을 쓰고, 도서를 찍는다.

물론 여기에서 규정한 서식은 자료의 출간연대를 염두에 둘 때, 모두 18세기 이후의 서식이다.[7] 그러면 문제의 서계를 검토해 보자.

1) 대마도종가관계문서 서계번호 NO.628(1644년 12월)[8]

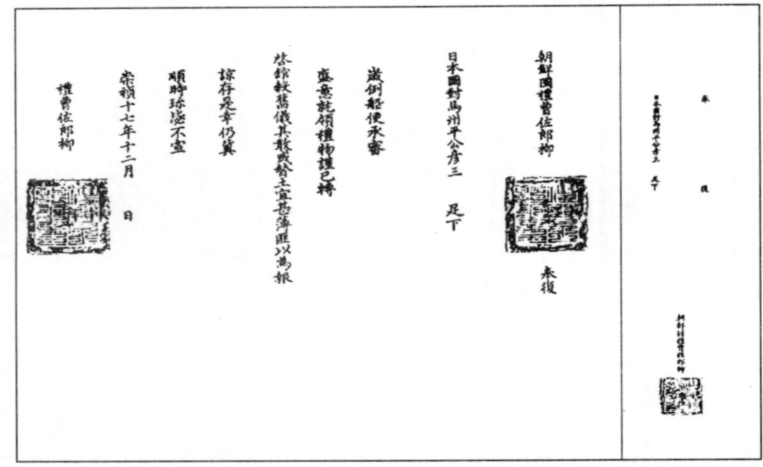

崇禎十七年十二月　日

禮曹佐郎柳

____

7) 『交隣志』의 출간은 1832년이며,『通文館志』는 1714년 이후,『春官志』는 영조조이므로 적어도 18세기 이후의 서식이라고 볼 수 있다.

8) 이 서계를 번역해 보면 다음과 같은 내용이다.
　　조선국 예조좌랑 유지립이 일본국 대마주 평공언삼족하에게 답장을 보냅니다. 세견선편에 성의껏 보내주신 예물을 잘 받아서 이미 삼가 전해 올렸습니다. 관곡과 구의는 외람되고 참람됩니다. 토의가 심히 박하여 보답이 되지 못하오나, 헤아려주시면 다행이겠습니다. 때에 따라 건강하시기를 비옵니다. 이만 줄입니다. 숭정 17년 12월 일 예조좌랑 유지립.

2) 대마도종가관계문서 서계번호 NO.629(1645년 1월)

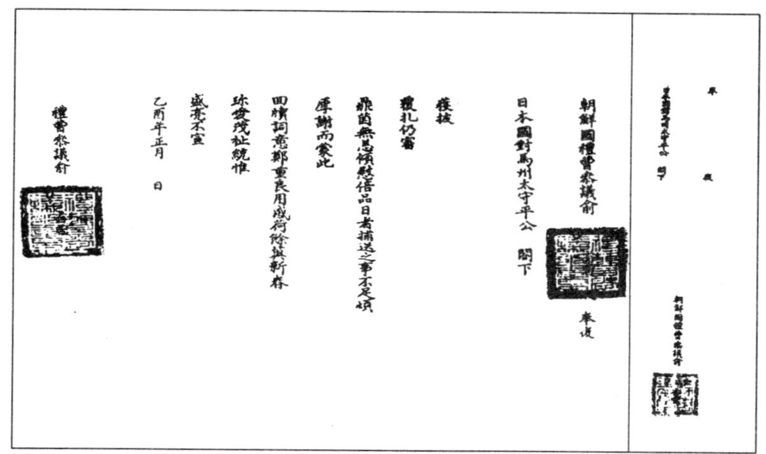

이들 두 서계를 보면, 앞의 1644년 12월의 서계는 먼저 송수신자의 직명은 있으나, 서두의 인사말이 없으며, 곧바로 본문의 내용을 적고 있다. 그리고 '仍'부터 '不宣'까지는 결어사이다. 그리고 연월일 앞에 崇禎의 연호를 써서 작성연월일을 밝혔고, 끝으로 발신인의 직함과 도서를 찍었다.

뒤의 1645년 정월의 서계는 대일문서 서계 중 가장 전형적인 형식을 갖추고 있다. 송수신자의 직함이 있고, '獲披'부터 '倍品'까지 書頭詞의 인사말이 있으며, 이어 '日者'부터 '感荷'까지 본문이 있다. 그뒤의 말은 모두 결어사로 볼 수 있다. 그리고 연월일에는 단지 연호 대신에 간지를 적어 작성된 해를 적고 있다. 끝으로 발신인의 직명과 도서를 찍었다.9) 그런데 이들 서계에서는 두 가지 큰 차이를 지적할 수

---

9) 이 서계의 내용을 번역해 보면 다음과 같다.
　조선국 예조참의 유성증은 일본국 대마태수 평공합하에게 답장을 보냅니다. 답신을 받자와 안녕하시다니 크게 위로가 됩니다. 일전의 포송건은 여러번 감사하여도 부족하온데, 이번에 서신을 보내어 사의를 정중히 하시니 진실로 감사드립니다. 신춘에 건강하시고 복되시기를 바라오며, 나머지는 잘 보살펴

가 있는데, 足下가 閤下로 변하는 것과 年號가 干支로 바뀌는 것이다.
그렇다면 1645년부터 이렇게 書式이 달라지는 이유는 어디에 있을까.

3. 年號變更過程

1) 일본과의 書式改定

조선의 예조참의나 동래부사, 부산첨사와 대마도주 사이의 호칭이
足下에서 閤下로 바뀐 것은 이때가 처음은 아니다. 즉 연호가 간지로
바뀌는 것은 이때가 처음이지만, 이미 조·일간에는 1636년을 기점으
로 서계양식에 있어 많은 변화가 있었다.[10]

서식의 변경문제는 1635년 소위 국서개작사건의 판결(柳川一件)로
부터 시작된다. 즉 막부는 사건의 처리과정에서 대마도주의 지위를 확
립시켜주는 한편, 자신들이 개정한 새로운 서식에 의해 조선과의 통교
교섭을 벌였다. 그러나 조선통교에 관한 일을 종전처럼 대마도주 마음
대로 하지 않고, 반드시 사전에 막부의 지시를 받도록 하였다. 당시
대마도주를 통하여 조선측에 알려온 서식의 변경내용은 다음과 같았
다. ① 국서의 작성연월일 표시때 쓰던 龍集을 일본천황 年號로 바꾼
다는 것. ② 조선에서 일본에 보내는 국서에 장군칭호를 '國王'에서 '大
君'으로 바꾸어 달라는 것. ③ 대마도주가 예조참의·부산첨사·동래
부사를 호칭할 때, 과거 '閤下'라 했는데, '足下'라고 고친다는 것 등이
었다.[11]

물론 이러한 서식개정을 일본측에서 요구하였고, 1636년부터는 양
국간의 외교문서에 그대로 통용되기 시작한다는 표면적인 현상만 보

주시길 바랍니다.
　　　　　을유년정월 일　　예조참의 유성증

10) 三宅英利著, 孫承喆譯,『근세한일관계사연구』이론과 실천, 1991, 172~182쪽.
　　李　薰, 앞의 논문, 11쪽, 참조.
11) 孫承喆,『朝鮮時代 韓日關係史硏究』(위의 책), 201~206쪽.

면, 조선외교가 피동적인 것으로 이해하기 쉽다. 그러나 이러한 요구
가 수용되는 과정을 보면 그것이 일방적인 해석이라는 사실을 쉽게 파
악할 수 있다. 즉 조선에서는 서식개정의 요구를 접하면서, 譯官과 馬
上才를 대마도와 江戶에 파견하여 '兼帶의 制度'를 약조하여 대마와의
기미관계를 강화하였다는 점이나, '足下'의 호칭도 예조참판·참의와
대마도주간의 상호호칭은 '閤下'로 하고, 일본측의 상대방이 대마도주
보다 하위인 경우는 '足下'로 호칭하기로 하였다는 점 등에서 대일정책
의 주체적 입장을 확인할 수 있다. 그리고 조선에서는 '年號'와 '大君'
등 서식개정에 관한 제반문제를 이듬해인 1636년에 丙子通信使를 파
견하여 최종합의하는 과정을 보면 그것이 일본의 일방적인 입장이 강
조되는 것이 아니라, 양쪽의 필요충분 조건에 의하여 이루어지고 있음
을 간과해서는 안 된다.[12]
  그 예로 합의된 내용을 검토해보면, 일본에서 천황의 연호를 쓰는
문제에 대하여 스스로 해명하기를,

> 우리 대군께서 삼대째 차례를 이으며, 왕은 아니지만 왕의 권한을
> 가진 것은 천하가 다 아는 바입니다. 그리고 '大君'이라는 글자를 쓰는
> 것은 어려운 일은 아니지만, 그것을 쓰지 않는 것은 오히려 귀국을 존
> 경해서 인데 어찌 우리를 의심하십니까. 또 우리 나라는 바다 가운데
> 따로 있는 나라로 높이는 바는 천황입니다. 그러므로 천황의 연호를
> 쓰고 있는데, 이 연호를 뺀다면 다만 연월일만 쓰라는 것입니까. 만일
> 사신의 말씀대로 한다면 무슨 연호를 쓸까요. 이웃나라에 보내는 답서
> 에 연호를 쓰지 않을 도리가 없는데 이같이 말씀하시니 자못 알 수 없
> 습니다.[13]

이 내용에 의하면, 우선 일본이 명의 책봉을 받지 않았기 때문에 명
의 연호를 쓸 수는 없고, 그렇다고 1636년 이전 국서의 '龍集'이라는

---

12) 孫承喆, 「朝鮮後期 對日交隣體制の脫中華的性格」 『歷史學硏究』 第647號,
    1993, 34쪽.
13) 任絖, 『丙子日本日記』 12월 28일 무술.

개작된 용어를 쓸 수도 없기 때문에, 천황연호 외에는 일본에서 달리 쓸 수 있는 용어가 없다는 것이다. 그리고 명의 책봉을 받지 않은 상태에서는 '國王'도 쓸 수 없기 때문에 일본 내에서 장군을 높이는 칭호인 大君을 쓴다는 것이다. 또한,

> 大猷가 저에게 사사로이 말하기를 "우리 나라로 하여금 寬永의 연호를 쓰지 못하게 하려면 어찌 명나라에 通貢하게끔 길을 빌려주지 않는가. 大明의 臣이 된 후에는 寬永의 두 글자를 없앨 것이나 그렇지 않고서 우리에게만 연호를 없애라고 하는 것은 터무니없는 일이다. 만약 두 나라가 서로 연호를 없애려고 한다면 서로 약조를 한 다음에 그때부터 시행해도 늦지 않다."고 하는데, 그 말이 불측하여 극히 통분하고 해괴하였습니다.14)

고 한 것을 보면, 당시 일본도 분명히 명나라 연호 사용의 의미를 알고 있었으며, 그것이 불가능한 상황을 서로가 인식했다고 볼 수 있다. 그렇다면 양국은 이 시점에서 이미 명을 중심으로 한 동아시아 冊封體制가 붕괴되어 가는 것을 인지하고 있었던 것이 아닐까. 따라서 조·일 양국은 이때부터 명을 배제한 양국간의 새로운 외교관계를 모색하고 있었다고 보아도 무리가 없지 않을까. 결국 조선도 북방으로부터 청의 위협이 가중되는 가운데서는 당시의 국제상황 속에서 이러한 일본의 입장을 인정해 줄 수밖에 없었을 것이다.

　이러한 점에서 '年號'와 '大君' 등 서식변경의 문제는 국서개작사건이 폭로된 후, 대조선 외교체제를 정비하려는 막부의 내부사정과 명·청의 교체라는 국제상황에서 이루어진 일이므로, 그 용어자체에 상대국에 대한 우월을 나타내는 의미가 내재한다고 볼 수 없으며, 오히려 명의 책봉이 불가능한 상황 속에서 조선과의 관계를 재 설정하려는 의도에서 쓰여졌다고 생각한다. 그리고 조선에서도 임란 후 최초의 통신사인 丙子通信使를 파견하여 天皇年號와 大君號를 수용하고 있다는 점에

---

14) 위의 책, 12월 29일 기해.

있어서, 병자통신사는 명 중심의 中華秩序가 붕괴되는 상황 속에서 새로운 交隣體制를 모색하기 위한 외교교섭으로 평가해야 한다.

2) 명 · 청교체와 朝鮮中華主義

① 中華秩序의 붕괴

16세기 후반, 만주에서 여러 부족을 통합해가던 女眞의 누루하치는 임진왜란이 일어나자 그 틈을 이용하여 세력을 더욱 확장해가면서 한때는 조선에 원병파견까지 제안하였다. 그후 조선과 일본사이에 國交再開 교섭이 한창 진행되고 있던 1605년, 누루하치는 國王의 호칭을 사용한 서계를 보내 여진과 조선이 피차간에 대등한 입장에서 화호를 맺자고 제의하기도 했다.

그러나 명 중심의 中華的 國際秩序를 재확립하는 것이 대외정책의 기본방침이었던 조선은 이 제안을 수용할 수 없었다. 왜냐하면 조선에게 여진은 여전히 羈縻政策의 대상국이었기 때문이다. 따라서 조선이 여진과 우호관계를 유지해 가는 것은 그리 쉬운 일이 아니었고, 결국 양국사이에는 갈등이 더욱 증폭될 수밖에 없었다.

그후 광해군의 중립적 외교정책의 결과 재위기간에는 후금과 특별한 충돌이 없었다. 물론 광해군의 중립정책은 당시의 국제상황에서 현명한 선택으로 평가되지만, 그것은 이미 명 중심의 中華秩序가 동요되어 가고 있음을 의미하는 것이다.

1623년 광해군을 몰아낸 서인일파는 집권하는 즉시 親明排金을 천명했고, 이러한 친명 정책으로의 복귀는 후금과의 관계를 파국으로 몰아 결국 丁卯胡亂의 직접적인 원인이 되었다. 1627년 정묘호란의 결과 조선은 명과의 관계는 끊지 안되 후금과 兄弟關係를 맺으며, 후금에 보내는 국서에는 어느 나라의 연호도 사용하지 않는 것으로 결말을 보았다. 1632년 후금에서는 다시 兄弟關係를 君臣關係로 고칠 것을 요구하였지만, 조선은 거부하였다.

드디어 1636년 4월, 후금은 국호를 淸으로 고치고, 연호를 崇德으로 하면서 태종을 皇帝라 칭했고, 12월에 조선을 재차 침략하였다. 군사적인 열세를 면할 수 없었던 조선은 결국 청에 굴복하여 丁丑和約을 맺고, 새로운 冊封體制에 들어갔다.15)

정축화약의 내용 중 외교에 관한 사항은, 1) 조선은 청에 대해 君臣의 禮를 지킨다. 2) 조선은 명의 연호를 버리고 국교를 끊으며, 명에서 받은 誥命·冊印을 청에 바친다. 3) 청의 正朔을 받고, 萬壽·千秋·冬至·元旦과 경조시에 공헌의 예를 행하며 사신을 보내어 奉表하되 명과의 舊禮와 같이 한다. 4) 일본과의 무역은 종전대로 하며, 일본의 사신을 인도하여 청에 來朝케 한다는 것 등이었다.

이상의 내용을 통해서 볼 때, 정축화약의 외교사적 의미는 조선조 대외정책의 기본방침인 명 중심의 中華秩序의 崩壞라고 규정지을 수 있다. 즉 청은 명을 대신하여 동아시아 국제질서를 청 중심으로 재편하려 했던 것이다.

결과적으로 임란이후에도 명 중심의 중화질서를 재확립하여 동아시아의 국제질서를 회복하려 했던 조선의 외교적 노력은 청에 대한 군사적인 열세에 의해 좌절될 수밖에 없었던 것이다. 그리고 이점에 있어서 적어도 조선은 자의든 타의든 전통적인 동아시아 외교체제인 명 중심의 中華秩序를 벗어나게 되었고, 또 淸 중심의 새로운 중화질서를 거부했다는 점에서 脫中華의 길을 걷게 되었던 것이다. 그리고 탈중화의 길을 걷게 된 사상적 배경으로는 胡亂 이후 고조된 「朝鮮中華主義」의 성장을 지적할 수 있겠다.

② 「朝鮮中華主義」
조선조 事大·交隣政策의 사상적 배경은 朱子學的 世界觀의 형성에

---

15) 당시의 정세에 관한 최근의 논문으로는 崔韶子.「淸과 朝鮮」- 明·淸交替期 東아시아의 國際秩序에서 -.『中國과 東아시아世界』, 國學資料院, 1997과 同, 「淸朝의 對朝鮮政策」- 康熙年間을 중심으로 -,『明淸史硏究』제5집, 1996. 鈴木信昭,「李朝仁祖をとりまく對外關係」『前近代の日本と東アジア』, 吉川弘文館, 1996, 참조.

의해 정착된 「華夷觀」에 바탕을 두고 있음은 이미 정설화되어 있다. 그리고 그것은 중국인의 화이관이 그대로 정착된 것이 아니라 조선 나름대로의 현실적이며 주체적인 성격을 지니고 있다. 이러한 점에 있어서 조선인의 「華夷觀」은 문화적인 가치인식에서는 중국과 동일문화·동일수준이라는 문화적인 자존의식에서 「小中華」를 자처하였던 것이다.16)

그러나 이러한 대외인식은 16세기 이후 주자학의 심화와 더불어 명분론적인 성격이 강해지기 시작했고, 임진왜란과 병자호란을 거치면서부터는 춘추대의론을 앞세우며 더욱 경직화되어 갔다. 그리하여 중화문명과 동질성을 갖지 않을 경우, 화이구분론에 의하여 철저히 천시되고 배격되면서, 조선과 명의 문화만을 동일선상에 놓고 그 외의 모든 다른 나라를 오랑캐(夷)로 간주하였다.

특히 宋時烈은, "명과 조선은 「事大의 禮」와 「字小의 恩」과 「忠義의 節」로서 「君臣의 義」를 정한 나라이고, 반면 청은 명을 멸망시킨 君父의 원수일 뿐 아니라 문화적으로도 아주 열등한 야만족"이라 했다. 그래서 그는 夷狄 집단인 청에 의해 역전된 동아시아 국제질서를 중화질서로 회복하기 위해 「天理」와 「道理」를 지킬 것을 주장했다.

그는 조선의 문화가 오래된 점을 강조하고, 특히 주자학 전래이후의 도학에 관심을 갖고 있었다. 즉 여말에 정몽주와 같은 주자학자가 나와 나라안에 도학을 보급시켰으며, 晦齊 - 退溪 - 栗谷 - 牛溪에 이르러 道學이 전성하였다고 설명하고, 이제 조선을 東夷라고 부르는 것은 부적당하다고 주장했다.17) 조선문화에 대한 이러한 자부심은 조선이 명의 뒤를 이어 중화문명의 정통적인 계승자로 될 수 있는 논리적인 기반을 마련하였다.

그리고는 화이의 구별은 문명의 작흥 여하에 달린 것임을 강조하면

---

16) 韓永愚, 『鄭道傳思想硏究』 제3장 社會·政治思想. 서울대학교 출판부, 1989, 참조.

17) 『宋子大典』 권31, 雜著, 「我東雖曰東夷 …(中略)…奧自麗末圃隱鄭先生出 而當路蔚然 出幽遷喬 一以禮義變其舊俗 而又得朱子書於中州 以敎於國中 自後道學漸明 以至於晦退栗牛 則道學大明於世矣」.

서, 맹자의 말을 빌어 舜이 東夷의 사람이고, 또 文王이 西夷의 사람이면서도 훌륭한 성인이 된 점을 지적하여 중화문명이 결코 한족의 전유물이 아님을 명백히 하였다. 또 南夷의 지역이었던 七閩에서는 朱子가 나온 이래 중화의 예악문물이 크게 융성한 곳이 된 점을 들어, 중화문명이 지리적으로 中原에서만 꽃을 피우는 것이 아니라는 점을 강조하였다.18)

이러한 논리선상에서 조선은 명의 뒤를 이어 정통유학의 전통을 유지·발전시켜야 하는 유일한 나라로 등장하는 것이며, 중화문명의 정통성은 堯-舜-禹-湯-文-武-周公-孔-孟-周-張-程-朱에서 조선에 계승되게 되었다는 것이다. 즉 문화적인 가치에 있어서는 중화문명이지만, 그 실체는 조선이 가지고 있으며 조선에서 찾는다는 「朝鮮中心主義」의 가치관이었던 것이다.

그리하여 송시열의 만년에 이르러 중화인 명이 멸망하자, 중화문명의 담당자로서 조선이 설정되고, 조선이 그 주체가 되어 명을 계승한다는 「朝鮮中華主義」가 팽창하게 되었다.19)

나아가 조선문화에 대한 이러한 자부심은 1644년 명의 수도 북경이 함락되자, 명에 대한 의리론, 청에 대한 복수심에 의해 「北伐論」으로 구체화되기도 했다. 그리고 1662년 명의 명맥이 완전히 끊긴 후에는 조선이 중심이 되어 중화질서를 회복하자는 「尊周論」에 의해 「朝鮮中華主義」를 더욱 체계화시켜갔던 것이다. 이렇게 볼 때, 「朝鮮中華主義」는 명의 멸망으로 인해 중국대륙에서 「中華」가 소멸되어감에 따라, 조선이 자기를 「小中華」에서 「中華」로 재 규정한 자존적인 자기인식이었다는 긍정적인 측면을 가지고 있기도 하며, 年號變更의 의미도 이러한 관점에서 여러 가지 시사하는 바가 크다.

---

18) 『宋子大典』 권31, 雜著, 「中原人指我東爲東夷 號名雖不雅 亦在作興之如何耳 孟子曰 舜東夷之人也 文王西夷之人也 苟爲聖人賢人 則我東不患不爲鄒魯矣」

19) 「朝鮮中華主義」의 개념에 관하여는 鄭玉子, 「正祖代 對明義理論의 整理作業」 「<尊周彙編>을 중심으로 -, 『韓國學報』 제69집, 1992과 同, 「19세기 尊華思想의 位相과 歷史的 性格」 - 尊華錄을 중심으로 -, 『韓國學報』 제76집, 1994, 및 『조선후기 조선중화사상연구』, 일지사, 1998, 참조.

4. 干支使用

후금으로부터 명의 연호를 쓰지 말라는 요구를 처음 받은 것은 1627년 2월이었다.[20] 그러나 조선에서는 후금에 보내는 국서를 계첩으로 바꿈으로서 연호를 쓰지 않았고,[21] 1628년 2월에는 各司 및 各衙門과 八道에서 명의 새 연호인 '崇禎' 연호를 쓰도록 하였다.[22] 결국 조선은 정묘호란 이후에도 계속 명의 연호를 썼던 것이다.

하지만 병자호란의 결과 정축화약에서 청의 연호를 쓰기로 하였으므로 1637년 1월부터는 '崇德' 연호를 써야 했으나 조선에서는 이때에도 그대로 이행하지 않았다.[23] 그러나 4월부터는 崇德 연호를 일부 사용하기도 하였다. 예를 들면 이조에서는 崇德을 쓰고, 호조에서는 丁丑이라 쓰고, 예조나 외방에서는 崇禎이라 쓰는 등 통일성이 없었으며[24], 5월에는 관상감에서 역서에 명의 연호를 쓰지 말고, 모년역서라고 쓸 것을 주장하여 그대로 시행되기도 했다.[25] 그러나 청의 압력

---

20) 『仁祖實錄』 권15, 5년 2월 무오. 「胡書의 내용은 다음과 같다. "어제 보내온 서찰을 받아보니 그 안에 天啓 연호를 썼기 때문에 우리 汗皇에게 전달하기가 매우 어렵습니다. 오늘날 힘쓰는 것은 원래 귀국이 南朝와 마음을 같이하기 때문에 이렇게 군대를 일으킨 것인데, 지금 온 서찰을 보니 역시 예전 규례와 같습니다. 보아하니 귀국이 天啓의 연호로 우리를 제압하려고 하는데, 우리는 천계에 소속된 나라가 아닙니다」.

21) 『仁祖實錄』 권15, 5년 2월 경신.

22) 『仁祖實錄』 권18, 6년 2월 기해. 「예조가 주청하기를, "도독 아문에서 이미 崇禎 연호를 쓰고 있으니 우리 나라에서도 그렇게 해야 합니다. 서울은 9일부터 쓰고, 외방은 문서가 도착하는 날부터 행용하게 하는 것이 마땅합니다. 즉시 各司와 各衙門 및 八道의 감사와 개성유수에게 알려야 합니다."하니 상이 따랐다」.

23) 『仁祖實錄』 권34, 15년 1월 무진.

24) 『燃藜室記述』 제26권 仁祖朝故事本末 亂後時事. 이렇게 각 관아에서 연호와 간지를 서로 다르게 쓴 이유가 判書의 입장인지 아니면 어떤 원칙이 있어서인지는 알 수 없으나, 당시 조정의 일관된 입장이 정해진 것은 아닌 것으로 보인다.

에 못 이겨 심양에 납치된 세자일행의 관소를 비롯해 한강이북 지방이 나 淸使가 확인할 수 있는 곳에서는 청의 연호를 사용하고, 그밖에 양 남지방과 문묘의 제향축사에서는 여전히 명의 연호를 사용하였다.26)

그후 정확한 시점은 알 수 없지만, 1641년 11월 광주목사와 전라 병사가 청의 연호를 쓰지 않아 파직 당한 사건이 있음을 볼 때,27) 아 마도 이때에는 관청에서는 이미 청의 연호사용을 원칙으로 하지 않았 나 생각된다. 그리고 1643년 12월에는 제문과 축첩에도 청의 연호를 쓰도록 하교하고 있는 것을 보면,28) 청의 연호사용이 이미 국내에서 는 보편화된 것 같다. 그러나 민간의 경우는 제축문이나 묘비 등에 계 속해서 崇禎 연호를 사용하고 있다.

그렇다면 이 시기에 대일외교문서에는 이 연호문제가 어떻게 처리 되었을까.

먼저 1643년 4월, 조선에서 일본에 파견된 癸未通信使가 휴대한 국서에는 崇禎연호를 사용하였다. 그리고 1644년 12월까지의 書契에 도 모두 崇禎연호를 사용하고 있는 것을 확인할 수 있다.29) 그러나 앞에서 「조선후기 통신사의 국서일람표」에서 제시했던 것처럼 1643년 癸未通信使 다음의 통신사가 1655년 乙未通信使였는데, 이때에는 干 支를 쓰고 있었고, 書契의 경우는 1645년 정월부터 干支를 쓰기 시작 하였다. 따라서 대일외교문서에서 干支를 쓰기 시작한 시점은 1645년 정월부터로 잡을 수 있겠다.

그렇다면 왜, 어떠한 이유로 이 시점에서 명의 연호 대신 간지를 쓰 게 되었을까. 현재 이 문제에 정확한 해답을 제시해 주는 사료는 아직

---

25) 『仁祖實錄』 권34, 15년 5월 임진.
26) 『仁祖實錄』 권35, 15년 10월 병오. 「상이 궁정에다 자리를 설치해 놓고 서쪽 으로 향해 곡하고 절을 하였는데, 명나라를 위해서였다. 이 당시 안팎의 문서 에는 대부분 청나라 연호를 썼지만, 祭享의 祝辭에는 그대로 명나라 연호를 썼다」.
27) 『仁祖實錄』 권42, 19년 11월 기묘.
28) 『仁祖實錄』 권44, 21년 12월 무인.
29) 『對馬島宗家關係文書』 - 書契目錄集 1 - NO. 628 書契.

찾을 수 없었다. 그러나 다행히『備邊司謄錄』에는 1645년 정월 초5일에 다음과 같은 기록이 있다.

> 예조에서 아뢰기를 "承文院의 계사에 대하여 '일본에 보낸 답서 가운데 大年號는 이전대로 써서 보냈는지 회계하라'는 일로 전교하셨습니다. 이에 '근래 島主에게 보낸 문서는 전의 연호에 의해 써서 보냈음을 감히 아룁니다.'하니, 전교하시기를 '지금 연호의 서식에 대해서 該曹에서 별로 변통하는 의논이 없다.'하셨습니다. '本院에서는 당분간 이전대로 써서 보내고자 하므로 감히 아룁니다.'하니, 전교하시기를 '전번대로 써서 보내는 것은 근거가 없는 일이니 의논하여 처단하라.'고 하셨습니다. 지금 이후부터는 書契가운데 연호를 써서 보내는 일이 전일과 같지 않게 변통해야 합당한데 일이 새로운 規例에 관계되니 묘당으로 하여금 의논해 처리하는 것이 어떻겠습니까."하니 아뢴대로 하라고 전교하셨다.[30]

즉 이 기록을 통해서 1645년 정월에 들어서면서, 대일외교문서인 서계의 연호문제가 논의되었고, 그 결과 書式에 관한 새로운 規例를 정해서 연호 대신 간지를 쓰게 되었다는 사실을 확인할 수가 있다.

그리고 그 이유에 관해서는 다만, 「전번대로 써서 보내는 것은 근거가 없는 일이니 의논하여 처단하라」는 것 이외에는 알 수가 없다. 그렇다면 여기서 근거가 없다는 것은 무엇을 의미할까. 그에 대한 정확한 내용을 현재로서는 찾을 수 없다. 그러나 다음의 기록을 통해서 그 이유를 유추할 수 있지 않을까 한다.

즉 이후 일본과의 관계에 연호문제가 다시 제기되는 것은 1645년 3월, 예조에서 국왕에게 청한 기록이다.

> 일본에 보내는 서계에 대해서는 정축년 이후에도 崇禎의 연호를 썼는데, 대체로 청나라에 항복한 사실을 숨기기 위해서였다. 그런데 崇禎이 완전히 망하자, 묘당에서 서식을 고칠 것을 청하니, 답하기를

---

30)『備邊司謄錄』제9책 인조 23년 을유 정월 초5일.

"이일을 끝내 숨기기 어려우니, 세자가 돌아온 이후부터 청나라 연호를 쓰는 것이 옳을 듯하다" 하였다.[31]

이 내용으로 볼 때, 조선에서 병자호란 이후에도 대일본문서에 명의 연호를 계속 사용하였던 이유는 조선이 청에 항복하였다는 사실을 숨기기 위해서였고, 명이 완전히 망한 시점에서는 서식을 고쳐야 한다는 건의가 이루어졌다는 사실이다.

그리고 이어서,

지금 이 연호에 관한 문제는 事機가 매우 중하니, 자세히 살펴서 처리하지 않을 수 없습니다. 지금 동래부가 사사로 本司에 보고해 온 소식을 들어보건대, 館倭가 서계에 연호가 없는 것을 보고는 곧 "왜 弘光(南京의 연호)을 쓰지 않았는가?"하므로, 역관이 답하기를 "중원이 정삭을 반포하지 않았기 때문에 연호를 쓰지 못한 것이다."[32]

라고 되어 있는 것으로 보아, 이미 1645년부터 일본에 보내는 서계에 연호를 쓰지 않고 있음이 확실하며, 그 이유는 명이 망하고, 중원이 정삭을 반포하지 않았다는 사실 때문이었다. 따라서 이 인용문들을 근거로 한다면 1644년 명이 멸망한 것이 연호에서 간지로 바뀌는 가장 주요한 요인이었음을 알 수 있다.

그러나 곧이어 비변사에서는 예조의 계사를 들어 세자가 돌아왔으므로 서계의 연호를 개식해야 하지 않는가를 물었다. 이에 대하여 비변사에서는,

"(전략)…지금 만약 까닭 없이 새 연호로 고쳐 쓴다면 한번 요동하여 떠드는 소란을 면치 못할 것입니다. 신들의 생각에는 우선 전일의 書契式으로 써 보내고 저들이 스스로 중원이 평정되었다는 소식을 들은 연후에 사실대로 말하고 새 연호를 써보내는 것이 순서에 맞고 갑

---

31) 『仁祖實錄』 권46, 23년 3월 임진.
32) 위와 같음.

작스러움이 없으며 미봉하는 계책에도 실로 순조롭고 편리할 듯합니
다. 중론이 이러하므로 이렇게 아룁니다."[33]

라고 하였다. 즉 세조가 돌아왔으므로 새 연호를 써야 할 것이나, 새
삼 연호를 바꾸어 양국간에 새로운 외교문제를 야기시키지 않으려는
의도가 엿보인다. 결국 이러한 논의를 거쳤지만, 명의 연호는 다시 쓰
지 않은 채 간지를 계속 썼다.

　사실 조선에서는 1637년 정축화약이 맺어진 이후에도 명의 연호
를 계속해서 썼으며, 1638년, 39년에도 명에 대해 망궐례를 행했다.
그리고 1641년 8월에는 명에 밀사를 보내어 명과 밀통을 하였다.[34]
따라서 1644년 3월 청에 의해 북경이 함락되기 전까지는 현실적으로
명의 멸망을 인정하지 않았다. 그러나 청이 북경으로 도읍을 옮기
고[35], 11월에 청의 황제가 즉위하여 새 冊曆을 반포하자[36], 조선에

---

33) 『備邊司謄錄』 제9책 인조 23년 을유 3월 11일.
34) 『仁祖實錄』 권42, 19년 8월 무진. 「이에 앞서 조정이 승려 獨步를 몰래 중국
　　에 보내어, 본국의 세력이 곤궁하여 청국의 통제를 받고 있는 이유를 갖추어
　　주달하고, 독보가 勅書를 받아 돌아왔다. 그런데 칙서 중에 "이전의 허물은
　　거론치 않을 것이니 기어코 함께 협공하자."는 말이 있었다. 비국의 신료들
　　중에는 받아들이지 않을 수 없다는 자도 있고, 혹은 받아들이지 않는 것이
　　편하다는 자도 있었는데, 그 일이 비밀에 부쳐져 사람들이 알지 못하였다」.
35) 『仁祖實錄』 권45, 22년 7월 기축. 「상이 備局에 하교하기를, "청나라가 도읍
　　을 옮긴 뒤에는 의당 문안하고 축하드리는 일이 있어야 할 듯하니, 그것을
　　의논하여 아뢰어라."하니, 회계하기를, "지금 북경으로 도읍을 옮긴 것은 그
　　사체가 또 이전과는 저절로 다르니, 사신을 보내어 축하를 드리는 것은 당연
　　히 해야 할 일입니다. 正卿 이상으로 명망이 무거운 사람을 進賀使로 차출하
　　고, 書狀官도 의당 엄격히 가려서 보내야 합니다."하니, 상이 따랐다」.
36) 『仁祖實錄』 권45, 12월 무오. 「11월 1일에 皇帝가 諸王을 거느리고 天壇에
　　제사하여 登極을 고하였습니다. 그리고 皇極殿으로 돌아와서 하례를 받고 조
　　서를 반포하였는데, 세자와 대군도 여기에 따라가 참여했습니다. 5일 朝參 때
　　에는 또 몽고자와 한자로 된 새 冊曆을 반포하였습니다. 10일에는 황제가 제
　　왕 및 漢의 관원과 몽고의 장수들을 황극전 앞에 대거 집합시키고, 淸·蒙·
　　漢의 어음으로 각각 한번씩 조서를 읽었습니다.…(중략)…11일 이른 아침에는
　　九王이 세자와 대군을 불러 장군 龍骨大 및 孫伊博氏 등을 시켜 말을 전하여

서는 비로소 명의 멸망을 정식으로 인정하게 된 것으로 판단된다.

결국 명의 멸망을 분명히 알게 된 조선의 입장에서는 이후 명 연호를 쓸 수도 없게 되었을 것이며, 또 이러한 단계에서 청에 대한 적대감과 「朝鮮中華主義」에 의해 청의 연호도 거부했던 것이 아닐까 생각한다. 더구나 일본에서는 이미 독자적인 天皇年號를 쓰고 있었으므로, 조선이 明이 멸망한 단계에서 다시 淸의 年號를 쓴다는 것은 국가의 위상이 일본보다 한 단계 아래로 설정될 가능성이 있었다.

조선이 청의 연호를 쓸 경우 일본으로부터 멸시를 당할 수 있다는 점은 『燃藜室記述』의 기사가 좋은 예가 된다.

> 왜국이 참람하게 연호를 가졌으나 우리 나라에 보내는 문서에는 감히 연호를 쓰지 못하였는데, 병자년 후에 倭人이 말하기를, "너희 나라가 이미 명나라를 배반하고 犬羊(淸)을 섬기니, 우리 연호가 어찌 청국의 아래가 되겠느냐."하고, 드디어 연호를 써 보냈다. 그때 조정의 의논이 혹은 받는 것이 불가하다 하였으나 최명길이, "우리가 이미 절개를 잃었으니 왜국과 서로 힐난할 필요가 없다."하고 드디어 받았다. 지금까지 왜국문서에 그 연호를 사용한다.[37]

라고 되어 있는 것으로 보아, 일본에서 천황의 연호를 쓰는 것은 청과 대등한 의미를 갖는 것이다.

따라서 독자의 연호가 없던 조선은 主體的 立場에서 결국 淸의 年號 대신에 干支를 썼던 것이라고 생각한다. 이러한 점은 이시기 대일정책이 청과는 관계없이 주체적이고 자주적으로 진행되었다는 점을 단적으로 나타내주는 예이며, 이후에도 이러한 입장은 견지되어 이후의 대일 외교문서는 국서나 서계를 막론하고 단 한 건의 예외 없이 모두 간지를 썼던 것이다.

이르기를, 북경을 얻기 이전에는 우리 두 나라가 서로 의심하여 꺼리는 마음이 없지 않았으나, 지금은 大事가 이미 정해졌으니, 피차가 한결같이 성의와 신의를 가지고 서로 믿어야 할 것이다」.

37) 『燃藜室記述』 제26권 仁祖朝古事本末 亂後時事.

　　그리고 이러한 입장은 이후의 기록을 통해서도 확인할 수 있는데, 예를 들면, 1655년 6월 通信使가 갈 때, 국왕은 "일본에 가서 모든 문서로 수작할 때에 順治 연호를 그대로 써서는 안될 것"[38]을 하교하고 있다. 따라서 이때는 벌써 대일본 문서에서 청의 연호를 쓰지 않는 것이 국론으로 정해졌던 것을 알 수 있다. 또한 이로부터 한참후의 일이지만, 1747년 11월, 통신사가 파견될 때에도 좌의정 조현명이 "국서에 乾隆 연호를 써야하지 않겠습니까?"하고 물었으나, 국왕은 "일본에서 무슨 연호를 쓰는가"만을 묻고, 그 물음에는 답하지 않고 있다.[39] 그리고는 당시 국서에 干支를 그대로 쓴 것을 보면, 이미 간지 사용은 바꿀 수 없는 書式으로 정착되었음을 확인할 수 있다.

5. 맺음말

　　이상에서 1645년 정월을 기점으로 대일외교문서인 國書와 書契의 書式에서 명의 年號가 干支로 바뀌는 과정을 살펴보았다. 그러나 현재로서는 어느 사료에서도 왜, 어떠한 이유로 간지를 사용하게 되었는지를 명확히 밝힐 수 있는 기록은 찾을 수 없다. 다만 이상의 여러 정황들을 고려할 때, 1644년과 45년을 기점으로 연호가 간지로 바뀌는 이유를 다음과 같이 정리할 수 있겠다.

　　즉 1645년부터 중국의 연호 대신 간지를 쓴 이유로는, 1) 명의 멸망 이후라 명 연호를 계속해서 쓸 수 없다는 점. 2) 청에 대한 적대감과 「朝鮮中華主義」에 의해 청의 연호를 거부한다는 점. 3) 일본이 천황연호를 쓰기 때문에 청의 연호를 쓸 경우 조선이 한 단계 아래로 인식될 수 있다는 점. 4) 청의 책봉을 받고 있는 상태에서 조선에서는 독자적인 연호를 쓸 수 없다는 점 등을 지적할 수 있다.

---

38) 『孝宗實錄』 권14, 6년 6월 을해.
39) 『英祖實錄』 권66, 23년 11월 갑진.

결국 이러한 이유에서 조선은 명 멸망 후 청의 연호를 새로 사용하지 않았던 것이며, 干支사용의 외교사적 의미는 1) 조선의 대일외교가 청에 의하여 간섭받지 않고, 獨自的으로 진행되었다는 점. 2) 청을 배제한 조·일 交隣體制를 지속해 간다는 점. 3) 조선의 외교가 일본에 대해 주체적이며 자주적인 입장을 견지하고 있다는 점 등이다.

결론적으로 이러한 의미에서 대일 외교문서에서 중국연호가 간지로 바뀌는 것은 조선후기 朝·日關係가 脫中華的 交隣體制의 성격을 가지고 있음을 단적으로 보여주는 사례라 할 것이다.

제3편
근세조선과 琉球

제1장
朝·琉 交隣體制의 구조와 특징

1. 머리말

한반도와 동남아해역으로 통하는 길목에 위치한 유구와의 구체적인 접촉이 기록에 나타나는 것은 고려말 창왕 때이다. 즉 1389년 8월 유구국왕인 察度가 玉之를 보내어, 稱臣하면서 왜구에게 붙잡혀 간 피로인과 方物(硫黃, 蘇木, 胡椒, 甲具 등)을 바쳐 오면서 시작되었다. 당시 유구로부터 사신이 온 이유에 대하여 『高麗史』에는 그해 2월 고려가 대마를 정벌한 소식을 듣고 사신을 보내왔다고 한다.1) 이에 고려에서는 유구사신에 대하여 의구심을 품고, 접대에 논란이 있었으나, 멀리서 온 사행을 박대하는 것은 예의가 아니라는 「待遠人之道 厚饋」의 원칙과 왜구에 피랍된 조선인을 송환하여 주었다는 답례로 후하게 접대하고 예물을 주어 돌려보냈다. 그리고 그들의 귀환 편에 報聘使 典客令 金允厚, 副令 金仁用을 유구에 보내어 피로인 37명을 송환하였다.2) 이렇게 시작된 유구와의 관계는 조선의 건국 후에도 계속되었다.

---

1) 『高麗史』 권137, 列傳50 辛禑 附 昌條. 그러나 『海東諸國紀』 「琉球國紀」에는 恭讓王 2년으로 기록하고 있다.
2) 『高麗史』 권45, 世家45, 恭讓王 2년 8월 정해.

『朝鮮王朝實錄』에 의하면 유구관계는 건국 직후인 1392년(태조 원년) 8월에 유구국 中山王이 사신을 보내 내조했다는 기록으로부터 1840년(헌종 6) 3월 조선인이 유구에 표착했다는 기록까지 총 437건이나 수록되어 있으며, 그 외에 유구관계사료집을 참고하면 1868년 조선인 표착까지 조선시대 거의 전기간에 걸쳐 여러 가지 형태의 관계가 이루어지고 있음을 볼 수 있다.

그러나 지금까지 조선과 유구관계에 대한 연구는 그다지 많지 않다. 예를 들면 1990년대 이전 조·유관계에 관한 학술적 연구는 閔丙河, 李鉉淙의 단 두편이 있었을 뿐이며, 1990년대에 들어와서야 비로소 활기를 띠면서, 孫承喆, 李元淳, 李薰, 河宇鳳 등에 의하여 연속적으로 조·유관계의 실상이 조명되기 시작하였고3), 1994년에는 楊秀芝에 의하여 박사학위논문이 제출되기도 했다.4) 물론 그 외에도 중국과 일본에서 발표된 논문들이 있기도 하다.5) 그러나 조·유 관계사연구는 아직도 일천한 상태이며 최근에 이르러서야 겨우 윤곽을 드러내기

---

3) 閔丙河, 「麗末鮮初의 琉球國과의 關係」『國際文化』 3, 1966.
   李鉉淙, 「琉球南蠻關係」『한국사』 9, 국사편찬위원회, 1981.
   孫承喆, 「對琉球交隣體制의 構造와 性格」『西巖趙恒來敎授華甲紀念 韓國史學論叢』, 1992.
   李元淳, 「朝鮮前期 朝鮮廷臣의 琉球認識」『裵鍾茂總長退任紀念 史學論叢』, 1992.
   河宇鳳, 「朝鮮前期의 對琉球關係」『국사관논총』 59, 1994.
   李 薰, 「朝鮮後期 漂民의 송환을 통해서 본 朝鮮·琉球관계」『史學志』 단국대 사학회, 1994.
   孫承喆, 「『歷代宝案』을 통해서 본 조선과 유구관계」『부촌 신연철교수정년퇴임기념 사학논총』, 1995.
   李元淳, 「歷代宝案을 통해서 본 朝鮮前期의 朝琉關係 - 直接通交期를 中心으로 - 」『국사관 논총』 65, 1995.
   河宇鳳, 「琉球와의 관계」『한국사』 22, 1995.
   孫承喆, 「朝鮮·琉球關係 史料에 대하여」『成大史林』 12·13합집, 1997.
4) 楊秀芝, 『朝鮮·琉球關係研究 - 조선전기를 중심으로 - 』, 한국정신문화연구원 한국학대학원, 1994.
5) 이 기간동안 발표된 중국과 일본에서의 朝琉關係에 관한 논문은 楊秀芝의 글과 李元淳, 河宇鳳의 글에 대체로 소개가 되어 있다.

시작하였다고 평가할 수 있을 정도이다. 하지만 이들 논문들도 대체적으로는 시대가 조선 전기 내지는 임란 직후에 한정되어 있고(李薰 논문은 제외), 또 다른 분야도 주로 외교·무역관계·표류민 송환문제 등에 치중하였기 때문에, 조선시대 조·유관계사를 총체적으로 이해하는데는 아직도 많은 부분에 미흡함을 느끼지 않을 수 없다.

이 글에서는 이러한 연구들을 바탕으로, 시기적으로는 조선시대 전 기간으로 확대하여 조·유관계사의 전체적인 흐름을 파악한 뒤, 그 구조와 성격을 총체적으로 파악하고자 하는데 목적을 두고자 한다. 물론 조·유관계사의 총체적인 실상을 파악하는데는 通交體制의 전부분에 관한 검토가 필요하지만, 이 글에서는 通交現況의 실상을 규명하는데 초점을 맞추기로 한다.

2. 조·유관계의 추이와 문제점

『朝鮮王朝實錄』에 의하면 조선과 유구관계기사는 건국직후인 1392년 8월부터 시작되며 1840년 3월까지 총437건이 기록되어 있다.[6] 이 사료들은 내용별로는 조·유관계의 모든 부분을 망라하고 있어 조·유관계의 현황을 파악하는데 가장 중요하고 기초적인 자료라 할 수 있다. 그리고 그 외에도 조·유관계의 현황을 파악할 수 있는 사료로 『海東諸國紀』·『同文彙考』·『漂人領來謄錄』·『歷代宝案』·『沖繩縣史料』 등이 있는데, 이들 사료에 기록된 조·유 관계기사들을 시대순으로 정리하면 다음과 같은 일람표를 만들 수 있다.

---

6)『朝鮮王朝實錄』에 기록된 조·유 관계 기사의 내용과 분류에 관하여는 이 책의 제3편 3장「朝鮮·琉球關係 史料에 대하여」를 참조할 것.

표1]　　　　　　　　　　　　조선·유구 접촉일람표[7]

번호	연 월	왕대	기　사	비　고	출　전
1	1392. 8	태조 원	유구국 중산왕이 사신을 보내어 조회함.		태조 원년 8월 정묘
2	윤12	원	유구국 중산왕 찰도가 칭신하고, 예물을 바침.	피로 8인 송환.	태조 원년 윤12월 갑신
3	1394. 9	3	유구국 중산왕 찰도가 사신을 보냄.	피로 12인 송환.	태조 3년 9월 병오
4	1397. 8	6	유구국 중산왕 찰도가 書와 방물을 바침.	피로·표류 9인 송환.	태조 6년 8월 을유
5	1398. 2	7	진양에 우거중인 유구국 산남왕 온사도에게 의복을 줌.		태조 7년 2월 계사
6	1400. 10	정종 2	유구 국왕 찰도가 사신을 보내어 錢과 방물을 바침.		정종 2년 10월 병오
7	1409. 9	태종 9	유구국 중산왕 思紹가 咨文과 예물을 보냄.	피로녀 3인 송환.	태종 9년 9월 경인
8	1410. 10	태종 10	유구국 중산왕 思紹가 咨文을 보냄.	피로 14인 송환.	태종 10년 10월 임자
9	1416. 7	태종 16	通信官 前護軍 李藝가 왜구에게 잡혀서 유구에 팔려간 조선인을 쇄환함.	조선인 44인 쇄환.	태종 16년 7월 임자
10	1418. 8	세종 원	유구 국왕의 둘째아들이 사신을 보내어 단목·백반 등을 바침.		세종 원년 8월 신묘
11	8	원	유구국에서 보낸 사절이 풍랑을 만남.		세종 원년 8월 무술
12	1420. 8	3	유구국 상선이 대마인에게 습격당했다함.		세종 3년 11월 을축
13	1423. 1	5	유구국 사신을 칭하며 예물을 올리고자했으나, 書契와 圖書가 가짜여서 거부.		세종 5년 1월 병술

---

7) 이 일람표는 『朝鮮王朝實錄』 『海東諸國紀』 『同文彙考』 『通文館志』 『漂人領來　　謄錄』 『歷代宝案』 『冲繩縣史料』 등과 기존의 연구에 수록된 통계를 참고로　　작성하였다.

14	1429. 8	11	유구국 사람 15인이 강원도에 표착하여 상경시킴.	유구인 15인 표착.	세종 11년 8월 기축
15	1430.윤12	12	통사 김원진이 유구국에서 유구국장사 양회의 서한을 가지고 돌아옴.		세종 12년 윤12월 임술
16	1431. 11	13	유구국왕 尙巴志가의 사신 夏禮久가 경복궁에서 망궐례를 하고 咨文을 바침.		세종 13년 11월 경오
17	1437. 7	19	金元珍이 유구국에 가서 6인을 송환함.	표착조선인 6인 송환.	세종 19년 7월 무진
18	1451. 10	문종 원	유구국 毛三郎 등이 임금의 탄신을 하례함.		문종 원년 10월 계유
19	1453. 3	단종 원	유구국왕사 도안이 왔다하여 선위사로 맞이함.		단종 원년 3월 무진
20	1455. 8	세조 원	유구국왕사 도안이 국왕 상태구의 서계와 예물을 바침.	조선표류인송환 대장경청구.	세조 원년 8월 무진
21	1457. 7	3	유구국왕사 도안이 토산물을 바침.	조선표류인송환	세조 3년 7월 을해
22	1458. 2	4	유구국왕사 오라사야문이 표류인을 송환함.	조선표류인송환	세조 4년 2월 을묘
23	3	4	유구국왕사 友仲僧이 咨文과 토산물을 바침.	조선표류인송환	세조 4년 3월 병신
24	3	4	유구국왕사로 일본인 宗久가 옴.	조선표류인송환	세조 4년 3월 무술
25	8	4	유구국왕사가 토산물을 바침.		세조 4년 8월 병자
26	1459. 1	5	유구국사 도안이 대마도에서 조선의 예물을 약탈당함.		세조 5년 1월 계사
27	9	5	유구국왕사 而羅洒毛가 토물을 바침.		세조 5년 9월 병신
28	1461. 5	7	유국국왕사가 토산물을 바치고, 표류인을 송환함.	조선표류인송환	세조 7년 5월 기사
29	6	7	유구국사 덕원이 표류민 송환함.	조선표류민송환	세조 7년 6월 정축
30	12	7	유구국왕사 普須古가 자문과 토산물을 바침.	조선표류민 송환, 불경하사.	세조 7년 12월 무진

31	1467. 3	13	유구국왕사 同照·東渾이 앵무새를 바침.	불경하사.	세조 13년 7월 병자
32	1468. 5	14	유구국왕의 동생 閔意가 사자 파견함 .		세조 14년 6월 경술
33	1470. 6	성종원	유구국 中平田大島 平州守 等閔意가 토산물 바침.		성종 원년 6월 병자
34	1471. 11	2	유구국왕 상덕이 自端西堂을 보내어 서계를 바침.	대장경하사. 상관인 信重에게 종2품 수직.	성종 2년 12월 경진
35	1472. 1	3	유구국 喜里主가 사신을 보냈으나, 접대치 않음.		성종 3년 1월 갑인
36	1477. 6	8	유구국왕 尙德이 內原里主를 보내어 서계와 예물을 바침.		성종 8년 6월 신축
37	1479. 5	10	유구국사 新時羅 등 219인이 표류인 송환함.	대장경청구, 조선표류인송환	성종 10년 5월 신미
38	1480. 4	11	유구국총수 李國圓 등이 아들을 파견함.		성종 11년 4월 정사
39	6	11	유구국왕 尙德이 敬宗을 파견하여 서계와 예물을 바침.		성종 11년 6월 을묘
40	1483. 12	14	유구국왕 尙圓이 新四郎을 보내어 서계와 예물을 바침.	비로법보청구.	성종 14년 12월 정축
41	1491. 12	22	유구국왕이 耶次郎을 보내어 서계와 예물을 전함.	비로법보청구.	성종 22년 12월 갑진
42	1493. 6	24	유구국왕이 梵慶과 也次郎을 파견하여 서계와 예물을 전함.		성종 24년 6월 무진
43	1494. 5	25	유구국 中山府主가 使僧 天章을 파견하여 예조에 교역을 원하는 서계를 보내옴.		성종 25년 5월 무술
44	1500. 11	연산 6	유구국왕사 梁廣과 梁椿이 옴.	대장경청구.	연산군 6년 11월 무오
45	1505. 7	11	유구국왕사가 옴.		연산군 11년 7월 신축
46	1509. 8	중종 4	유구국 等閔意의 사신이라 칭하는 자들이 옴.		중종 4년 8월 무진

47	1519. 3	14	유구국 平田大島 平州守가 사자 파견함.		중종 14년 3월 임인
48	1524. 9	19	유구국 等悶意가 都船主 國次를 보내옴.		중종 19년 9월 계해
49	1527. 10	22	유구 표류인 7인을 금부에서 추국함.	유구표류인 추국.	중종 25년 10월 정사
50	1530. 10	25	유구국 표류인 7인을 정조사편에 북경을 통하여 송환시킴.	유구표류인 북경 우회송환.	중종 25년 10월 을축
51	1546. 2	명종원	제주인 박손 등이 동지사편에 귀국함.	조선표류인 북경 우회송환.	명종 원년 2월 무자
52	1589. 8	선조 22	표착 유구인을 북경을 통해 유구진공사편에 귀국시킴.	유구표류인 북경 우회송환.	선조 22년 8월 무진
53	1596. 8	29	동지사편에 우호를 돈독히 하는 자문을 보냄.	회답자문	선조 29년 8월 갑인
54	1597. 8	30	유구국왕 尙寧 진공사편에 표류민송환에 감사함.		역대보안 권 39
55	1601. 8	34	유구국왕 尙寧 진공사편에 豊臣秀吉의 죽음을 알림.		역대보안 권 39
56	1606. 8	39	豊臣秀吉 죽음에 대한 통보 감사. 책봉국간의 우호다짐.		역대보안 권 39
57	1607. 2	37	유구국의 세자가 동지사편에 자문과 예물을 보내옴.		선조 37년 2월
58	1607. 2	광해 원	중국을 통해 유구국 중산왕에게 移咨하고, 우호교린할 것을 말함.		광해군 즉위년 3월 계묘
59	1607. 12	광해 원	유구국왕이 조경사신을 통해 조선에 자문을 보내어 표민송환에 감사함.	유구표민 송환 감사.	광해군 즉위년 12월 무진
60	1610~12	2~4	광해군 즉위 및 책봉축하, 살마번침입에 대한 위로 감사.		역대보안 권 41
61	1612. 9	광해4	조선표착 유구인을 동지사편에 송환시키되, 天朝에 주문하고, 본인에게 附咨함.	유구표민 북경 우회송환.	광해 4년 9월 계묘

62	1621. 8	13	유구국왕 尙豊의 세습, 薩摩藩의 침입, 책봉국간의 우호다짐.		역대보안 권 41
63	1623. 10	인조 1	先代를 이어 우호교린다짐.		역대보안 권 41
64	1626. 12	인조 4	유구의 자문 및 예에 대한 감사.		역대보안 권 39
65	1628. 7	인조 6	유구표류민 송환과 교린을 다짐하는 답례.	유구표민송환 감사.	역대보안 권 39
66	1631. 3	인조 9	1628년 견사에 대한 답례, 우호교린다짐.		역대보안 권 41
67	1634. 7	12	1631년 자문에 대한 감사, 책봉국간의 우호다짐.		역대보안 권 31
68	1636	14	1634, 36년 자문에 대한 답례, 형제우의 다짐.		역대보안 권 41
69	1638	16	1636년 자문에 대한 답례.		역대보안 권 41
70	1662. 10	현종 3	전라도 무안현 남녀 17인 유구국에 표착, 대마를 거쳐 송환함.	조선표민 대마 경유 송환.	현종 3년 10월 기해
71	1663. 7	4	유구에 표착한 전라도 해남인 28명 대마도를 통하여 송환함.	조선표민 대마 경유송환.	현종 4년 7월 경오
72	1669. 10	10	유구에 표착한 전라도 백성 21명을 대마도를 통해 송환함.	조선표민 대마 경유송환.	현종 10년 10월 계해
73	1698. 10	숙종 24	전남 영암 남녀12인 복건을 통해 송환함.	조선표민 복건 경유송환.	동문휘고 원편 권 66
74	1716. 12	42	유구에 표착하였다가 청국을 통해 돌아온 전라도 진도 백성 9인을 조사함.	조선표민 복건 경유송환.	숙종 42년 12월 임진
75	1728. 2	영조 4	전라도 제주 9인 송환.	조선표민 북경 경유송환.	동문휘고 원편 권 66
76	1735. 6	11	경상도 남녀 12인 송환.	위와 같음.	동문휘고 원편 권 66

77	1741. 2	17	제주 백성 21인이 유구국에 표류한지 4년만에 중국을 통해 귀국함.	위와 같음.	영조 17년 2월 기유
78	1780. 9	정조 4	진하겸사은정사편에 유구국에 표류한 李再晟 등 12명을 閩縣으로 보냈다는 禮部의 자문을 보내옴.	위와 같음.	정조 4년 9월 임진
79	1790. 7	14	전라도 홍양현에 유구인 7인이 표착하여 송환하도록 함.	유구표민 복건 경유송환.	정조 14년 7월 기축
80	1790. 7	14	제주에 표착한 유구국 나하촌 사람들을 수로로 돌아가도록 함.	유구표민 수로 송환.	정조 14년 7월 무술
81	1794. 9	18	제주목사의 장계에 의해 유구국 표류민을 중국 복주를 통해 귀국토록 함.	유구표민 복건 경유송환.	정조 18년 9월 을미
82	1794. 9	18	유구국 八重山島 표착인 3인을 사행편에 귀국토록 함.	유구표민 복건 경유 송환.	정조 18년 9월 을미
83	1795. 12	19	조선인 안태정 등 10명 송환.	조선표민 북경 경유 송환.	동문휘고 원편, 속
84	1796. 1	20	황해도인 7인 송환.	위와 같음.	동문휘고 원편, 속
85	1797. 10	21	전라도 강진인 10인 송환.	위와 같음.	동문휘고 원편, 속
86	1797. 윤6	21	제주 대정현에 표착한 유구국 나하인 7인을 수로를 통해 송환시킴.	유구표민 수로로 송환.	정조 21년 윤6월 을사
87	1800. 3	24	進賀使가 북경에서 유구진공사와 만나 상호간의 송환경로에 관하여 문의하였음을 보고함.		정조 24년 3월 경신
88	1804. 3	순조 4	전라도 흑산도 4인 송환.	조선표민 북경 경유송환.	동문휘고 원편, 속
89	1816. 6	16	전라도인 7인 송환.	위와 같음.	동문휘고 원편, 속
90	1820. 7	20	제주목사가 제주도에 정박중인 유구선박에 대해 보고하자, 육로로 송환할 것을 지시함.	유구표민 복건 경유 송환.	순조 20년 7월 을묘

91	1821. 6	21	제주에 표류한 유구국인을 북경을 통해 송환토록 함.	위와 같음.	순조 21년 6월 계사
92	1826. 6	26	홍해현에 표류한 유구국 상인 3명을 북경을 통해 송환.	위와 같음.	순조 26년 6월 병인
93	1826. 10	26	전라도 해남인 5인 송환.	조선표민 북경 경유 송환.	동문휘고 원편, 속
94	1829. 4	29	전라도 제주인 12인 송환.	위와 같음.	동문휘고 원편, 속
95	1831. 7	31	제주도 대정현에 표착한 유구국인을 북경을 통해 송환.	유구표민 복건 경유 송환.	순조 31년 7월 신묘
96	1832. 9	32	제주도 대정현에 표착한 유구국 나하부 3인을 육로로 송환함.	위와 같음.	순조 32년 9월 정묘
97	1833. 10	33	전라도, 제주인 26인 송환.	조선표민 복건 경유 송환.	동문휘고 원편, 속
98	1834	34	조선인 이인수 송환.	위와 같음.	동문휘고 원편, 속
99	1837. 4	헌종 3	조선인 손익복 송환.	위와 같음.	동문휘고 원편, 속
100	1856	철종 7	조선인 표류인 6인 송환.	위와 같음.	충승현사료
101	1860. 10	11	유구인 6인 유구송환.	유구표민 복건 경유 송환.	동문휘고 원편, 속
102	1861	12	유구인 대마도경유 송환.	유구표민 대마 경유송환.	대마도 종가문서
103	1865	고종 2	전라 해남 문백익 등 15명, 대도표류.	송환 불명.	충승현사료
104	1868	5	조선국 6명 久米島표류.	송환 불명.	충승현사료

　　이상 현재 밝혀진 자료들을 중심으로 조선시대 조선과 유구의 접촉 실상을 정리해 보면서, 아울러 이 글에서 다루어질 주제에 관한 문제를 제기해보자.

　　① 조선과 유구의 관계는 조선시대 전기간에 걸쳐서 이루어지고 있다는 점이다. 즉 적어도 『朝鮮王朝實錄』에 의해서만 보더라도 양국관

계는 건국직후인 1392년 8월에서부터 1832년 9월까지 기록되어 있으며, 다른 사료인 『沖繩縣史料』에는 1868년의 표착기록까지 있어 이를 포함시키면 조·유관계는 결국 조선시대 전기간을 통하여 이루어진다고 볼 수 있다.

② 조선시대 전후기에 걸쳐서 조선과 유구와의 접촉사례는 총 100여 차례 이상이 산견되는데, 그 정확한 접촉 횟수에 관하여는 의문의 여지가 많다. 그 이유는 우선 사행의 기록이 도항에서부터 귀국에 이르기까지 상세하지 않으며, 대마도인이나 박다인 등 중간자의 위사행위가 중첩되기 때문에 유구사행이라고는 기록되어 있지만, 유구국사신인지 아닌지도 불투명한 경우가 많다. 또한 표착기록도 산발적으로 나타나고 있어 통계가 불분명하다. 따라서 접촉횟수 자체에는 절대적인 의미를 부여할 수는 없다.

③ 접촉의 대체적인 형태를 볼 때는 크게 세 가지로 분류할 수 있다고 본다. 즉 첫째, 정식 사신의 명칭을 띄고 직접 교린이 이루어지는 경우(1392~1524), 둘째, 북경을 경유하여 양국의 사절단이 접촉하는 경우(1530~1638), 셋째, 표류민의 송환을 계기로 청을 통하여 이루어지나 공식적인 접촉은 없는 경우(1662~1868) 등이다.

④ 양국의 사행관계를 볼 때, 기록에 나타나는 대부분의 사행은 유구에서 조선에 사절을 파견한 것이고, 조선에서 유구에 간 것은 단 세 번 뿐으로 1416년 7월의 **通信官 前護軍 李藝**와 1430년 7월과 1437년 7월의 김원진의 기사이다(사료 9, 15, 17). 그러나 이 김원진은 조선인이 아니라는 설이 있으므로 확실히 말할 수 있는 것은 1416년 **李藝**의 파견뿐이다.

⑤ 유구국에서 오는 사행의 경우 왜구에 붙잡혀간 피로인과 유구에 표착한 표류인의 송환을 병행하면서 물자의 교역을 원하고 있다는 점이다. 피로인과 물자의 교역에 관하여는 별도의 표류민관계 논고가 있으므로 이 글에서는 언급을 피하도록 한다.

⑥ 유구국왕 사자로 위장된 사자와 대장경의 청구가 매우 빈번했다는 사실이다. 조선에서 유구국 사자의 진위가 문제가 되기 시작한 것

은 1423년(사료 13)부터인데, 그 이후 사자의 진위가 계속 문제가 되었다. 기록에 의하면 1500년(사료 44)의 유구국왕사 梁廣과 梁椿은 스스로 유구로부터 40년만의 사자였다고 했다. 이글에 의하면 1461년 이후의 사자는 모두 위사라는 이야기가 되지만 문제의 여지가 많아 뒤에 상술한다. 또한 위사가 문제가 되는 시기에는 불경의 청구가 급증하는데, 위장된 사행과 불경의 청구는 조선전기 양국관계를 이해하는데 매우 중요한 단서가 된다.

⑦ 조·유관계의 내용이 단순히 물자의 교류 뿐만 아니라, 양국의 정치·외교·국방·표류민송환에 이르기까지 다양하게 구성된다는 점이다. 따라서 이 내용을 종합적으로 분석할 필요성이 제기된다.

그러면 이러한 문제의식을 중심으로 다른 논제와 중복되지 않는 범위안에서 조·유관계의 구조와 성격을 검토하기로 하자.

3. 직접교린체제

1) 구조와 성격

조선에서는 건국 직후부터 왜구문제를 해결하기 위한 노력을 다양하게 전개하였음은 이미 잘 알려진 사실이다. 예를 들면 건국 직후부터 일본의 중앙정권인 室町幕府에 사신을 보내어 왜구의 금지를 요청하는 한편, 왜구의 실제 세력이었던 對馬島 및 九州 등 연안의 중소 영주세력들과 다양하게 접촉을 벌이는 동시에, 왜구의 근본원인이 경제적인 빈곤임을 감안하여, 이들에게 回賜品이나 식량을 지급하여 평화적인 통교자로 전환시키는 노력을 경주하였다. 그 결과 외교적인 절충과 평화적인 통교자의 우대책은 큰 성과를 거두어 가면서 왜구를 분해 변질시켜갔고, 대마정벌 이후 체계화한 교린체제의 정비에 의해 적어도, 1443년 癸亥約條를 전후하여부터는 일본과의 관계가 敵禮的 對等交隣과 羈縻交隣의 體制속에 안정되어 갈 수 있었다.[8] 그러나 동시기의 유구는 일본과는 전연 별개의 독립국으로 조선과는 별도의 교린관계를 맺고 있었다.

그러면 조·유관계의 구조와 성격을 파악하기 위하여 먼저 동시기의 명중심의 동아시아 국제질서인 책봉체제와 교린관계, 양국 사행의 명칭이나 형태, 유구사절에 대한 접대형식, 양국에서 주고받은 외교문서양식 등을 중심으로 살펴보자.

첫째, 명중심의 책봉체제하에서의 교린관계에 관하여 살펴보자.

중국에서 朱元璋이 명나라를 수립한 해는 고려말인 1368년(공민왕 17)이었다. 명은 건국초기부터 주위의 여러 나라들과 조공관계 및 책봉체제를 통하여 우호관계를 수립하는 일에 힘을 기울였고, 그 결과 동아시아 국가간에는 명 중심의 새로운 국제질서가 형성되었고, 이것을 전제로 피책봉국간에는 소위 「交隣」이라고 하는 새로운 「通交體制」가 수립되었다.

조선과 유구 가운데 명과 조공관계를 먼저 맺은 것은 유구였다. 즉 명에서는 1372년 使臣 楊載를 파견하여, 명의 건국사실과 함께 여러 주변국이 이미 명에게 조공한 사실을 유구에 전하였다.9) 이에 당시 유구국의 中山王 察度는 명의 사신이 귀국하는 편에 곧바로 자신의 아우인 泰期를 함께 보내 명에 입공하였다. 이러한 사실은 유구의 역사에 중대한 영향을 미치게 되었다.10) 中山王의 명에 대한 조공관계 수립은 유구내의 세력경쟁자인 山南王·山北王에게도 자극을 주어, 山南王은 1380년, 山北王은 1383년에 명과 조공관계를 맺었다.11)

명과 조공관계를 맺은 이후 유구는 명에 유학생을 파견한다든지, 명으로부터 36姓의 뱃사람이 유구로 이주한다든지, 항해용 선박을 사여

---

8) 孫承喆, 『朝鮮時代 韓日關係史硏究』 제2장 1절 참조.

9) 安南, 占城, 高麗, 爪哇國 등으로 여기에는 이미 高麗가 포함되어 있었다.

10) 양수지, 앞의 논문, 23쪽.

11) 이 산남의 국왕들은 중산왕이 조공을 시작한 이래 中山王 尙巴志에 의해 유구가 통일된 1429년까지 57년간 中山王이 89회, 山南王이 34회, 山北王이 15회 조공하였는데, 그 비례는 三山의 국력에 비례하듯이, 6:2:1로 나타난다(楊秀芝, 앞의 논문, 24쪽).

받는다든지 각종의 지원을 받아, 유구의 대내적인 발전 및 대외관계에 있어서 큰 변화의 계기가 되었다. 유구가 명으로부터 정식의 책봉을 받았다는 기록은 1407년, 第一尙氏王朝의 思紹(1406~1421, 재위)가 請封使를 파견하면서부터이다. 이때부터 유구는 국왕이 새로 즉위할 때마다 계속하여 책봉을 청하는 請封使節을 명에 파견하였으며, 그에 대하여 명으로부터 冊封使가 정식으로 보내졌다. 명으로부터의 책봉사의 파견은 第二尙氏王朝의 8대 尙豊(1621~1640, 재위)이 책봉을 받는 1633년까지 계속되었다.

한편 조선의 경우는 1392년 건국직후부터 명에 대하여는 조공사절을 파견하여 우호관계를 유지하려는 노력을 지속하였다. 하지만 건국직후 명과의 관계는 그렇게 평탄하지 않았다. 즉 명의 조선에 대한 의심에서 비롯된 「생흔 3조」와 「모만 2조」사건 및 「표전문제」의 갈등을 겪으면서, 1403년 4월에 가서야 비로소 都指揮 高得과 左通政 趙居任의 책봉사가 파견되어, 誥命과 金印 및 印池가 전달되었다. 이리하여 1403년 太宗代부터 받기 시작한 책봉은 명이 멸망할 때까지 계속되었다.

따라서 이 시기 명과 조선, 명과 유구와의 관계를 본다면, 조선과 유구 두 나라가 모두 명과 조공관계를 맺고 있었으며, 각기 1403년과 1407년부터 1644년 명이 멸망할 때까지 모두 명 중심의 冊封體制 속에 편입되어 있었다는 것을 알 수 있다.

결국 이러한 양국의 대외적인 조건이 조선과 유구사이에 정식의 교린관계가 이루어지는 바탕이 되었다고 본다. 물론 조선과 유구는 고려말 양국이 책봉을 받기 전인 고려말부터 이미 교린관계를 맺고 있었다. 그러나 책봉을 받기 전과 후를 비교할 때, 여러 가지 면에서 커다란 차이를 보여준다. 예를 들면 유구로부터의 사신들이 휴대한 문서의 내용에 책봉 후에는 명으로부터의 책봉을 구체적으로 명시하면서 隣交를 이룰 것을 요청한다는 점이다. 그리고 또 조선에서도 유구가 명의 책봉국임을 인정하여 교린관계를 유지한다는 점을 명확히 하고 있다는 점이다.12)

이점에서 조선시대 조·유관계는 외교적으로 볼 때는 기본적으로 명의 책봉체제하에서 이루어지는 「交隣關係」임을 확인할 수 있겠다. 물론 이러한 특징이 조선시대 전기간에 해당되는 것은 아니다.

둘째, 琉球使行의 명칭이나 형태를 통하여 양국관계를 조명해보자.

먼저 사행형태는 사신의 호칭에서 비교할 수 있는데, 유구로부터의 사신은 대부분이 琉球國王使 또는 琉球國使로 불려지고 있었다. 즉 일본으로부터의 사자가 日本國王使를 비롯하여 巨酋使, 九州節度使, 對馬島主의 特送使, 諸酋使와 受職人 등 매우 다양하였음에 반하여, 유구사신은 琉球國王使 또는 琉球國使로서, 위장된 사신까지도 호칭상에 있어서는 적어도 유구국을 대표하는 것으로 호칭되었다. 이점에서 일본과의 관계가 階層的이며 多元的이었음에 비하여, 유구와의 관계는 표면상으로는 조선국왕과 유구국왕 사이를 왕래하였거나, 유구국을 대표하는 성격을 지니고 있었다는 점에서 조선과 유구의 교린관계는 一元的인 성격을 갖고 있었다.

또한 조선에서 유구에 파견한 최초사절인 李藝의 공식적인 직함이 通信官이었다는 점이다. 물론 이 시기 통신사의 개념이 정형화된 시기는 아니지만 통신이란 개념은 적어도 상호간에 신의를 나눌 수 있다는 개념에서 사용되는 의미와 정종 원년에 일본 足利幕府 장군에게 파견되었던 朴惇之의 직함도 같은 通信官임을 상기할 때, 적어도 조선의 입장에서는 유구를 일본과 마찬가지로 하나의 通信의 대상국인 독립적인 交隣國으로 상대하고 있었음을 볼 수 있다.

---

12) 태종 9년(1409) 9월 유구국 중산왕 사소가 사신편에 예물과 피로인을 송환하는 내용의 咨文을 보냈는데, 그 자문에는, "지금 대명황제의 먼곳 사람을 회유하는 은혜를 입어, 영광스럽게 王爵을 封해 이 지방을 관장하게 되었으니, 흠준하여 朝貢하는 외에 隣國의 義交에 대한 일절을 생각컨데, 또한 마땅히 사신을 보내어 서로 소식을 통하는 것이, 이것이 곧 四海가 한집이 되고, 거의 윤당할 듯하기에, 이 때문에 정사 阿乃佳結制 등을 보내어 본국의 해선을 타고 예물을 장속하여 싣고 귀국에 가서 국왕전하께 나아가 봉헌하게 하여, 약간의 수사의 정서을 펴오니 받아들여 주시기를 바랍니다."라고 하여 조선과 책봉국간의 교린을 지향하고 있음을 밝혔다(『太宗實錄』 권9, 9년 9월 경인, 李元淳, 「朝鮮前期 朝鮮廷臣의 琉球認識」(앞의 논문), 179쪽).

셋째, 유구사절에 대한 접대방식을 통하여 양국관계의 구체적인 형태와 구조를 살펴보자.

유구국의 사신이 조선에 오면, 이들은 일본국왕사나 야인의 사신들과 더불어 조선국왕을 알현하였다. 유구국사가 朝參에 참석한 사례를 보면, 1392년(태조 원)에는 동5품하, 1431년(세종 13)에는 서반3품이었는데, 이에 비해 일본국왕사는 1398년(정종 원)에는 4품의 班次, 1420년(세종 2)에는 서반 종3품, 1425년(세종 7)에는 서반 3품으로 되어 있다. 이외의 『世宗實錄』의 「五禮儀」에서는 일본국왕사와 유구국왕사를 같은 종2품의 班次에 규정하여 野人보다 상위에 위치시켰고,13) 『經國大典』에는 유구사절의 접대에 三品朝官이 通事를 동행하여 迎送하도록 되어있으며, 포소에 도착후 연회와 상경하는 과정에서의 각종 접대는 물론 숙배일에 궐내에서 연회를 베푸는 것까지 모두 일본국왕사와 똑같이 대우하도록 규정하고 있다.14)

접대의 구체적인 예를 들면 1431년(세종 13년) 9월 유구국인이 乃而浦에 왔을 때, 이들이 만약 國王使라면 日本國王使의 예에 따라 접대하도록 하였는데,15) 그후 한양의 東平館에 머물면서 세종을 알현하는 문제가 대두되자, 세종은

> 유구국 사신은 敵國의 사신이니 從二品의 반차를 정함이 어떠한가.16)

라고 하여, 敵禮國의 사신으로 대우하자고 제의하였다. 그러나 예조판

---

13) 『世宗實錄』 五禮・嘉禮儀式・朝賀 「題方客使位於懸之東西 倭使在東 野人在西 當文武班 准品序立 日本琉球等國使副 當從二品」
14) 『經國大典』 권3, 「禮典」 待使客.
15) 『世宗實錄』 권53, 13년 9월 정묘. 「禮曹據慶尙道監司關啓 琉球國客人 來泊乃而浦 若國王使人 則其支待之禮 請依日本國王使臣例 若因興販私自出來者 依諸島客人例 從之」
16) 『世宗實錄』 권54, 세종 13년 11월 경오. 「今琉球國使臣 乃敵國之使 序於從二品班次 若何」

서 申商은 유구국은 일본보다 小國이고, 이미 3품의 열에 차례를 정하
도록 하였으므로 3품으로 하도록 하자고 하여 세종도 그에 따랐다. 그
리고 1453년(단종 원년) 유구국왕사 道安이 왔을 때의 接待事目에는
신해년(1431년) 유구국왕사 夏禮久를 따르도록 하였고, 임신년(1452
년)의 일본국왕사의 예에 따라 시행하도록 하였다.17)

이상의 내용을 통하여 볼 때, 조선은 유구국사에 대한 접대를 일본
국왕사와 별 차이 없이 거의 동등하게 생각하고 있었고, 비록 유구와
직접적인 관계가 이루어지고 있지 않던 조선후기의 사료이기는 하나
『交隣志』『增正交隣志』『通文館志』 등에도 모두 接待에 있어서는 일본
과 유구국에 차이를 두지 않고 있다.

넷째, 양국이 주고받은 외교문서의 양식을 통하여 보자.

조·유간에 주고받은 외교문서에 관하여는 『歷代宝案』의 연구를 통
하여 어느 정도 그 윤곽이 드러나 있다. 『歷代宝案』에 수록되어 있는
17건의 왕복문서 중에서 書式의 문서가 3건, 書咨 겸용문서가 1건,
移文이 1건, 咨文이 12건이다. 그런데 書式 문서는 3건이 전부 조선
전기에 조선에서 유구에 보낸 것이고, 조선후기에 이르러서는 조선과
유구 모두가 상호간에 모두 咨文의 형식을 취한 문서를 주고받았
다.18) 일반적으로 書式이란 국가간의 문서양식에 적용하는 경우, 특
히 중국의 책봉을 받은 나라끼리 일반화되어 있는 형식으로, 대등한
국가간에 「國王 對 國王」의 관계에 쓰여졌다. 한편 咨文은 명의 관료
제에서 쓰던 문서양식으로 二品 이상의 대등한 관청에서 사용했는데,
나아가 책봉을 받은 국왕과 명의 관청사이의 외교문서로도 사용했
다.19)

그런데 조선에서 유구에 보낸 문서의 양식은 처음부터 정형화되어

---

17) 『端宗實錄』 권4, 원년 3월 무진. 「凡接待宴享 參考辛亥年琉球國王使者夏禮久
    壬申年 日本國王使者例施行」
18) 孫承喆, 「<歷代宝案>을 통해서 본 朝鮮과 琉球關係」 부촌 신연철 교수정년
    기념 『史學論叢』 1995 참조.
19) 高橋公明, 「外交文書 '書·咨'에 대하여」 『年報中世史硏究』 제7호, 1982참조.

있었던 것 같다. 즉 고려말 1389년(창왕 원)에 **典客令 金允厚**를 보빙 사로 유구에 파견할 때의 외교문서가 **書**의 양식을 갖추었다.[20) 그 이후 조선에 들어와 유구에 보낸 문서들이 어떠한 형식을 갖추었는가는 알 수 없다. 그렇지만 1431년(세종 13)에 조선 조정에서는 유구에 보낼 문서의 양식에 관한 논의가 이루어 졌는데, 당시 조선에서는 유구로부터의 외교문서들이 일정한 격식을 갖추지 않았기 때문에, 그에 대한 답서의 양식을 어떻게 정할 것인가에 대해 의견이 분분하였다. 그리하여 조정에서는 답서형식을 놓고 논의를 하게 되었고, 그 결과 세종은 유구국에 보내는 답서의 양식을 **書契**나 **咨文**보다는 책봉국의 국왕간의 왕복문서의 기본형식인 **書契式**을 취하여 교린정책의 원칙인 **敵禮國**의 대우를 하였던 것이다. 이러한 논의를 거쳐 유구국에 보낸 답서가 바로 『**歷代宝案**』에 수록된 1431년 12월자의 국서이다.[21)

그런데 이 **書**는 몇 가지 특징을 가지고 있다. 즉 첫째, 문서를 보내는 사람과 받는 사람이 나란히 명시되며, **朝鮮國王 李陶**가 **琉球國王殿下**에게 **奉復**한다는 문구로 되어 있다. 둘째, 일반적으로 국서는 본문의 시작하는 말과 끝나는 말이 있는데, 조·유 왕복문서에서는 정형화되어 있지 않다. 셋째, 연월일을 표기할 때 양국이 모두 **明**의 연호를 쓰고 있다. 넷째, **別幅**을 붙이고 있어 전형적인 **書契**의 형식을 취하였다.

따라서 우리는 이 문서의 특징을 통하여, 조선의 유구 정책의 구조와 성격을 짐작할 수 있다. 즉 조선에서는 유구를 「**國王 對 國王**」간의 대등한 관계의 **敵禮 交隣國**으로 상대하였다는 점. 그리고 두 나라의 관계는 기본적으로 명의 책봉체제를 전제로 하고 있었다는 점 등이다.

2) 僞使問題

유구국으로부터 조선에 내왕한 사신중 **僞使**에 관한 최초의 기록은

---

20) 이 문서는 「高麗權署國事王昌端肅復書 琉球國中山王殿下」로 되어 있어 그 양식이 書式임을 알 수 있다.

21) 『歷代宝案』 권39-2.

1423년(세종 5)부터 등장한다. 당시의 기록에 의하면,

> 유구국의 사신이라고 일컫는 자가 사람을 보내어 토산물을 가지고
> 와서 올리는데, 그 書契와 圖書가 모두 유구국의 것이 아니므로, 정부
> 에 의논하기를 명하니, 좌의정 李原이 아뢰기를, '書契·圖書와 客人
> 이 모두 유구국 것이 아니니, 올린 예물을 마땅히 물리치고 받지 말아
> 야 될 것입니다.'라고 하므로 그대로 따랐다.22)

라고 기록되어 있음을 볼 때, 이때부터 이미 위장된 유구국 사신이 내
항하고 있음을 볼 수 있다.

그러면 당시 위사로 내왕한 유구국 사신은 누구였을까. 그에 대하여
명확한 해답을 찾을 수는 없지만 그 전후 기사로 보면 그들은 대마도
인들이거나 九州 또는 博多의 상인들이었다. 예를 들면 대마도인들이
유구 선박에 피해를 주는 사례가 위사가 발생하기 직전에 조선에 보고
된 사실이 있다. 그 내용에 의하면,

> (전략)… 요사이 유구국의 상선이 대마도의 적에게 요격되어, 양편
> 에서 죽은 사람이 거의 수백 명이나 되었으며, 드디어 배를 불사르고
> 사람과 물건을 노략질하였던 것입니다.23)

고 하여, 대마도에서 조선에 왕래하는 유구선박을 중간에서 탈취하는
사례가 있음을 보고하고 있다.

그리고 1431년 9월에 도항하여 11월에 세종을 알현한 유구국왕사
夏禮久도 대마도 客商의 배에 편승한 것으로 기록되어 있음을 볼 때,
적어도 이 시기에 이르면 대마도인이 조선과 유구의 왕래에 개입하고
있음을 알 수 있다. 또한 1430년 윤12월 通事 金源珍이 유구국에서
琉球國長史 梁回의 서한을 가지고 돌아왔다는 기록이 있는데, 田中健
夫는 1437년 7월에 유구국에서 조선인 金龍德 등 6인을 송환해 온

---

22) 『世宗實錄』 권19, 5년 1월 병술.
23) 『世宗實錄』 권14, 3년 11월 을축.

金元珍과 동일인물이라고 하면서 이들이 조선인이 아니라고 했다.[24) 물론 상고의 여지가 있는 사항이나 이러한 내용들은 이미 이시기에 조선과 유구의 직접 통교에 상당한 장애가 있었음을 시사하는 기록들이다. 이후 1453년(단종 원) 3월, 1455년 8월(세조 원), 1457년 7월(세조 3)의 3회는 모두 倭僧 道安이었으며, 1458년 3차례의 사신이었던 吾羅沙也文, 友仲僧, 宗久도 모두 博多商人들이었다. 한편 1459년 1월에는 유구국 사자 覇家島와 道安 등이 조선에서 서계와 예물을 받아가지고 유구로 돌아가다가 대마도에 이르러 약탈당하는 사건이 발생하였고, 조선에서는 이를 대마도에 엄중 항의하였다.

이후 유구국에서는 1461년부터 1524년까지 총21회에 걸쳐 사신이 도항하는데 대부분이 위사로 의심이 되는 사행이었다. 그 내용을 정리해보자.

표2] 위사관련 사행 일람표

번호	연월	왕대	기사	비고	출전
1	1461. 5	세조 7	유국국국왕사가 토산물을 바치고, 표류인 송환함.	조선표류민 송환.	세조 7년 5월 기사
2	6	7	유구국사 덕원이 표류민 송환함.	조선표류민 송환.	세조 7년 6월 정축
3	12	7	유구국왕사 普須古가 자문과 토산물을 바침.	조선표류민송환, 불경하사.	세조 7년 12월 무진
4	1467. 3	13	유구국왕사 同照·東渾이 앵무새를 바침.	불경하사.	세조 13년 7월 병자
5	1468. 5	14	유구국왕의 동생 閔意가 사자파견함.		세조 14년 6월 경술
6	1470. 6	성종 원	유구국 中平田大島 平州守 等閔意가 토산물 바침.		성종 원년 6월 병자
7	1471.11	2	유구국왕 상덕이 自端西堂을 보내어 서계를 바침.	대장경하사. 상관인 信重에게 종2품 수직.	성종 2년 12월 경진

---

24) 田中健夫,「琉球に關する朝鮮史料の性格」『中世對外關係史』東京大學出版會, 1975, 291~294.

8	1472. 1	3	유구국 喜里主가 사신을 보냈으나 접대치 않음.		성종 3년 1월 갑인
9	1477. 6	8	유구국왕 尙德이 內原里主를 보내어 서계와 예물을 바침.		성종 8년 6월 신축
10	1479. 5	10	유구국사 新時羅 등 219인이 표류인 송환함.	대장경청구, 조선표류인 송환.	성종 10년 5월 신미
11	1480. 4	11	유구국총수 李國圓 등이 아들을 파견함.		성종 11년 4월 정사
12	6	11	유구국왕 尙德이 敬宗을 파견하여 서계와 예물을 바침.		성종 11년 6월 을묘
13	1483.12	14	유구국왕 尙圓이 新四郎을 보내어 서계와 예물을 바침.	비로법보청구.	성종 14년 12월 정축
14	1491.12	22	유구국왕이 耶次郎을 보내어 서계와 예물을 전함.	비로법보청구.	성종 22년 12월 갑진
15	1493. 6	24	유구국왕이 梵慶과 也次郎을 파견하여 서계와 예물을 전함.		성종 24년 6월 무진
16	1494. 5	25	유구국 中山府主가 使僧 天章을 파견하여 예조에 교역을 원하는 서계를 보내옴.		성종 25년 5월 무술
17	1500.11	연산 6	유구국왕사 梁廣과 梁椿이 옴.	대장경청구.	연산군 6년 11월 무오
18	1505. 7	11	유구국왕사가 옴.		연산군 11년 7월 신축
19	1509. 8	중종 4	유구국 等閦意의 사신이라 칭하는 자들이 옴.		중종 4년 8월 무진
20	1519. 3	14	유구국 平田大島 平州守가 사자 파견함.		중종 14년 3월 임인
21	1524. 9	19	유구국 사자를 사칭하는 자들을 접대치 않기로 함.		중종 19년 9월 계해

이 기간중의 유구국사의 위사여부를 가리는 문제는 그리 간단치 않다. 그러나 1500년 11월 유구국사 梁廣・梁椿이 왔는데, 예조가 그들을 접대하는 자리에서 유구국사는,

'예전에 우리 나라 사람이 여기 온 지 40년만에 우리가 또 여기에 왔습니다.'하기로 등록을 상고해 보니, 그 나라 사신이 온 것이 辛巳年이었다.25)

라고 하였는데, 辛巳年은 1461년(세조 7)이므로 이로부터 40년간 파견된 사신은 모두 위사라는 말이 된다. 이들이 위사라는 사실은 조선에서도 위사에 관한 논의가 여러 차례 이루어지고 있다는 기록을 통해서도 확인할 수 있다. 예를 들면 1480년(성종 11) 6월의 기록에,

전자에 유구국왕의 書契를 싸가고 온 것이 있었는데, 그 국왕의 이름이 尙德이었습니다. 그 뒤에 尙元으로 變稱하였는데, 지금 敬宗이 싸가지고 온 글에 또 尙德이라 칭하였고, 또 이르기를, '成化 15년 庚子年'이라고 하였으니, 그 글을 믿을 수가 없습니다. 유구의 사자가 대개는 그 나라 사람이 아니고 왜인이 장사하러 갔다가 인하여 서계를 받아 가지고 옵니다. 지금 敬宗도 또한 믿을 수가 없으니, 본조에서 위로하여 잔치할 때에, 원컨데 서계의 사연을 물어서 진실인가 아닌가 징험하게 하소서.26)

라고 하였다. 그러나 당시 성종의 답변은 물어는 보겠지만 끝까지 힐문하지는 않겠다는 미온적인 태도를 보인다. 즉 이 기록에 의하면 유구국왕의 이름이 틀리고, 또 서계의 成化 15년은 간지가 庚子년이 아니라 己亥년이기 때문에 위사임이 틀림없다는 말이다.

또한 1493년(성종 24) 6월에 유구국왕 尙圓이 梵慶과 也次郎을 보내 왔는데, 그들이 휴대한 서계를 보고 승정원에서 아뢰기를,

유구국의 사신은 모두 본국인이 아니고 바로 중간에서 홍판하는 무리입니다. 신들이 지난해의 서계와 이번에 가지고 온 서계를 가져다 보았더니, 印文이 자못 달랐습니다. 也次郎은 지난해에도 내조하였으

---

25) 『燕山君日記』 권39, 6년 11월 임술.
26) 『成宗實錄』 권118, 11년 6월 기미.

니, 이는 필시 九州 사이에 살면서 圖書를 위조하여 이익을 늘리는 것
을 일삼는 자일 것입니다.[27)]

이어 도승지 曹偉도 아뢰기를,

也次郎은 지난해에 우리 나라에 왔다가 돌아간지 얼마 되지 않았는
데, 어떻게 갑자기 또 올 수 있겠습니까? 하물며 印文이 전번 서계의
印文과 같지 않으니, 이는 의심할 만합니다. 저들은 우리가 유구국의
사신을 매우 후하게 접대하고 回奉도 많기 때문에, 서계를 위조해 가
지고 와서 자기의 이익을 엿보는 것임에 틀림없습니다. 이제 우리가
이미 간사함을 알았는데도 전례에 의하여 후하게 접대한다면 후에는
반드시 우리를 속이기를 그치지 않을 것입니다. 신은 회답하는 서계에
符驗이 없으면 믿기 어렵다는 뜻을 명백히 알리고 答賜도 줄이는 것이
어떨까 생각합니다.[28)]

고 하여, 이들이 위사임을 조선에서도 알고 있었다. 그리고 이와 같이
위사가 빈번한 이유를 결국 조선의 후한 접대에 있다고 하면서, 위사
의 방지책으로 符驗制度를 강화할 것을 아울러 개진하고 있다.[29)]
　그렇다면 과연 이 시기 유구국사의 진위문제를 어떻게 확인해야 할
것인가. 1500년 11월 유구국사 梁廣·梁椿의 말대로 이전 40년간의
유구국사를 모두 위사로 단정해야만 할까. 다행히 이 문제에 관하여
하나의 단서가 제공되는 사료가 있는데, 그것이 앞에서 언급했던 유구
외교문서인 『歷代宝案』이다.
　즉 『歷代宝案』에는 이 시기에 해당되는 서계가 3건이 수록되어 있
다. 그것은 ① 1461년 7월 7일자로 작성된 세조가 유구국왕에게 보
낸 서계, ② 1467년 8월 19일자로 작성된 세조가 유구국왕에게 낸

---

27) 『成宗實錄』 권279, 24년 6월 신미.
28) 위와 같음.
29) 琉球僞使의 割符制에 관하여는 橋本 雄,「朝鮮への 琉球國王使と書契·割符
　制」- 15世紀 僞使問題と博多商人 -『古文書硏究』44·45 合輯, 1997참조.

서계, ③ 1470년 4월 1일자로 작성된 유구국왕 尙德이 조선국왕 成宗에게 보낸 서계이다. 그러면 이 서계를 전달한 유구국사는 과연 누구일까.

먼저 ①의 1461년 7월자의 조선에서 유구에 보낸 서계를 보자. 같은 해에 유구에서 조선에 내왕한 유구 사신은 두 번 있었다. 한번은 5월 기사(30일)에 조선인 표류민 孔佳 등 2인을 대동하고 왔고, 또 한번은 6월 정축(8일)에 조선인 표류민 양성과 고덕수를 소환한 것으로 되어 있으나, 6월 신미(2일)의 기사를 보면 이는 다른 사신이 아니라 같은 사신인 僧 德源임을 알 수 있다. 따라서 이 서계는 僧 德源의 편에 보내졌던 서계였던 것이다.

그런데 이 서계에는 1458년 2월에 조선인표류민 卜山과 升通·吾之 등을 송환해 온 吾羅沙也文편에 면유 210필과 면포 1,031필을 보내면서 인교를 다짐하는 내용이 수록되어 있으나, 공교롭게도 그가 정말 유구 국왕이 보낸 사신인지 아닌지는 몰라도 이 吾羅沙也文은 유구인이 아니라 博多나 對馬人으로 추정되는 인물이다.[30]

다음 ②의 1467년 8월 19일자로 작성된 세조가 유구국왕에게 보낸 서계이다. 이 서계는 내용으로 보아 1467년 3월에 유구국왕이 僧 同照 등을 보내어 앵무새·큰닭·호초·犀角·서적·沈香·天竺酒 등을 바친 것에 대한 회답으로 보낸 것이다. 그런데 이 물품들은 1461년 12월에 내왕한 유구국왕사 普須古 편에 요청했던 물품들이었으므로 이 1461년 12월과 1467년 3월의 두 사행은 모두 유구국사로 보아야 할 것이다.

다음 ③의 1470년 4월 1일자로 작성된 유구국왕 尙德이 조선국왕 成宗에게 보낸 서계이다. 이 서계는 書와 咨의 형식을 모두 취하고 있는데, 발신인이 尙德으로 되어 있지만, 사실 尙德王은 이 서계가 작성되기 이전인 1469년 8월에 이미 사망하였다. 당시의 국왕은 尙圓이었는데, 왜 尙德의 명의로 작성하였는지는 알 수 없으나, 세가지로 추측

---

30) 田中健夫, 앞의 책, 303쪽 참조.

은 해 볼 수 있겠다. 우선 과거 유구국에서는 상덕의 명의로 몇 차례에 걸쳐 조선에 사신을 파견한 바가 있었으므로 조선이 그의 이름을 잘 알고 있으리라고 여겨 借名하게 되었다고 보는 견해이다.31) 두 번째로 상원왕이 아직 명의 책봉을 받지 못하였기 때문에 상덕왕명을 그대로 썼다는 것이다.32) 그러나 무엇보다도 이 사신은 이보다 3년 앞선 앞의 1467년 3월에 조선에 왔다가 8월에 유구로 돌아갔던 유구국왕사 승 同照와 博多商人 東渾 편에 조선측에서 서계와 더불어 다량의 회사품을 보낸 것에 대한 답례 사행으로, 조선국서가 尚德 앞으로 보낸 것이기 때문에 그에 대한 답서의 형식을 취하다 보니 尚德으로 했을 가능성이 가장 높다고 보겠다. 그래서 이 서계의 발신인 尚德다음에 답서를 의미하는 奉復이란 용어를 썼던 것이다.

그런데 『朝鮮王朝實錄』에는 1467년과 71년 사이에 두 차례에 걸쳐 유구국왕 동생 閔意와 유구국 中平田大島 平州守 等悶意 명의로 仁壽和尚 등이 유구국 사신으로 조선에 왔다는 기록이 있다. 그렇다면 이들 또한 僞使일 수밖에 없다.

이후 『朝鮮王朝實錄』에는 계속하여 유구국 사신의 내왕이 기록되어 있지만, 『歷代宝案』에는 1597년 이전에는 아무런 사료가 남아있지 않다. 그렇다면 이 이후 1500년까지의 사행은 모두 위사일까. 현재까지의 모든 연구들은 이들을 모두 위사로 단정하고 있지만 좀더 살펴보아야 할 것이다. 왜냐하면 사실 1500년의 梁廣·梁椿에 대한 사료도 『歷代宝案』에는 없기 때문이다. 그러나 1500년의 사행은 1534년 조선에서 北京에 파견되었던 進賀使가 귀국해서 中宗에게 보고한 내용중에 조선에 파견되었던 梁椿을 만난 사실이 기록되어 있으므로 위사로 보기는 어렵다(주 38. 참조). 한편 『朝鮮王朝實錄』에는 이 시기에 久邊國이란 나라에서도 사신을 보내오는 기록이 있는데(1478년 10월, 1482년 2월, 1482년 윤8월) 이들을 모두 위사로 보는 견해도 있다.33)

---

31) 李元淳, 「歷代宝案을 통해서 본 朝鮮前期의 朝琉關係」『國史館論叢』 65, 1995, 21쪽.

32) 河宇鳳, 「朝鮮前期의 對琉球關係」『國史館論叢』 59, 1994, 154쪽.

물론 위사가 1500년에 끝나는 것도 아니다. 그 이후에도 4차례나 더 유구국으로부터 사자가 오지만 모두 위사로 추정된다. 그리고 이러한 유구국 위사도 1524년 9월 유구국 等悶意가 보낸 都船主 國次를 끝으로 유구로부터의 직접적인 내왕은 모두 막을 내린다. 그리고 이후부터는 북경을 통하여 우회하는 통교를 행하게 된다.

한편 위사들에게 나타나는 또 하나의 특징은 통상의 경제적인 목적 이외에 大藏經을 요청하고 있다는 사실이다. 일본으로부터의 대장경의 청구는 이미 조선초기부터 있어왔던 일로 조선도항의 중요한 목적중의 하나였음은 이미 주지의 사실이다. 종래의 연구에 의하면 1388년에서 1539년에 이르는 150년간에 확인 된 것만 하더라도 50부 이상의 대장경이 일본에 전해진 것으로 되어 있다.[34] 유구국 사신으로부터의 대장경청구는 1455년을 비롯하여 1461년, 1467년, 1471년 2회, 1479년, 1483년, 1491년, 1500년 등 9회에 달하고 있으며, 이중 대장경이 사급된 것은 1467년(다른 불경으로 대치), 1471년(1번)과 1483년을 빼고 6회에 달하고 있다. 이들 대장경이 현재 어디에 있는지는 확인할 수가 없다. 왜냐하면 대부분이 위사였기 때문이다. 그러나 앞에 서술한대로 1455년과 1461년의 유구사신이 위사가 아니라면, 이것들이 유구로 전달되었을 가능성은 충분하다.

그렇다면 유구에 전해진 대장경은 어찌되었을까. 유구측 사료인 『琉球國由來記』 권10 「諸寺舊記」나 권7 「琉球國舊記」의 「寺社」條에는 尙德王 때 조선의 세조로부터 하사 받은 대장경을 봉안하기 위해 1502년(尙眞王 26)에 유구왕성 밖에 圓覺寺 總門앞에 인공으로 연못을 만들고, 연못가운데인 丹鑑池 中之島에 藏經閣을 지어 안장하였다고 한다. 아마도 1455년의 대장경이 아닐까. 그러나 이 장경각이 1609년 일본의 薩摩藩의 琉球侵攻으로 전란의 화를 입어 파괴됨으로써 대장경의 자취는 오늘날 유구에서는 찾을 수 없게 되었다.[35]

---

33) 河宇鳳, 앞의 논문, 152~3쪽.
34) 村井章介, 「倭人海商의 國際的位置」 『アジアの中の中世日本』 校倉書房, 1988, 336쪽.

그러면 조선은 이렇게 각종의 명분을 가지고 내왕해 오는 유구국사를 어떠한 입장에서 수용하였으며, 이것은 조·유 관계사에 어떠한 의미를 가지는 것일까.

앞의 인용문에서 보듯이 조선에서는 1423년 최초의 위사가 도항했을 때부터 그들이 위사임을 알았다. 그래서 **書契**와 **圖書**가 모두 유구의 것이 아니라는 이유를 들어 접대를 거부하기도 했다. 그러나 연이어 조선인 표류민을 송환하여 왔고, 또 당시는 아직 일본(**對馬島**와 **九州**)과의 관계도 정비되지 않은 시기여서 그들과의 관계를 고려하여 대체로 그들의 요구를 들어주는 방향으로 수용하였다. 특히 위사가 한창 고조되었던 1493년과 94년의 예에서처럼 조정대신들이 여러 차례에 걸쳐 논란을 거듭한 결과, 상식의 외교에서는 용납될 수 없는 일이었지만 위사 **也次郎**의 발언에서 보듯이, 접대를 하지않을 경우 **大國**인 조선의 허물이 된다는 사실, 그리고 **對馬島主**의 **路引**을 소지했다는 명분과 더 이상 외교상의 문제로 비화되는 것을 방지한다는 방침에서 그들을 접대하였다. 그러나 그들에 대한 접대는 **國王使**로서가 아니라 **商倭(巨酋使)**로서 대우하였다.

결국 이러한 점에서 조선은 이미 이 단계에서 유구가 독립적으로는 대 조선관계를 할 수 없다는 상황을 충분히 인지했던 것이고, 그래서 **僞使**라 할지라도 **大國**의 입장에서 **敵禮交隣**을 하면서 남방의 제세력과 우호관계(**羈縻交隣**)을 지속해 간다는 방침을 세웠던 것이 아닌가한다. 따라서 이 점을 충분히 고려한다면 이후 **北京**을 통하여 조선의 **冬至使**와 유구의 **進貢使**가 양국관계를 계속해 가는 측면을 이해할 수 있지 않을까 한다.

---

35) 李元淳, 앞의 글, 36쪽.

4. 간접교린체제

偽使에 의한 교류가 종말을 고하면서 1530년(중종 25년)부터 1636년(인조 14년)까지 조선과 유구와의 제반교류는 북경을 통하여 우회하는 방법에 의하여 이루어진다. 북경우회의 조·유관계가 시작된 것은 1530년 8월 제주도에 표류한 유구인을 송환시킬 때, 명으로 떠나는 正朝使 편에 이들을 북경을 경유하여 귀환시킨 것이 계기가 되었다.

그러나 표착유구인을 북경을 우회하여 송환시키는데에는 여러 차례 논의 끝에 결정된 것이었다. 당시 토의된 내용을 검토해 보면, 1530년 8월에 제주에 표류한 유구인은 7인이었는데, 제주목사는 이들을 모두 상경시켰고, 조정에서는 이들을 처음에 禁府에서 추문하도록 했으나, 달리 물을 만한 것이 없다고 하여 延接都監으로 옮겨 예조에서 추문하였다. 예조에서는 이들이 다른 혐의가 없자, 곧바로 돌려 보내는 방법을 논의하였다. 처음에는 대마도인을 통해 대마도와 薩摩州를 거쳐 송환하도록 결정하였다. 그러나 표류한 유구사람들은 왜인편에 돌려보내진다는 말을 듣고는 해를 입을까 두려워하여 밤새 통곡하였다고 한다. 그러자 조정에서는 송환방법에 대해 논의를 다시 거듭한 결과, 유구국 사람은 이따금 중국에 조공하고 또 우리 나라 사람도 전에 유구국에 표류하였다가 중국을 거쳐서 돌아온 적이 있으니, 이번에 표류한 사람들을 중국을 거쳐 유구로 돌려보내도록 건의하였다.[36] 그리하여 正朝使 편에 돌려보내도록 결정하였다.

그러나 정조사 吳世翰은 표류한 유구인들이 남방사람들이기 때문에 북경으로 가는 도중에 추위를 견디어 낼 수 있을까에 대해 염려하면서 다른 기회에 송환하여 주도록 건의하였다. 그러자 中宗은,

---

36) 『中宗實錄』 권69, 25년 10월 정사, 무오, 기미, 신유, 계해, 갑자.

　　북경에 갈 때에는 추위를 견디는 사람도 오히려 얼어 상할세라 염
려하는데, 더구나 이 유구사람이겠는가? 남방의 따뜻한 곳에 살았으
므로 과연 중도에서 얼고 굶주릴 염려가 있기 때문에 봄의 따뜻한 때
에 다음 행차를 기다려서 들여 보낼 것을 나도 생각하였으나, 正朝에
모든 나라가 모이는 날이므로 유구국의 사신도 반드시 중국에 조공하
러 올 것이고 聖節에는 외국 사람의 왕래가 드물 것이므로, 표류한 사
람을 어쩔 수 없이 이번 행차에 딸려 보내는 것이다. 아뢴대로 의복과
양식을 장만하여 주도록 하라.37)

고 하였다. 즉 正朝에는 유구국 사신이 북경에 올 것이므로, 그에 맞
추어 북경에 호송하도록 한 것이다.

　　즉 이와같은 기록을 참고할 때, 조선에서는 유구인의 송환에 대해
대마도를 신뢰할 수 없었고, 표류한 유구인 자신들도 왜인들에게 해를
입을 것을 두려워하여 육로를 통하여 귀환하기를 원하고 있었다. 또한
조선에서도 유구국이 중국에 조공사절을 보내고 있으므로, 북경에 가
면 자연히 유구조공사와 접촉이 이루어 질 것이므로, 그 편에 돌려보
내는 것이 안전하다고 판단하였던 것이다. 그리하여 이들 7명의 표류
인들은 조선에서 북경에 보내는 정조사편에 동행하여 북경으로 호송되
었고, 북경에서 명의 중재하에 유구사절들에게 다시 인계되었다. 그후
유구표류인들이 송환된 소식은 이로부터 4년후 1534년 북경에 파견
되었던 進賀使 蘇世讓이 귀국후 사정전에서 중종을 인견하는 자리에서
보고되었다. 즉 소세양은 유구국 사신을 만났던 일을 다음과 같이 보
고하였다.

　　유구국 사신은 梁椿이었습니다. 신과 같은 館에 함께 있었는데, 양
춘이 사람을 시켜서, '내가 나이 28세 때 조선에 갔다왔는데, 지금 듣
건데 사신이 여기 와 있다니 반갑다.' 하기에 신도 역시 사람을 보내
사례했습니다. 그 뒤 유구국의 정사 양춘은 병으로 누웠고 副使와 아
랫사람들이 모두 와서 뵙기를 청하기에 신이 즉시 관대를 차리고 나가

---

37) 『中宗實錄』 권69, 25년 10월 을축.

서 만나보고 茶禮를 행했습니다. 이어 '지난 경인년(1530년)에 귀국 사람들이 우리나라에 표류해 왔을 적에 우리 전하께서 중국으로 인계하여 귀국으로 돌아가게 했는데 몇사람이나 살아서 돌아갔는가?'하니 '더러는 중국 지방에서 죽고 단지 4명만 살아서 돌아왔다. 우리나라 국왕이 기뻐하여 감사함을 이기지 못하였지만 길이 멀어서 사례하지 못하였다. 지금 재상에게 謝意를 표하고 싶다.'하면서 즉시 일어나 읍하고 재삼 감사하다는 말을 하다가 물러갔습니다.[38]

고 하였다. 이 내용으로 볼 때, 이들이 유구표류인들이 그후 어떤 경로를 통해 유구로 돌아갔는지는 알 수 없지만, 7명중 4명만이 송환된 것은 확인이 된다.

이러한 조처에 대해 명은 어떻게 생각하였을까. 당초 조선에서는 북경을 경유하여 유구인들을 돌려보내는 것을 놓고, 찬반이 엇갈렸다. 그 이유는

만약에 이 사람들이 뒷날 중국에 가서 캐어 물을 때에 우리나라에서 처음에는 왜인에게 딸려 들여보내려 하였다는 뜻을 말한다면 우리나라가 왜국과 교통하는 일도 저절로 드러날 것이니, 이것도 염려하지 않을 수 없습니다.[39]

라고 하여, 조선이 일본과 통교하는 것이 명에 드러날까 걱정이 되었던 것이다. 그러나 조선에서는 정조사편에 유구인들을 송환하기로 결정하고, 그들과 동행하여 북경으로 향하면서, 그 뜻을 명의 예부에 알렸다. 이에 대해 명에서는 조선에서 걱정했던 것과는 달리, 外國의 流民을 돌보아 중국에 명을 청하고 있으니, 불쌍한 자를 구휼하고 물에 빠진 자를 건져주는 仁에 밝을 뿐만 아니라 또한 忠君 報國의 義를 다하고 있다고 하면서, 다음과 같은 칙서를 보내왔다.

---

38) 『中宗實錄』 권77, 29년 4월 경신.
39) 『中宗實錄』 권69, 25년 10월 을축.

    조선국왕 諱의 상주에 의하면, 유구국 백성 馬木邦 등 7인이 표류하여 본국의 지경에 도착하였으므로, 進貢使편에 딸려 京師로 押解하겠다고 했다. 이를 보니 왕이 이웃을 돌보아 구제하는 의리를 알 수 있고, 따라서 그 忠敬이 가상스럽다. 마목방들은 본국으로 돌려보내도록 하라.40)

고 하여, 매우 호의적으로 받아들였다.

    그렇다면 명은 왜 북경을 경유한 표류민의 송환에 긍정적이며 호의적인 반응을 나타냈을까. 그 이유는 명확치는 않지만, 명은 표류민의 송환과정에서 발생하는 주변국간의 직접적인 접촉을 가급적 막고자 한 것이 아닐까. 예를 들면 조선에서는 일본측에서 보내온 중국인 표류민을 인수하여 중국에 송환해 줄 경우, 조선조정에서는 「人臣無私交」의 원칙을 위배했다고 하여 명으로부터 질책을 당할까를 우려하여 이들을 송환할 것인가, 말 것인가를 놓고 논란을 거듭한 결과, 결국은 일본으로 다시 돌려보낸 사례가 있다.41) 따라서 이러한 현상을 감안한다면 중국에서는 주변국간에 사적인 통교를 허용치 않았던 것이고, 그것이 필요한 경우는 오히려 중국을 경유하는 방식을 장려했다고 보아진다. 가령 『明會典』에는 「조선이 人口를 송환할 경우 은 100량·錦 4단·紵絲 12表裏를 사여하여 장려하는 칙문을 보낸다」는 기록과 「외국인 표류민에게 땔감·식량·옷감 등을 준다」는 기록이 있다. 여기서 人口가 중국인을 의미하는지, 또는 유구인을 의미하는지 알 수 없지만, 명

---

40) 『中宗實錄』 권70, 26년 4월 무오.

41) 『世宗實錄』 권98, 24년 12월 경인조에는, 「좌찬성 하연과 예조판서 김종서가 아뢰기를, "지금 중국 사람이 倭人과 더불어 배를 타고 왔는데, 지금 만약 上國에 보낸다면, 上國에서는 반드시 倭國과 交通한 정상을 알게 될 것이니, 후환이 있지 않겠습니까…"하니, 임금이 말하기를, "太宗때에도 또한 이와 같은 사람이 있었는데, 대신들이 모두 돌려보내지 말기를 청하였으나, 태종께서 특명하여 돌려보내게 하였으니, 지금 비록 돌려보내지 않더라도, 후일에 자주 이와같은 사람이 있게되면, 上國에서 반드시 알게 될 것이다. 나는 돌려 보내기로 뜻을 결정하고자 하니, 의정부와 더불어 다시 논의하여 아뢰라."하였다. 마침내 對馬島로 돌려보냈다.」

이 天下一家의 이념을 표방했던 점을 감안하면 표류민의 경우 자국인
과 외국인을 달리 구분했던 것 같지는 않다.42) 결국 이러한 배경에는
명의 안보문제와 결부하여 동아시아 국제질서를 명 중심으로 유지해가
려는 의도가 있었다고 생각된다.

이후 조선과 유구관계는 더 이상 직접적인 접촉은 기록에 나타나지
않는다. 조선과 유구사이에 咨文형식의 외교문서를 주고받는 관계가
지속되는 것은 『歷代宝案』의 1638년(표1의 69번)까지이다. 즉 조·
유관계의 기록은 『朝鮮王朝實錄』에는 1546년 2월 - 유구에 표착한 제
주인 朴孫 등 12인 동지사편에 북경을 우회하여 송환된 일(표1의 51
번), 1589년 8월 - 진도에 표착한 유구 상인 30인을 동지사편에 북경
에 보낸 일(표1의 52번), 1596년 8월 - 동지사편에 1589년 표착유구
상인 송환에 대한 감사자문에 대한 회답자문 내용(표1의 53번),
1607년 2월 - 유구국 中山王의 세자 尚寧이 자문을 보내고 예물을 보
내 온 일(표1의 57번), 1607년 3월 - 유구국 중산왕에게 후의에 답하
고 이웃사이에 영원히 우호를 맺을 것을 다짐한 일(표1의 58번),
1607년 12월 - 유구국왕이 조경사신을 통하여 자문을 보내 온 일(표1
의 59번) 등 6건이 기록되어 있다. 그리고 『歷代宝案』에는 1597년부
터 1638년까지 12건이 기록되어 있는데, 조선에서 유구에 보낸 자문
이 7건, 유구에서 조선에 보낸 자문이 5건이 수록되어 있다.

이상의 내용을 통해서 볼 때, 이 시기의 조·유관계는 확실히 이전
의 시기와는 다른 특징을 가지고 있다. 북경을 우회하는 양국 사절간
의 접촉은 비록 양국 모두 타국의 땅에서 이루어진 접촉이지만, 모두
국가의 공식사절로서 국왕의 서계와 예물을 교환하였다는 점에 있어
공식적인 외교관계라고 볼 수밖에 없다. 당시 주고받은 문서는 모두
咨文으로 기록되어 있다. 그것은 북경을 통하는 경우 양국의 접촉이
명과 무관하게 이루어질 수는 없었을 것이고, 그 결과 명의 官制에 따
를 수밖에 없었을 것이다. 따라서 자연히 國書의 서식보다는 관청과

---

42) 楊秀芝, 『朝鮮·琉球關係硏究 - 朝鮮前期를 中心으로 - 』, 한국정신문화연구원
　　한국학대학원, 1994, 126쪽.

관청간의 자문형식을 취할 수밖에 없었을 것이다.43)

 더구나 이 시기에 왕래한 문서 중 임란후의 기록들은 양국이 모두 국난을 의식해서 인지, 유난히 명의 책봉국임과 우호교린을 강조하는 내용이 많다. 예를 들면, 1607년 12월에 유구국왕이 조경사신을 통해 답한 자문의 내용중에는,

 폐방이 근년에 명나라로부터 官服을 내려받고 왕작을 습봉하도록 하는 은혜를 받아, 비로소 귀국과 함께 형제나라로서의 떳떳함을 맺을 수 있게 되었으며, 같이 울타리 구실을 하는 나라로서 중임을 맡은 신하가 되었습니다. 그리고 또 천하가 태평하여 파도가 일지 않아 항해하는 배가 편안한 은혜를 입어 국가는 태평하고 백성은 편안하니 賊酋가 의기를 상실하여 감히 다시는 사마귀처럼 무모하게 중원을 엿보지는 못할 것입니다. 돌이켜보면 명나라의 위엄스런 명령과 신령한 밝음으로 그들을 굴복시켜 편안하도록 할 수 있을 것이며, 우방이 화목하면 복은 저절로 이룰 것입니다. 지금부터 영원토록 맹약을 맺어 귀국은 형이 되고 폐방은 아우가 되어, 형제가 명나라를 부모처럼 우러러 섬기며 즐겁고 화목하게 빙문하기를 청합니다. 하늘과 땅이 다하도록 함께하기를 바라면서 이렇게 자문으로 답합니다.44)

라는 내용으로 명의 책봉과 형제국으로서 우호교린을 강조하고 있다. 또한 유구에서는 광해군의 즉위와 책봉을 축하하고, 조선에서는 島津의 유구침입을 위로한 것에 대한 감사와 교린을 다짐하는 자문(1610년부터 21년사이의 문서, 표1의 60번, 62번)을 교환하였는데, 그 내용도 모두 우호교린을 다짐하고 있다. 즉 양국 모두 임란이후 새로운 국난위기에 접하게 되면서, 교린국으로서 일본에 대한 공동방어라는 입장이 강조된 것이라고 여겨진다.

---

43) 양국간에 주고 받은 문서의 격식에 관하여는 다음 장 「≪歷代宝案≫을 통해 본 조선과 유구관계」 참조.
44) 『光海君日記』 권23, 즉위년 12월 무진.

5. 표류민송환체제

1636년 청이 북경에 입성을 하고, 조선은 병자호란의 결과 과거 명에 한 것처럼 조공사를 보내고 청으로부터 책봉을 받았다. 그리고 유구의 경우는 1651년 명으로부터 받은 勅印을 반납하고, 1663년부터 청의 책봉을 받게 된다. 그러나 양국이 모두 책봉을 받은 시기에도 조·유간에는 조선전기와 같은 국가 대 국가의 직접적인 접촉은 한 번도 이루어지지 않았다. 다만 간헐적으로 발생하는 표류민의 송환이 양국 사이에 이루어지고 있는데, 유구에 표착한 조선 표착 사례 20건 중 1662년~69년의 3차례를 제외하고, 이후(1698~1856)의 17차례가 모두 福建을 경유하여 육로로 조선에 송환되고 있으며, 한편 유구표착 조선인의 경우도 9차례(1794~1861)중 1861년을 제외하고는 역시 福建을 경유한 육로로 유구에 송환되고 있다.[45]

그렇다면 이시기에 조·유 양국이 똑같이 청의 책봉을 받았고, 또 양국사이에 표류민의 송환이 이루어지면서도, 공식적인 교류가 이루어지지 않은 이유가 어디 있을까. 이에 대해 李薰은 『同文彙考』의 사료를 인용하여, 「유구에 표착한 조선인이 청의 福建-北京을 경유하여 조선에 송환되고 그에 따른 외교문서의 교환이 청과의 사이에서 이루어진 것은, 명의 멸망이후 조선과 유구와는 '私交之禮'가 없어졌기 때문이다」[46]라고 하였다. 따라서 이 사료에 의하면 조선과 유구의 외교관계는 「私交之禮」의 단절때문이라는 것을 알 수 있다. 여기서 「私交」란 곧 책봉국가간의 우호교린을 말한다. 그러나 청대에 와서도 양국은 모두 청의 책봉을 받은 책봉체제하의 나라들이었다. 그렇다면 같은 책봉이라도 明代에는 책봉국간의 교린을 하였고, 淸代에는 책봉국이었지만 교린을 하지 않았다는 말이 된다.

---

45) 李薰, 앞의 논문 일람표 참조.
46) 李薰, 앞의 논문, 131쪽.

그렇다면 그 이유는 어디에 있을까. 이 문제의 해답은 그리 간단한 문제는 아니다. 당시 명·청 교체, 막부과 유구, 조선과 막부관계 등 동아시아의 국제정세를 생각할 때, 조선의 대외정책의 변화에서 그 이유를 찾아야 할 것이다.

이에 대하여 荒野泰典은 표민송환절차에 청을 경유하는 것은 유구로부터 막부에 요청된 것인데, 그 이유는 1644년 명·청 교체 이후 막부·살마번·유구가 각각의 입장에서 유구와 일본의 관계를 은폐하려고 했기 때문이라고 설명하였다. 즉 막부는 외교, 국방의 이유에서 琉·日關係를 청에게 은폐하여 유구를 대외적으로 독자적인 왕국으로 보이게 하려했고, 유구 자신도 일본의 복속을 극복하기 위한 정치적인 목적에서 「琉球王國」의 자립화를 위해 청을 통한 표민송환체제를 확립하였다고 했다.47)

그러나 한편 조선의 경우에서 보면, 당시 조선은 청의 침입을 받아 힘에 의한 사대관계를 강요받게 되어, 과거 명과의 관계처럼 책봉관계를 맺게 되지만 내면적으로는 자국문화에 비중을 두면서 스스로를 중화문명의 계승자라는 「朝鮮中華主義」에 의하여 자존의식을 강화하여 갔다. 그리고 막부에 대하여도 종래 명의 책봉을 전제로 한 중화적 교린체제를 포기하는 대신, 청을 견제하고 대비하기 위한 새로운 탈중화의 독립적인 교린체제를 수립하였다.48) 따라서 이 시기가 되면 유구가 청의 책봉을 받았다하더라도 조선으로서는 청으로부터의 책봉에 그다지 의미를 두지 않게 되며, 또한 유구가 이미 막부에 복속되어 있었다는 사실을 알고 있었기 때문에 명시대와 같은 책봉국간의 「國王 對 國王」의 교린이 실질적으로 불가능했을 것이다. 뿐만 아니라 유구와의 교린이 현실적으로 조선의 대 중국관계나 대 일본관계에 아무런 의미를 갖지 못할 때, 더 이상 유구와의 외교관계를 지속할 필요성도 없어지게 되는 것이다. 결국 이러한 국제환경과 조선의 대외정책이 유구와의 공

---

47) 荒野泰典, 『近世日本と東アジア』 東京大學出版會 1988, 136쪽.

48) 孫承喆, 『朝鮮後期 韓日關係史研究』 제4장 1절, 1636년 丙子通信使와 脫中華의 交隣體制, 1994, 200쪽.

식적인 외교관계를 단절시키는 가장 큰 원인이 되었다고 생각한다.

6. 맺음말

이상의 논의를 통하여 조선시대 조·유관계사의 구조와 성격을 정리하면 다음과 같은 잠정적인 결론에 도달할 수 있다고 본다.

첫째, 조·유관계사의 시기구분을 논할 때, 종래에는 교린체제를 중시하여 유구와의 북경교류가 끝나는 1636년을 하한선으로 설정하였으나, 그 이후 양국의 표류민 송환체제를 염두에 둔다면 조선에 표착한 유구인이 마지막으로 송환되는 1868년까지를 하한선으로 잡아야 한다.

둘째, 조·유 관계의 시기구분은 크게 조선전기 직접 교린 체제, 조선중기 간접 교린 체제, 조선후기 표류민송환체제기로 구분할 수 있다.

셋째, 조유관계의 구조는 전기와 중기의 직접 교린 및 간접 교린 시기는 명의 책봉을 전제로 한 적례적 교린 관계의 틀 속에서 진행되었고, 후기에도 양국이 청의 책봉을 받았지만, 변질된 교린관계 속에서 표류민송환체제만 남게 되었다.

넷째, 조·유 관계의 성격은 조선은 유구국을 明의 册封을 받은 修好交隣의 대상국으로 인정하고 있었다는 점이다. 즉 일본보다는 小國이지만, 幕府를 제외한 다른 倭의 세력이나 野人과는 본질적으로 다른, 명을 중심으로 한 東아시아 外交秩序속에 포함된 國王外交의 대상이 되는 敵禮의 交隣國으로 생각하고 있었다. 물론 여기서 敵禮라는 말이 곧 對等을 의미하지 않음은 당연하다.[49]

다섯째, 직접 교린기에는 외교와 무역이 수반되었지만, 중기에는 정

---

49) 이에 대하여는 손승철, 앞의 책, 제2장 1절의 2.對等關係의 교린에서 상세히 논술하였다.

치·외교·군사적인 의미가 중시되었고, 후기에는 표류민송환이라는 비정기적인 관계만이 조·유 관계를 지속하는 요인으로 남게된다는 점이다.

이상에서 조선시대 조·유 관계의 구조와 특질에 대하여 기존의 연구를 바탕으로 정리를 해 보았다. 그러나 「조·유관계사현황표」에서 시사하는 바와 마찬가지로 조선시대 조·유관계사의 규명에는 아직도 해결해야 할 많은 문제점들이 산재되어 있다.

(이글은 1995년 대우재단 인문과학분야 공동연구인 『조선과 유구』의 일부분이다).

제 2 장
≪歷代宝案≫을 통해 본 조선과 유구관계

1. 머리말

전근대 동아시아 국제사회에서 조선과 통교관계를 맺었던 나라는 중국(명·청), 여진, 일본, 유구 등이었다.[1] 그리고 조선은 이들과의 관계를 기본적으로 「事大交隣」이라는 외교정책에 의하여 전개해갔다. 따라서 조선의 국제관계사를 총체적으로 구성하려는 경우 이들과의 관계가 종합적으로 다루어지지 않으면 안된다는 것은 자명한 사실이다. 그러나 주지하다시피 그 동안 이들 관계에 대한 개별적인 연구가 그렇게 균형있게 이루어지지는 않았다. 특히 유구관계는 다른 연구에 비하여 아주 소홀하여 왔음이 사실이다.[2] 그 결과 현시점에서는 조선의

---

1) 이중 女眞을 국가로 보는 견해에 관해서는 문제가 있지만, 편의상 통교의 대상국으로 분리한다. 그리고 조선과 통교를 했던 나라들은 이들 외에도 소위 남만국으로 불리우던 暹羅斛國·爪哇國·久邊國 등이 『朝鮮王朝實錄』에 보인다.

2) 조선과 유구와의 관계를 다룬 최근의 연구성과는, 孫承喆, 「朝鮮前期 對琉球 交隣體制의 구조와 성격」(『西巖趙恒來教授華甲紀念 韓國史學論叢』, 1992). 楊秀芝, 『朝鮮·琉球關係 研究 - 조선전기를 중심으로 - 』(한국정신문화연구원 한국학대학원, 1994). 李元淳, 「朝鮮前期 朝鮮廷臣의 琉球認識」(裵鍾茂總長 退任紀念史學論叢, 1994). 河宇鳳, 「朝鮮前期의 對琉球關係」(『國史館論叢』 제59집, 1994) 등이 있다. 그 외의 유구에 관한 연구업적들은 이들 논문에 거의

대외관계사를 종합적으로 체계화하는 일도 간단치가 않다.

조선의 대외관계사분야에서 朝·琉關係史연구가 부진한 데에는 여러 가지 이유가 있을 것이다. 그 원인에 관하여는 이미 부분적으로 제시한 바 있지만, 아마 제일 장애가 되었던 것이 「植民史觀」과 「史料問題」가 아닐까 생각한다.

즉 대외관계사 연구도 그 동안 「植民史觀」에 의해 접근방식이 잘못되어 있었다는 점이다. 예를 들면 조선시대 한일관계사의 경우만 보더라도, 조선과 일본의 관계가 對等하였다는 점을 강조하기 위하여 형식적인 관계였던 조선국왕과 막부장군과의 관계(國書의 대등형식)를 지나치게 부각시켰고, 반면 실제적인 관계였던 대마와의 관계를 羈縻의 측면보다는 교역의 관계로 설명하여 조·일 관계의 실상을 대등관계로만 모호하게 얼버무렸다. 뿐만 아니라 17세기 초반까지만 해도 동아시아 국제사회에서 엄연한 독립국가로서 조선과 독자적으로 교린관계를 유지하던 유구와의 관계를 「國家 對 國家」의 국제관계보나는 단순한 교류나 접촉의 차원에서 다룸으로써 양국외교의 역사적 실상을 소홀히 취급하였다.

다음 「史料問題」에 대하여 보면, 국제관계사를 연구할 경우 기본적으로 양국의 사료가 모두 이용되어야 하나, 이제까지는 주로 『朝鮮王朝實錄』이나 『海東諸國紀』가 이용되어 왔을 뿐, 유구사료인 『歷代宝案』의 내용이 보다 철저히 분석되지 않았다는 점이다. 물론 『歷代宝案』이 전연 소개되지 않았던 것은 아니다. 그러나 이미 발표된 조·유 관계사에 관한 연구논문들에서 『歷代宝案』의 내용이 만족할만큼 충분히 반영되었다고는 생각하지 않는다. 즉 『歷代宝案』에는 다른 사료에서는 볼 수 없는 조선·유구간에 왕복한 문서들이 18건(2건이 중복)이나 수록되어 있는데 이 문서들에 대한 정밀한 분석이 이루어져 있지 않다.

이 글은 이러한 두 가지 문제의식 속에서 『歷代宝案』에 수록된 조·

다 소개가 되어 있다.

유 왕복문서를 분석하여 조·유 관계의 역사적 실상에 접근해 보려는 목적을 가지고 있다. 나아가 이러한 작업이 조·유관계사의 이해는 물론 「朝鮮外交史」 및 「東아시아海域史」의 구성에도 일조가 되었으면 한다.

2. 『歷代宝案』의 편찬

『歷代宝案』은 유구국 第一尙氏王朝의 2대왕인 尙巴志代(1424년)부터 명치유신 직전인 1867년까지 444년간에 걸친 유구와 제외국간의 왕복문서를 총 집대성한 사료집이다.[3]

주지하는 바와 같이 1372년 명의 책봉을 받았던 유구는 이후 명치유신에 의하여 일본에 완전히 흡수될 때까지 중국(명·청)의 책봉체제에 편입되어 있었던 나라였다. 그래서 유구는 명·청은 물론 그 책봉체제 안에 있던 많은 피책봉국가들과 활발한 교류를 전개할 수 있었고, 그 결과 많은 양의 외교문서를 남기고 있다. 『歷代宝案』에는 유구와 명·청간의 왕복문서를 비롯하여, 책봉체제하의 교린국이었던 朝鮮 및 暹羅·滿刺加 등 동남아시아 제국과의 통상·무역을 위한 왕복문서가 수록되어 있다. 이러한 문서들은 중국 및 책봉체제간의 왕복문서였기때문에 당시 동아시아·동남아시아의 공용문자였던 한문으로 작성되었고,

---

3) 이후 朝·琉關係의 이해를 위하여 琉球國王 世系圖를 소개하면 다음과 같다.
  * 察度王時代(1350~1405) : 察度(1350~1395) - 武寧(1396~1405)
  * 尙思紹王統時代(第一尙氏王朝, 1406~1469) : 尙思紹(1406~1421) - 尙巴志(1422~1439) - 尙忠(1440~1444) - 尙思達(1440~1449) - 尙金福(1450~1453) - 尙泰久(1451~1460) - 尙德(1461~1469)
  * 尙圓王統時代(第二尙氏王朝, 1470~1879) : 尙圓(1470~1476) - 尙宣威(1477, 6개월) - 尙眞(1477~1526) - 尙淸(1527~1555) - 尙元(1556~1572) - 尙永(1573~1588) - 尙寧(1589~1620) - 尙豊(1621~1640) - 尙賢(1641~1647) - 尙質(1648~1668) - 尙貞(1669~17099) - 尙益(1710~1712) - 尙敬(1713~1751) - 尙穆(1752~1794) - 尙溫(1795~1801) - 尙成(1802~1803) - 尙灝(1804~1827) - 尙育(1828~1847) - 尙泰(1848~1879)

문서양식도 기본적으로는 중국을 모방하였다.

『歷代宝案』은 제1집, 제2집, 제3집, 별집 등 총 4집 256권으로 편찬되어 있다. 각각의 권수와 수록연대는 제1집이 49권(1424~1697), 제2집이 200권(1697~1858), 제3집이 13권(1859~1867), 별집 4권으로 구성되어 있다. 그리고 사료의 방대한 양에서 보듯이 그 편찬과정은 그렇게 간단하지가 않다. 즉 『歷代宝案』은 어느 한시기에 한꺼번에 편찬된 것이 아니라 각 집별로 각기 다른 편찬과정을 지니고 있다.4)

제1집의 경우, 서문에서 그 편찬과정을 소상히 밝히고 있는데, 내용을 정리하여 보면, 1697년(강희 36)에 당시 오랫동안 久米村의 天妃宮에 보관되어 있던 외교문서를 攝政·三司官의 명에 의하여 蔡鐸 등이 중수하여 2부의 초록을 작성한 후, 1부는 首里王城에, 1부는 天妃宮에 보관하였다고 한다.

유구의 외교문서를 전담하였던 久米村의 유래는 다음과 같다. 명태조는 유구를 책봉한 뒤, 항해용 선박과 함께 福建지방의 閩人 36성을 유구로 이주시켜 유구의 조공왕래에 도움을 주도록 하였는데, 이들은 유구의 那覇근처에 있는 唐營(속칭 久米村)에 집단 거주하면서 독자적인 漢人主管(總理司)의 행정체제를 갖추고, 한자문화권의 나라들과의 외교·통상업무를 전담하였다. 그리하여 유구국 對外使行의 正使는 일반적으로 유구의 왕족이었지만, 나머지 副使·通事·船長 등은 모두 久米村 사람들이었던 것이다. 이들 구미촌 사람들은 이와 같이 유구의 외교·통상업무에 참여하면서 그 공로에 따라 通事로부터 都通事·正議大夫·中議大夫 심지어는 紫金大夫에까지 승진하였다. 이들은 외모가 유구사람과는 별로 차이가 없었지만, 상투를 머리 가운데 틀고, 관복을 품계에 따라 달리 입었다 한다.5) 어쨌든 이들은 유구사회의 특수

---

4) 『歷代宝案』의 편찬경위에 관하여는 「<解題> 歷代宝案について」(『那覇市史』資料篇 第一卷四 歷代宝案第一集抄)에 상세히 기술되어 있으며, 필자도 「歷代宝案」의 편찬경위에 관하여는 이 논고에 의존하여 서술하였다.

5) 楊秀芝, 앞의 논문, 25~27쪽.

집단으로서 유구의 대외관계를 전담하고 있었다. 조선사료인 『海東諸國紀』에서도 이들에 관하여 기록하고 있는데, 예를 들면 「중국사람으로 와서 거주하는 자가 3천여 가구인데, 별도로 城을 쌓아서 살게 하였다」던가, 「長史 2員과 正議大夫 2員이 用事者인데, 이들은 모두 중국에서 와서 거주하는 사람으로서 이 벼슬을 시켰다」[6]라고 되어 있다.

이와 같이 유구는 명의 책봉을 받은 후부터 명태조의 지시에 의하여 복건지방에서 이주해 온, 閩人 36姓의 도움을 받아 동아시아 여러 나라와 국제관계를 맺고 있었고, 그에 필요한 외교문서는 모두 이들 구미촌 사람들에 의해 작성되었던 것이다. 구미촌 사람들이 초창기부터 어떠한 형태로 외교문서를 작성하고, 또 그것을 보관하여 왔는지에 대해서는 알려진 바가 없다. 그러나 1697년 『歷代宝案』을 중수하였던 蔡鐸의 연보에 의하면 「康熙 16년(1677)에 국명을 받아 보안을 수정하여, 戊午(1678) 4월에 이르러 완성하였다」고 되어있어 이미 20년 전에 1차로 일정하게 정리한 것을 이때 다시 편집하였던 것이고, 그러한 의미에서 중수라는 표현을 썼다고 보아야 할 것이다.

따라서 1697년에 편찬된 제1집은 처음부터 왕복문서의 원본을 가지고 편집·정리한 것은 아니고, 구미촌에 보관되고 있던 문서의 사본을 1677년 1차로 정리하였고, 이것을 다시 1697년에 와서 중수하여 『歷代宝案』으로 편찬하였던 것이며, 2부의 抄本을 작성하여 각기 다른 장소에 보관하였던 것이다. 뒤에 상술할 것이지만 조선과의 왕복 문서는 모두 제1집에만 수록되어 있다.

그후 1726년에 이르러 1697년 이후의 문서에 대하여 다시 續集 편찬의 명령이 하달되었다. 제2집의 편찬이다. 제2집의 목록 앞에 있는 「督抄宝案記」에는 이 과정을 다음과 같이 기록하고 있다. 즉 「雍正 4년(1726) 2월 24일, 紫金大夫 程順則, 長史 蔡用弼, 程允升이 명을 받아, 康熙 36년(1697)부터 雍正 5년(17 27)에 이르는 宝案의 2집을 抄成하였다. 모두 16책을 작성하였는데 1책은 목록이다」. 이 기록

---

6) 『海東諸國紀』 琉球國紀.

에 의하면 이때의 편찬은 제1집에 이어서 추가하지 않고, 따로「督抄宝案記」를 첨부하여 제2집이라고 했으므로, 결국 앞의『歷代宝案』과는 별도로 편찬했던 것이고, 제2집이라고 명기하였으므로 앞서 편찬 한 것이 제1집이라는 것도 알 수 있게 된다.

그러나 제2집은 책수로는 16책이지만, 권수로는 200권에 이르고 있고, 수록연대도 1697년부터 1858년까지의 내용을 담고 있어서, 당초의 계획이 대폭 변경된 것을 알 수 있다. 즉 제2집의 목차 부분을 보면, 처음에는 1727년까지를 제2집으로 편찬하였는데, 그후 속집을 보강하여 1819년까지를 하나의 목록으로 작성하였고, 그후에도 1858년까지를 계속 작성하여 이것을 전부 제2집으로 편집하였다.

제3집은 1859년부터 1867년까지 13권으로 편찬되어 있다. 그러나 목록도 없고, 제3집이란 명칭도 없다. 다만 현존하는 7개의『歷代宝案』중 대만대학에 소장되어 있는 것에만 제3집으로 되어 있다. 따라서 제3집이란 명칭도 편의상의 명칭이라고 보아야 할 것이다.

이상의 3집 외에 別集 4권이 있다. 그런데 그 내용을 보면 1719년에 도래한 冠船의 적재품 목록으로「唐人持來品貨物錄」,「咨集 歷代宝案 文組方」, 1844~47년간의 英·佛船 渡來에 관한 유구와 福建布政使 등과의 왕복문서, 1846~1855년간 異國船 渡來에 대한 왕복문서로 되어 있다. 따라서 별집에 수록된 문서는 모두 시기적으로 제2집의 범위이지만, 시간적으로 연결되는 것도 아니어서 당초부터 별도로 편찬하였다고 보기는 어렵고, 제2집의 편찬때 누락되었던 것을 후에 별집으로 편찬한 것으로 생각된다.

이상에 서술한 바와 같이『歷代宝案』은 1697년 제1집을 편찬한 이래 1867년에 이르기까지 제2집과 3집, 별집을 편찬하였고, 이것을 제1집과 마찬가지로 2부를 抄成하여 首里王城과 久米村 天妃宮에 보관하였다. 그후 1879년, 소위「琉球處分」때 왕성에 보관되어 있던『歷代宝案』은 東京 明治政府의 내무성에 이관하여 보관되었는데, 1923년 關東대지진 때에 소실되었다. 한편 天妃宮의『歷代宝案』은 유구처분 후 한동안 소재불명이다가, 1931년에 久米村의 古家에 소장되어 있음이 판명되었다. 그후 이것을 1933년 縣立圖書館으로 옮겨 별도의 사본을 작성하여 연구자들도 이용하게 되었다. 그러나 이 원본도 1945년 태평양전쟁때 없어지고 말았다.7)

그러나 다행스럽게도 縣立圖書館에 보관되어 있던 天妃宮本의 『歷代宝案』은 소실되기 전에 청사진으로 복사본도 만들어 졌고, 또 필사본으로 모사되기도 하여 현재 7질이 각처에 소장되어 있다.8)

3. 文書樣式의 분석

1) 文書의 특징

『歷代宝案』에 수록된 조선과 유구간의 왕복문서는 모두 18건이다. 그러나 2건(문서번호11,12)은 같은 내용으로 중복되어 있어 실제로는 17건이다. 그리고 이 문서들은 시기적으로 1431년부터 1638년 사이에 주고받은 문서들로서 제1집의 시기에 해당되어 모두가 제1집에 수록되어 있으며, 권39, 권40, 권41에 집중되어 있다.

물론 여기에 열거하는 문서가 조·유간에 주고받은 왕복문서의 전부가 아님은 물론이다. 이제까지의 연구성과에 의하면 조선시대 조·유간에 왕래한 사행의 횟수는 정확히는 알 수는 없지만, 대략 50회

---

7) 앞의 「<解題> 歷代宝案について」의 5~7쪽에 의하면, 1945년 태평양전쟁때 美軍이 琉球(오끼나와)에 상륙하면서, 이 자료가 소실되었다고 하면서도 당시 미군이 가지고 갔을 가능성도 배제하지 않고 있다.

8) 현재 청사진본은 鎌倉本(沖繩縣立藝術大學 소장), 東恩納本(沖繩縣立圖書館 소장) 등 2질이나 결본이 많다. 필사본으로는 那覇市立圖書館本, 東恩納筆寫本(沖繩縣立圖書館 소장), 台灣本(台灣大學 소장), 東大史料編纂所本(東大史料編纂所 소장), 鄭良弼本(故 橫山重 소장) 등 5질이 남아 있으며, 필사 및 소장 경위에 관하여는 앞의 「<解題> 歷代宝案について」의 4~6쪽에 상세하다. 필자는 東京大學 소장의 필사본과 楊秀芝 논문의 「台灣本」 복사본, 그리고 李元淳교수를 통하여 입수한 『琉球市史』의 資料篇(활자본)을 기본자료로 이용하였다.

내외로 파악되고 있다.9) 따라서 『歷代宝案』에 수록되어 있는 왕복문서는 실제의 삼분의 일정도가 된다고 볼 수 있다. 그러나 『歷代宝案』에 수록된 문서들은 『朝鮮王朝實錄』이나 『海東諸國紀』와는 달리 문서의 全文이 수록되어 있어 양국관계의 실상을 파악하는데 더없이 소중한 사료임은 더 이상 강조할 필요가 없다.

『歷代宝案』에 수록된 이상의 조·유 왕복문서들은 대체적으로 다음과 같은 특징을 가지고 있다.

첫째, 조·유간의 사절왕래는 거의가 조선전기에 집중되어 있는데, 『歷代宝案』에 수록된 문서는 5건(문서 1, 2, 3, 4, 5)에 지나지 않는다는 사실이다. 즉 조선전기 조·유간에 사절이 왕래한 횟수는 50여회에 달하는데, 단 5건만이 수록되어 있다는 사실이다. 따라서 조선전기의 경우는 약 90%이상의 문서들이 없어졌다는 말이 된다. 그러나 임란이후 북경을 통한 접촉은 1597년부터 1638년까지 15회에 달하나 그중 12회의 문서가 수록되어 있다.

둘째, 17건의 문서 중 조선에서 유구에 보낸 것이 9건, 유구에서 조선에 보낸 것이 8건에 이르러 각기 절반정도를 차지하고 있다. 그리고 이들 문서들은 시기적으로 이어지고 있고, 내용도 연결된다. 따라서 같은 내용에 대한 상호간의 입장을 밝힐 수 있다는 점에서 사료적 가치 또한 매우 높다고 볼 수 있다.

---

9) 조선시대 조·유간의 사절왕래횟수에 관하여는 연구자마다 견해를 달리하고 있다. 예를 들면 田中健夫는 1389~1500년까지 37회(「琉球に關する朝鮮史料의 性格」 『中世對外關係史』, 東京大出版會, 1975, 291쪽), 孫承喆은 1392~1589년까지 49회(「朝·琉交隣體制의 구조와 성격」 『朝鮮時代 韓日關係史硏究』, 지성의 샘, 1994, 97쪽), 河宇鳳은 1392~1636년까지 57회(앞의 논문), 有井智德은 1392~1544년까지 조선의 유구 사신 접대 71회, 유구로 부터 遣使 31회(「李朝實錄의 日本關係史料의 硏究」 『靑丘學術論叢』 제3집, 韓國文化振興財團, 1993, 328쪽) 등 일정하지가 않다. 그 이유는 사행의 기록이 자세하지 않고, 또한 對馬島나 博多상인의 僞使도 중첩되어 있어서 유구사행으로 분류하기도 어렵고, 경우에 따라서는 琉球國王使 인지 아닌지도 구분이 되지 않기 때문이다.

표1]   조·유 왕복문서 일람표

번호	연 대	행 선	형식	서 두	출 전
1	1431. 6.19	조←유	咨	琉球國中山王尙巴志爲禮義事	권 40-10
2	1431.12	조→유	書	朝鮮國王李陶奉復 琉球國王殿下	권 39-2
3	1461. 7. 7	조→유	書	朝鮮國王李瑈奉復 琉球國王殿下	권 39-3
4	1467. 8.19	조→유	書	朝鮮國王李瑈奉復 琉球國王殿下	권 39-6
5	1470. 4. 1	조←유	書咨	琉球國王尙德奉復 朝鮮國王殿下	권 41-17
6	1597. 8. 6	조→유	咨	朝鮮國王爲敦隣好酬厚恩事	권 39-18
7	1601. 8. 7	조→유	咨	朝鮮國王爲歷修聘問以答厚恩事	권 39-19
8	1606. 8.13	조→유	咨	朝鮮國王爲申酬厚儀事	권 39-20
9	1610~12	조←유	咨	琉球國中山王尙 爲敦隣好事	권 41-20
10	1621. 8	조←유	咨	琉球國中山王世子尙豊爲敦情禮篤交隣事	권 41-21
11	1623.10.16	조←유	咨	琉球國中山王世子尙 爲敦情禮篤交隣事	권 41-22
12	1623.10.16	조←유	咨	琉球國中山王世子尙 爲敦情禮篤交隣事	권 41-23
13	1626.12.23	조→유	移文	朝鮮國吏曹判書 爲驗領禮物事	권 39-21
14	1628. 7.11	조→유	咨	朝鮮國王爲敦情禮篤交隣事	권 39-22
15	1631. 3	조←유	咨	琉球國中山王世子尙 爲敦情禮篤交隣事	권 41-24
16	1634. 7.22	조→유	咨	朝鮮國王爲敦情禮篤交隣事	권 31-23
17	1636.	조←유	咨	琉球國王爲敦情禮篤交隣事	권 41-25
18	1638.	조←유	咨	琉球國中山王尙 爲敦情禮篤交隣事	권 41-26

　셋째, 왕복문서들의 양식이 書와 咨로 되어 있으며 그 형식이 일정치 않다는 점이다. 그러나 대체적으로 구분하여 보면 조선에서 유구에 보낸 문서는 조선전기는 書였으나 후기에는 咨로 바뀌었고, 유구에서는 문서 5를 제외하고는 전·후기 모두 咨의 형식을 취하고 있다. 문서의 형식에 관하여는 뒤에서 상술한다.

　넷째, 문서의 내용이 대부분 양국간에 우호 교린을 돈독히 할 것을 상호간에 요청하는 것으로 되어 있다는 점이다. 물론 문서에 따라서는 무역의 요청, 표류민 송환 등에 대한 내용도 있으나, 상호간에 遣使를 통한 문서의 교환은 양국간에 우호교린을 돈독히 하고자 하는 목적임을 분명히 하고 있다.

　다섯째, 대부분의 문서 끝부분에 別幅이 첨부되어 있어서 당시 양국

간에 주고받은 물품의 목록을 소상히 알 수 있다는 점이다. 즉 당시 양국간에 주고받은 물품의 품목과 수량을 통하여 조선과 유구의 무역 구조를 가늠할 수 있으며 나아가 동아시아 무역권의 경로를 추측할 수 있다.

여섯째, 17건의 문서 중 12건(문서 6-18)이 양국이 국난을 맞이하는 시기에 중국(명)의 북경을 우회하여 주고받은 문서들이다. 즉 조선의 경우는 이 시기가 임진왜란과 병자호란에 해당되는 시기이고, 유구도 1609년 살마번의 침입을 받아 정복을 당하는 시기였다. 이점에서 이 문서들은 당시의 동아시아 국제정세와 양국의 외교자세를 이해하는데 아주 귀중한 사료이다.

이외에도 문제의 시각에 따라서는 여러 가지 다른 특징을 추출해 낼 수 있을 것이나, 본고에서는 주로 왕복문서가 가지고 있는 이상의 특징들을 중심으로 조·유 관계의 추이를 검토해 보고자 한다. 특히 왕복문서의 양식은 두 나라 관계의 구조와 성격을 규정하는데 매우 많은 시사점을 제공하여 준다.

2) 書式과 咨式

앞의 표에서 볼 수 있는 바와 같이, 조·유간의 왕복문서 양식은 書와 咨, 그리고 書咨겸용, 移文 등 네가지 형식을 취하고 있다. 즉 17건의 왕복문서중 書가 3건(문서-2, 3, 4), 書咨 겸용 1건(문서 5), 移文이 1건(문서 13), 咨가 12건이다. 그런데 書는 조선전기에 조선에서 유구에 보낸 문서 3건 뿐이고, 조선후기 조선에서 유구에 보낸 문서나 유구에서 조선에 보낸 문서는 전·후기를 막론하고 모두 咨(문서 5 제외)였다.

외교문서의 양식인 書와 咨의 구별에 관하여는 이미 高橋公明에 의한 연구가 있어 그 상세한 차이를 알 수 있다.10) 그에 의하면 書란

---

10) 高橋公明, 「外交文書「書·咨」について」『年報 中世史硏究』제7호, 1982. 이외에도 國書의 양식에 관하여는 柳在春, 「朝鮮後期 朝·日國書 硏究」『韓日

明의 徐師曾이 편찬한 『文體明弁』의 기록을 인용하여 볼 때, 중국에서 일반적으로 친구간에 주고받는 편지를 말한다고 했다. 그리고 이것이 국가간의 문서양식에 적용되어 서로 臣從關係가 아닌 경우에 흔히 사용되었으며, 특히 중국의 책봉을 받은 나라들간에 일반화되어 있던 문서형식임을 『善隣國寶記』의 사료들을 통하여 입증하였다. 결국 이러한 논리에서 본다면 書의 형식을 취한 國書는 대등한 국가간에 「國王 對 國王」관계에서 일반적으로 썼던 문서의 양식임을 알 수 있다.

한편 咨의 경우를 보면, 17건의 문서중 문서 12건으로 제일 많은 양식을 취하고 있다. 즉 조선 전·후기를 막론하고 문서 2, 3, 4, 5와 13을 빼놓고는 모두 咨이며, 특히 임란후의 왕복문서는 모두 咨의 양식을 보여준다.

본래 咨란 명의 관료제에서 쓰여지던 공식의 문서양식이다.[11] 즉 당시 관청간에 쓰여지던 문서의 양식에는 咨呈·呈·平咨·照會·劄付 등이 있었는데, 咨呈과 呈은 하급관청에서 상급관청으로, 照會, 劄付 는 상급관청에서 하급관청으로 보내는 문서에서 쓰여진 양식이다. 그리고 平咨란 대등한 관청간에 사용하던 문서양식으로 특히 2품 이상의 대등한 관청끼리만 사용하였다. 이것은 명에서뿐만 아니라 조선에서도 그러했다.[12] 나아가 咨는 책봉을 받은 국왕과 명의 관청 사이의 외교문서로도 사용하였다. 조선의 경우 咨를 주고받은 관청은 명의 禮部와 遼東都指揮使司(모두 정2품)였고, 유구도 마찬가지로 禮部와 福建布政使司(종2품)이었다. 이를 볼 때 명에 咨를 보내는 경우 국왕은 개인이 아니라 명의 정2품 관청을 상대하는 관청의 의미를 가지게 된다. 이 경우 조선과 유구 사이에는 「朝鮮國王」과 「琉球國中山王」 또는 「琉球國中山王尙某」로 썼다.

關係史研究』, 창간호 1993에 조선후기 체계화된 국서양식과 그 예를 소상히 소개하고 있다.

11) 高橋公明, 앞의 논문, 83~84쪽.

12) 조선의 대명관계 기본법전인 『訓讀吏文』「吏文輯覽」 권2의 註에 「咨 二品以上 行同品 衛門之文 又上項各衛門 各與堂上官行」로 되어있다.

따라서 이러한 논리로 본다면, 조선과 유구간에 왕복한 咨는 모두 책봉국 국왕간에 주고받는 문서가 아니라, 유구의 정2품 유구국 중산왕의 관청이 조선의 정2품 조선국왕의 관청13)에게 보내는 平咨의 咨에 해당한다고 볼 수 있다. 즉 유구와의 왕복 외교문서가 書냐 咨냐에 따라서 이같은 성격의 차이를 발견할 수 있는 것이다.

3) 조선의 國書

조선전기 조선에서 유구에 보낸 외교문서는 書였고, 임란 후에는 모두 咨의 양식을 가지고 있다. 이에 반해 유구에서 조선에 보낸 외교문서는 전·후기를 막론하고 문서 5를 제외하고는 모두 咨였다. 즉 유구의 경우는 조선전기에는 처음부터 咨의 양식을 취하고 있었다. 그러나 유구에서 조선에 보낸 문서가 처음부터 咨式은 아니었다. 예를 들면 『歷代宝案』에는 수록되어 있지 않지만, 『高麗史』와 『朝鮮王朝實錄』에 의하면 고려말 1389년(창왕 원년)과 조선초 1392년(태조 원년)에 琉球國 中山王 察度가 보낸 문서는 表였고, 또 1394년(태조 3)에 中山王 察度는 箋, 그리고 1397년(태종 6)에는 書, 1400년(정종 2)에는 다시 箋을 조선에 보내왔다. 그리고 1409년(태종 9)에 中山王 思紹는 咨, 1410년(태종 10)에도 咨를 보내왔고, 1418년(세종 원)에 유구국왕 2남은 書를 보내오는 등 문서의 양식이 매우 복잡하였다. 이에 대하여 『海東諸國紀』에서도 「그 書를 혹은 箋, 혹은 咨, 혹은 書라 하여 격식과 예가 하나가 아니었고, 그 칭호와 성명도 또한 일정치 않았다」14)고 기록하고 있다. 이 점을 통하여 볼 때, 적어도 咨로 정형화될 때까지는 어떤 원칙이 있었다고 보기는 어렵다. 그러나 이 시기 유구의 대조선 외교문서의 형식이 왜 이렇게 일정하지 않았는가에 대하여

---

13) 그런데 유구에서 조선에 보내 온 문서에는 「琉球國中山王尚某」라고 하여 문제가 없으나 조선측을 「朝鮮國王」이라 하지 않고, 「朝鮮國」이라고만 했다. 따라서 이것이 문제가 되어 咨文으로 볼 것이냐, 또는 國書로 볼 것이냐가 문제가 되었다. 그리고 당시 官廳을 公廳이라고 했다. 뒤의 주) 17 참조.

14) 『海東諸國紀』 琉球國紀, 「其書或箋或咨或致書 格例不一 其稱號姓名亦不定」

는 아직 명확한 해석이 나와있지 않다.15)

이에 반해 조선에서 유구에 보낸 문서의 양식은 어떠했을까. 조선의 경우, 유구에 보낸 외교문서의 서식은 처음부터 정형화되어 있었던 것 같다. 즉 고려말 1389년(창왕 원)에 典客令 金允厚를 보빙사로 유구에 파견할 때의 외교문서가 書의 양식을 갖추었다.16) 그 이후 조선에 들어와 유구에 보낸 문서들이 어떠한 형식을 갖추었는가는 알 수 없는데, 1431년(세종 13)에 조선 조정에서는 유구에 보낼 문서의 양식에 관한 논의가 이루어 졌다. 즉

> 上(세종)이 좌우에 이르기를, "지금 琉球國王이 본국에 咨를 보내 왔는데, 만약 司에서 書契로 작성하여 답하면 禮에 어긋날 것이고, 咨로써 답하면 隣國간의 交通의 예가 아닐 것이니 어떻게 하면 좋겠는가. 만약 書契로 답하여 그들이 비록 노한다해도 대소강약으로 따지면 두려워할 것은 없다. 그러나 유구국은 中國과 交通을 하고 있고, 또 爵命(冊封)을 받았으므로, 倭人과 비할 바가 아니다. 중국에서는 반드시 우리 나라가 修答한 문서를 볼 것이니 禮에 합당하지 않으면 안 된다. 비록 書契로 답한다하더라도 圖書를 쓸수 없을 것이 아닌가. 옛사람들이 말하기를 그들이 비록 禮가 없다고 하지만, 내가 無禮함으로

---

15) 이점에 관하여 연구자의 해석은 여러가지다. 예를 들면, 張存武(「中國與明淸時代的 朝琉關係」『第2屆國際漢學會議論文集, 中央研究院, 1989, 331쪽)는 『高麗史』의 奉表稱臣 기록이 15세기에 편찬된 것이기 때문에 잘못되었다고 했고, 楊秀芝(『朝鮮·琉球關係研究』, 한국정신문화연구원 한국학대학원 박사학위논문, 1994, 91쪽)는 당시 유구의 외교 문서 작성자들이 表·箋의 양식을 정확히 구분을 하지 못하여 명에게 보낸 양식을 그대로 보냈다고 했고, 河宇鳳(「朝鮮前期의 對琉球關係」『國史館論叢』 제59집, 1994, 163쪽)은 表 - 箋 - 咨文 - 書契로 바뀌지는 양식이 유구의 조선통교의 성격이 처음에는 조공국이었으나 점차 향상되어 성종대부터 대등국간의 통교로 바뀌었다고 하였다. 그러나 이 주장들은 모두 설득력이 약하다. 특히 河宇鳳씨는 유구의 대조선 외교문서의 양식이 表 - 箋 - 咨文 - 書契로 단계적으로 바뀌어지는 것으로 설명하였지만, 『歷代宝案』에 수록된 문서에는 書契의 형식을 갖춘 외교문서는 초기의 3件에 지나지 않는다.

16) 이 문서는 「高麗權署國事王昌端肅復書 琉球國中山王殿下」로 되어 있어 그 양식이 書式임을 알 수 있다.

그들을 대할 수는 없다. 古文을 상고하여 답하는 것이 마땅하다"하니, 孟思誠도 古文을 상고하여 답하는 것이 마땅하다고 하였고, 申商은 말하기를, "유구는 小國으로 衣裳의 제도도 없고, 禮義도 없는 나라입니다. 지금 咨文에 右咨 朝鮮國이라고 했는데, 이는 반드시 公廳을 가리키는 것입니다. 臣의 생각으로는 書契로서 답하는 것이 해가 없을 듯합니다"하였다. (그러자) 상이 이르기를, "咨의 안쪽 첫면에 이름을 썼고, 咨라고 쓴 아래에 署가 있으니, 이것은 역시 咨文의 例는 아니다. 그러므로 나를 가리키는 것이지, 公廳을 가리키는 것은 아니다. 내가 다시 생각해보겠다."[17]

고 하였다. 즉 당시 조선에서는 유구로부터의 외교문서들이 일정한 격식을 갖추지 않았기 때문에, 그에 대한 답서의 양식을 어떻게 정할 것인가에 대해 의견이 분분하였다. 그리하여 조정에서는 답서형식을 놓고 논의를 하게 되었고, 그 결과 세종은 유구국에 보내는 답서의 양식을 書契나 咨文보다는 책봉국 국왕간에 주고받는 왕복문서의 기본형식인 國書의 양식을 취하여 교린정책의 원칙인 敵禮國 대우를 하였던 것이다. 이러한 논의를 거쳐 유구국에 보낸 답서가 바로 『歷代宝案』에 수록된 문서 2의 국서이다.

그러면 書式의 경우를 문서 2의 내용을 통하여 보자.[18]

---

17) 『世宗實錄』 권54, 13년 11월 병자.
18) 이 문서를 번역하여 보면 다음과 같다.
朝鮮國王 李陶는 琉球國王殿下에게 奉復합니다. 우리 나라는 貴邦과 대대로 信睦하였으나, 바닷길이 멀어서 아주 여러 해 멀어지게 되었습니다. 그런데 이제 先君의 친분을 계속할 것을 생각하고, 사신을 보내어 내빙하고, 또 예물을 보내 주시어 교통왕래의 뜻을 나타내시었습니다. 寡人도 아주 깊은 기쁨과 감사를 드립니다. 바라옵건데 이 마음을 굳게 하여 영원히 끊기지 않는다면 어찌 아름다움이 아니겠습니까. 변변치 못한 토산물로 작은 정성을 표하오니, 간절히 바라옵건데 받아 주시옵소서. 추운 겨울에 일기도 불순하오니 保重하시기 바랍니다. 不宣. 宣德(1431) 6년 12월 일 朝鮮國王李陶 別幅 黑細麻布 15匹 白細布 15匹 滿花席 15張 虎皮 5領 人蔘一百斤 松子二佰斤.

> 朝鮮國王李陶　奉復
> 琉球國王殿下我國與貴邦世敦信睦綠海道遼夐以致多年疎
> 曠今
> 王思維先君之好專使來聘仍
> 惠禮貺更
> 示以交通往來之義寡人深用喜謝庶堅
> 此心以永終譽
> 豈不美哉不□土宜聊表微誠切希
> 領納冬寒□
> 順將保重不宣
> 宣德六年拾二月　日
> 朝鮮國李陶
> 　別幅
> 　　黑細麻布一十五匹
> 　　白細苧布一十五匹
> 　　滿花席一十五張
> 　　虎皮五領
> 　　人參一百斤
> 　　松子二佰斤

　그런데 이 書는 몇 가지 특징을 가지고 있다. 즉 첫째, 문서를 보내는 사람과 받는 사람이 나란히 명시되며, 朝鮮國王 李陶가 琉球國王殿下에게 奉復한다는 문구로 되어 있다. 둘째, 일반적으로 국서는 본문의 시작하는 말과 끝나는 말이 있는데, 조·유 왕복문서에서는 정형화되어 있지 않다. 셋째, 연월일을 표기할 때 양국이 모두 明의 연호를 쓰고 있다. 넷째, 別幅을 붙이고 있어 전형적인 國書의 형식을 취하였다.

　따라서 우리는 이 문서의 특징을 통하여, 당시 조선의 대유구 정책의 일면을 새삼 확인할 수가 있다. 즉 조선에서는 이미 알려진 바와 같이 표면적으로는 유구를 「國王 對 國王」간의 대등한 관계의 **敵禮 交隣國**으로 상대하였다는 점. 그리고 두 나라의 관계는 기본적으로 명의 책봉체제를 전제로 하고 있었다는 점 등이다. 그리고 조선에서는 이같은 외교원칙에 의해 이후 대 유구관계를 전개하고 있음을 알 수 있다.

물론 앞서도 언급하였지만, 이 문서가 완전한 국서의 형식은 아니다. 즉 완전한 국서의 양식일 경우, 조선후기 일본과의 경우이지만,

> 안에 쓰는 법칙은 三帖의 한가운데 二行부터 「朝鮮國王(한자 띄고) 姓諱(한자 띄고)奉書」라 쓰고, 四帖 한가운데에 平行으로 「日本國大君 (한자 띄고)殿下」라고 쓴다(朝자는 日자와 가지런히 쓰고, 書자는 下자 와 가지런히 쓴다). 五帖의 平行에서 시작하여 사연을 云云하고, 끝에 不備라고 쓴다. 平行으로 모년월일이라 쓰고, 末帖 한가운데 二行에서 부터 「朝鮮國王(한자 띄고)姓諱」를 쓰되, 연월일과 가지런히 쓴다.19)

로 되어 있으므로, 완전한 형식의 국서양식이라고는 볼 수 없다. 하지만 이 문서를 책봉국 국왕간에 주고받는 國書式이라고 해도 큰 문제는 없다고 본다.

4) 咨式 왕복문서

조선전기 조선에서 유구에 보낸 문서가 書임에 반하여, 유구에서 조선에 보낸 문서는 1431년은 咨였고 1470년은 書·咨 겸식이었다. 그리고 임란 후에는 양국의 왕복문서가 문서 13의 移文을 제외하고는 모두 咨였다. 문서 13의 移文은 다른 문서와는 다르게 1626년 聖節使로 북경에 갔던 이조판서 金尙憲이 당시 유구사신 正議大夫 蔡延에게서 유구국왕이 보내는 咨文과 禮物을 수령했다는 일종의 확인서였으므로 그다지 문제가 되지 않는다.

---

19) 『交隣志』 國書式.

그렇다면 여기서 잠깐 유구가 조선이외의 다른 나라들에 보낸 외교
문서는 어떠했는지를 살펴보자. 『歷代宝案』에 수록된 다른 나라에 보
낸 문서를 보면, 한 두번의 예를 제외하고는 거의가 咨文의 형식이다.

예를 들어 권 40의 문서들은 발신자는 거의가 「琉球國中山王」 또는
「琉球國中山王尙某」로 쓰여져 있어 책봉관계에서 쓰여지는 咨文의 형
식이고, 書式 외교문서의 표현인 「琉球國王」은 爪哇國 앞으로 보낸 2
통의 문서에서만 보인다. 따라서 대부분의 문서는 거의가 관청간에 또
는 관료의 사이에서 쓰고 있는 자문의 성격을 가진 「琉球國中山王」으
로 쓰고 있다. 또 수신자도 앞의 세종대에 논쟁이 되었듯이 書式 외교
문서에서 사용하는 「朝鮮國王」이라 하지 않고, 다만 「朝鮮國」이라고만
했고, 단 한번 「暹羅國王」이라고 했다. 이로 볼 때, 유구가 외국으로
보내는 외교문서는 중국을 제외하고는 한 두 번의 예외는 있지만 거의
가 咨式 문서를 썼던 것이다.

그런데 이 문서 5는 書·咨式의 문서로 작성되어 있다. 다시 말해
시작은 서식으로 하고 있으면서 끝부분은 자식을 취하였다. 이점에 대
하여 高橋公明은 1431년(세종 13) 조선 조정에서의 논쟁을 예로 들
면서, 교린관계임에도 咨를 쓰고 있는 유구의 자세가 주변제국에 이해
될 수 없었기 때문에 그 결과 유구도 書式의 외교문서를 쓰게끔 되었
다고 했다.[20] 그러나 실제로 이후에도 조선에 대해서 보낸 문서는 書
式이 아니라 모두 咨式이었다.

그러면 문제의 문서 5를 보자.[21]

---

20) 高橋公明, 「外交文書 書·咨에 대하여」 『中世史硏究』 제7호, 1982, 89쪽.
21) 이 문서를 해석하여 보면 다음과 같다.
　유구국왕 상덕은 조선국왕전하에게 봉복합니다.
　근자에 은혜를 입어 기쁘기 그지없으며, 또한 賢王의 起居하심에 더욱 건안
하시옵기를 바라오며, 또 기원합니다. 우리 나라와 귀국은 江漢보다도 멀리
떨어져 있지마는 聘獻의 예는 끊이지 않고 계속하여 왔으므로 비록 떨어져
있으나 가깝기가 이와 같습니다. 日本國 商舶에 의하여 보내주신 서신 및 예
의를 이미 받아서 마음에 새겼습니다. 이에 그 돌아가는 편에 新右衛門尉平
義重을 보내어 변변찮은 선물을 바칩니다. 따로 別幅을 작성하여 적으나마
후한 선물에 보답하고저 합니다. 기쁘게 받으시면 다행이옵니다. 바라옵건데

```
    琉球國王尙德　奉復
朝鮮國王殿下　　此蒙頒惠敢不排嘉且審
賢王起居益康甚慰傾企雖敝邦與
貴國隔江漢之遠而聘獻之禮未嘗惑輟非
王之不鄙於孤能如是乎近因日本國商舶致
    書信幷禮儀俱已收受銘刻於心玆因其歸
    順遣新右衛門尉平義重聊致土儀另申別
    幅少酬厚貺之万一笑留惟幸更希
    順序保嗇
        右咨
        朝鮮國
成化陸年肆月初一日
        別幅
    (이 부분은 생략함)
```

그런데 여기서 또 따져 보아야 할 문제가 있다. 그것은 다름 아닌 당시 조선에 왕래한 倭人 僞使의 문제이다. 바로 문서 5가 **僞使**시대에 조선에 온 사절이기 때문에 1470년 4월 초1일자로 작성된 이 문서를 휴대한 사절이 과연 어떤 사절이었던가를 알 수 없다. 왜냐하면 『朝鮮王朝實錄』에 의하면 당시 유구로부터 사절이 온 것은 1470년(성종 원, 尙圓 원) 6월 유구국 等悶意가 仁叟和尙 등 6인을 보내어 토물을 바쳤다는 기록[22]과 1471년(성종 2, 尙圓2) 11월 유구국왕 尙德이 僧 自端西堂을 보내 왔다는 기록[23]이 있다. 그러므로 문서 5는 시기적으로 1470년 6월의 사신이어야 하나, 1470년의 기록은 내용으로

는 順序保嗇하옵소서.　右咨 朝鮮國. 成化 6년(1470) 4월 1일.

22) 『成宗實錄』 권6, 원년 6월 병자. 「琉球國中平田大島平州守等悶意 遣仁叟和尙
　　等六人來獻土宜」

23) 『成宗實錄』 권13, 2년 11월 경자.

보아서 문서 5에 나오는 「新右衛門尉平義重」라는 인물과 일치하지 않는다. 그리고 1471년 11월의 기록에는 平佐衛門尉信重이라는 인물이 나오므로 이것도 이름이 다르므로 양 기록을 통해서 볼 때, 그 진위여부가 의심이 된다. 한편 또 다른 기록에 의하면 1500년(연산군 6) 11월에 유구국에서 사신이 왔는데, 그들의 말에 의하면 40년만에 유구사람이 온 것이라고 했다.24) 그렇다면 1460년 이후의 사신은 모두 僞使라는 말이 되는 셈이다. 물론 1471년 11월의 사신은 자신들이 琉球國王 尙德으로부터 위임받은 사절임을 밝히고 있지만, 1470년 6월의 사신은 琉球國王使도 아니었다.

　결국 이상의 사료를 통하여는 문서 5의 사절이 정말로 조선에 왔었는가도 확인할 수가 없다. 따라서 문서 5의 진위여부도 문제가 된다. 그러나 만약 이 사절이 僞使라면 이 문서가 『歷代宝案』에 수록될 리가 없을 터인즉 이점도 설명하기 어렵다. 따라서 현재로선 이 문서가 어떻게 이러한 양식을 갖추게 되었는가도 설명하기 어렵다. 그러나 이 문제에 관하여 高橋公明은 유구가 咨를 쓸 수 있는 자격을 중요시하였기 때문에, 咨式 외교문서를 썼던 것이고, 이것이 조선 세종대의 경우처럼 교린국간에 문제가 되자 書式 외교문서를 쓰게 되었지만, 咨를 쓸 수 있는 자격을 과시하기 위하여 문서의 후반부분에는 여전히 咨의 양식을 썼을 것이라는 추측을 하고 있다. 그리고 조선에서는 이에 대하여 일관하여 서식 외교문서로 응했다고 하였다.25) 그러나 앞에서 언급하였듯이 『歷代宝案』에 남아있는 임란 이후 조선문서는 모두 咨式으로 남아 있다.

　이 咨式 문서의 양식은 書式과 비교하여 여러 가지 차이가 난다. 우선 발신자가 단순히 朝鮮國王으로만 되어 있고, 곧바로 본문으로 들어간다. 그리고 본문의 끝 부분에는 回咨를 청하고 있으며, 別幅을 본문에 포함시켜 작성하였고, 그 명칭도 計開라 하였다. 또한 右咨 琉球國

---

24)『燕山君日記』권39, 6년 11월 임술, 「昔我國人來此後四十年 我亦來此耳 考謄錄則彼國使臣之來在辛巳年」

25) 高橋公明, 앞의 논문, 90쪽.

을 명시하여 유구국에 咨文하는 것임을 분명히 하였다. 그리고 끝 부분에는 작은 글씨로 문서의 제목을 다시 적었고, 또 咨라고 써 넣었다. 물론 당시 원본이 남아 있지 않기 때문에 이것이 원본 그대로 인지, 아니면 편찬자의 편의대로 첨삭이 가해졌는지는 알 수 없지만 특이한 자문의 형식이다.

그러면 임란 후 조선에서 유구에 보낸 咨式문서에 대하여 살펴보자. 그 예로 문서 7의 중요한 부분을 제시해 보자.

朝鮮國王爲歷修聘問以答厚恩事查照
　先該万曆貳拾捌年貳月初參日有敝邦
賀
至陪臣韓得遠回自
京師齎到
　貴國咨文壹角前事節該差長史鄭道使
‥‥　　　　　‥‥　回咨請
　照驗施行須至咨者
　計開
(예물목록은 생략함.)
‥‥
　右　　咨
　琉　球　國
万曆貳拾玖年捌月初漆日
　歷修聘問以答厚恩事
　　咨

그렇다면 조선에서는 왜 임란전과는 다르게 咨式문서를 유구에 보냈을까. 이 문제도 역시 설명하기 어렵지만, 이 시기의 조·유 관계가 조선전기와는 달라졌다는 것이 하나의 이유가 되지 않을까 생각한다.

즉 조선과 유구의 관계가 1530년부터는 北京을 통하여 우회된다는 사실이다. 물론 1530년의 북경 우회는 표류민의 송환이어서 정식의 외교교섭으로 볼 수는 없지만, 이것이 계기가 되어 이후 몇 차례의 표류민 송환을 모두 북경을 통하여 우회하고 있으며, 1638년 양국관계가 단절될 때까지 계속되고 있다. 따라서 북경을 통하는 경우 명과 무관하게 이루어 질 수는 없었을 것이고, 명의 官制에 보다 충실히 할 수밖에 없지 않았을까. 더구나 이 시기에 왕래한 문서에는 양국의 국난을 의식해서인지 유난히 명의 책봉국임과 교린을 강조하는 내용이 많다. 그렇다면 문서의 격식도 자연 중국 관청간의 자문형식이 기준이 될 것이고, 이 경우 양국은 자연스럽게 책봉국에서 명의 예부에 보내는 문서의 양식인 咨式을 취했던 것이 아닐까. 그러나 이러한 추측도 어디까지나 가정일 뿐 정확한 근거는 없다.

4. 文書內容의 분석

다음으로 『歷代宝案』에 수록되어 있는 문서의 내용과 별폭의 검토를 통하여 조선시대 조·유 관계의 역사적 추이와 그 특징에 관하여 생각하여 보자.

문서의 내용을 통하여 알 수 있듯이, 양국 왕복문서에서 가장 강조되었던 것은 역시 우호교린이었다. 즉 17건 문서의 대부분이 기본적으로 우호교린을 서두로 시작하고 있으며, 그것이 先代부터 시작된 것으로 영원히 이루어져야 한다고 강조하였다. 더구나 임란 이후 양국이 모두 국난의 위기에 접하게 되자 서로가 명의 책봉국임을 강조하였고, 상호간에는 정보의 교환을 활발히 해가면서 우호교린 할 것을 다짐하고 있다. 이는 문서의 구체적인 내용을 검토하면 더욱 확실해 지는데, 양국의 기본입장은 당시의 동아시아 정세와 관련하여 일본에 대한 공동방어라는 측면이 고려되고 있음을 알 수 있다.

먼저 문서의 내용을 요약하여 도표화 해보면 다음과 같다.

표2]   조·유 왕복문서 내용일람표

번호	연 대	행 선	내 용 요 약
1	1431. 6. 19	조←유	先代부터의 양국왕래를 강조하면서 화호의 맹약을 다짐. 對馬州 客商에게 위임하여 遣使함. 무역의 요청.
2	1431. 12.	조→유	우호교린을 위한 遣使에 대한 회답국서, 헌상물 답례.
3	1461. 7. 7	조→유	표류민송환에 대한 답례, 예물헌상에 대한 답례.
4	1467. 8. 19	조→유	遣使에 대한 답례, 書籍·酒 등 헌상물에 대한 답례.
5	1470. 4. 1	조←유	일본국 商舶에 의한 견사 답례, 예물에 대한 답례.
6	1597. 8. 6	조→유	1590년 유구국표류민을 북경을 통하여 송환해 준것에 대해 1595년 유구에서 견사해준 것에 대한 답례. 책봉국으로서의 교린을 다짐.
7	1601. 8. 7	조→유	豊臣秀吉 사망 통보에 대한 감사. 표류민 송환에 대한 당위성. 敵情에 대한 통보요청. 책봉국으로서의 우의 강조.
8	1606. 8. 13	조→유	豊臣秀吉 사망 통보에 대한 감사. 표류민 송환에 대한 당위성 책봉국간의 우호교린 다짐.
9	1610~12	조←유	光海君 즉위와 책봉에 대한 축하. 島津의 유구침입 위로에 대한 감사. 교린을 다짐.
10	1621. 8.	조←유	尙豊의 왕위세습 통보. 1612년 표류민 송환에 대한 감사. 島津침입 10년후 進貢회복 통보. 책봉국간의 우호교린 다짐.
11	1623. 10. 16	조←유	先代를 이어 우호교린 다짐.
12	1623. 10. 16	조←유	위의 문서와 같음.
13	1626. 12. 23	조→유	유구의 자문 및 예에 대한 확인.
14	1628. 7. 11	조→유	유구의 표류민 송환과 교린을 다짐하는 자문에 대한 답례.
15	1631. 3.	조←유	1628년의 견사에 대한 답례. 東宮경하. 우호교린 다짐.
16	1634. 7. 22	조→유	東宮 경하에 대한 답례. 책봉국간의 교린 다짐.
17	1636.	조←유	1634년, 1636년 자문에 대한 답례. 형제의 우의 다짐.
18	1638.	조←유	1636년 자문에 대한 답례. 우호교린 다짐.

예를 들면 문서 7은 1601년 8월 조선에서 유구에 보낸 자문인데,

이 자문에서 조선은 1600년 2월 **賀正使 韓得遠**편에 유구로 부터 **豊臣 秀吉**의 사망과 **天朝**(명)에서 그 잔당을 아주 몰아내려고 한다는 자문을 받았다는 사실을 적고 있다. 그리고는 조선과 유구는 명의 **隣封**이므로 서로 성의를 다해서 정을 나누어야 한다고 하면서, 이후에도 **敵情**이 있으면 완급을 가리지 말고 천조에 보고하여 조선에 알려지도록 해 달라고 청하고 있다. 따라서 이 내용으로 볼 때, 당시 조선과 유구는 일본에 대한 공동의 적대의식과 연대감을 갖고 있었다는 사실을 확인할 수 있다.

이러한 관계는 1609년 유구가 살마번에 의하여 일본에 정복당한 후에도 한동안 지속되어 감을 볼 수 있다. 즉 문서 10의 내용 중에는 살마번의 침략후 10여년간 단절되었던 양국관계를 회고하면서,

> (전략)…그런데 **倭奴**(島津)가 **荒邸**(유구)를 유린하였으나, **聖諭**를 받아 10년이 되어 **物力**이 **充羨**하게 되자 다시 **進貢**하게 되었습니다. 그래서 오랫동안 연락이 끊기고 **音信**이 소원하게 되었습니다만, 이제 다시 **貢期**가 되어 **呈**를 갖추어 보복하오니 영원히 교린을 맺을 것을 바라옵니다.26)

고 하였다. 물론 이 시기가 되면 유구는 이미 막부의 지배를 받는 시기이어서 자신의 입장을 어느 정도 반영할 수 있었는가도 문제가 되지만, 문맥이나 사용한 용어 등을 보아서는 북경을 우회한 조선과의 접촉에 관하여 막부가 관여했을 가능성은 희박하다. 그리고 양국은 이러한 입장의 왕복문서를 이후에도 7차례(1623, 1626, 1628, 1631, 1634, 1636, 1638)나 주고받았다. 그러나 『歷代宝案』에서 1638년 이후에 조선과 유구가 외교문서를 주고받은 자료를 더 이상 찾을 수 없다. 따라서 조선과 유구의 공식적인 외교관계는 1638년을 마지막으로 단절되었다고 생각할 수밖에 없다. 그러나 조선측의 사료에는 문서

---

26) 「…(前略)…倭奴蹂躪荒邸奉蒙 聖諭寬宥拾年物力充羨然後進貢因此久□ 絡繹致是疎闕信音札失重疊情可怜厚 茲者應届貢期理合備呈報復永結交隣…」

17(1636년)과 문서 18(1638년)의 기록이 나오지 않는다. 그렇지만 문서 18에,

> 崇禎 9년(1636) 6월에 該國에서 差遣한 王舅 吳鶴齡, 正議大夫 蔡堅등을 보내어 책봉에 감사하고, 돌아오는 길에 都門에서 귀국의 예조참판 洪命亨을 만나, 조선국왕의 자문을 받아 왔습니다. 그 내용은 崇禎 7년(1634) 7월 21일 보내주신 자문으로…….[27)]

라는 내용이 있는 것으로 보아, 적어도 1636년 6월까지는 양국이 북경을 통하여 공식적으로 외교적인 접촉을 하였던 것으로 파악할 수 있다. 물론 조선에서도 명에 사신을 파견할 수 있었던 것이 1636년까지였고, 그해 말 청의 침입을 받고, 청에 항복한 이후는 청의 심양으로 사신을 파견할 수밖에 없었으므로 더 이상 북경에서 유구사신을 만날 수도 없었을 것이다.

그후 1644년 명이 멸망하고, 청이 북경에 입성한 후, 조선에서는 다시 북경으로 사신을 파견하였지만 그곳에서 유구와의 접촉이 어느 정도 전개되었는가는 알 수 없다. 물론 유구에서도 德川幕府에 복속된 이후에도 청의 책봉을 받아 계속적으로 進貢을 하였고, 또 조선과는 여러 차례에 걸쳐 상호간에 표류민 송환이 이루어졌기 때문에 북경에서 양국 사절이 만난다는 것이 그리 어렵지는 않았을 것이다. 그러나 그럼에도 불구하고 이후 양국간에는 아무런 문서도 주고받지 않았다.

그 이유에 관해서는 이미 제3편 제1장 朝·琉 交隣體制의 구조와 특징 5. 표류민송환체제에서 언급한 바와 같이, 동아시아 국제질서의 변동에 따른 「책봉」의 의미변화와 조선의 대외정책이 유구와의 공식적인 외교관계를 단절시키는 가장 큰 원인이 되었다고 생각한다.

또한 앞서도 부분적으로 언급하였지만, 『歷代宝案』의 내용중에는 우호교린 다음으로 많이 언급되는 것이 표류민 송환에 대한 감사와 예물

---

27) 「…崇禎九年六月內據該國差遣王舅吳鶴齡 正議大夫蔡遣等赴 闕叩謝 冊封事竣 迴還始自 都門會得 貴□禮曹參判洪命亨交收領到 朝鮮國王咨…」

의 증답이다. 기록에 의하면 고려말 유구관계의 시작도 유구로부터의
조선인 쇄환에서 시작되지만, 초기에는 주로 표류민보다는 왜구에 의
하여 피랍된 피로인이 많았다. 그러다가 1437년부터는 피로인에서 표
류민으로 바뀌게 된다. 그리고 그후 유구로부터의 견사는 상당수가 피
로인의 송환을 명분으로 하여 조선에 왕래하게 된다. 『歷代宝案』의 문
서중 표류인의 송환을 언급한 문서도 6건이나 되는데, 조선에서 유구
에 보낸 문서 9건중 5건이 조선표류민 송환에 대한 답서며, 유구에서
도 조선에 보낸 것이 1건이다. 따라서 종래 조·유관계 연구들은 거의
가 유구로부터의 견사는 무역을 위한 명분으로 표류민을 송환하였다고
했다. 물론 무역의 문제는 문서 1에서 보듯이, 유구에서는 견사를 하
면서 구체적으로 무역을 청하는 경우도 있었다.

그러면 다음으로 『歷代宝案』에 기록된 양국간의 증답 물품을 중심
으로 이 문제를 생각하여 보자.

먼저 표에 의하여 유구에서 조선에 보내 온 물품을 보면, 증답물품
역시 전기와 후기에 상당한 차이가 있음을 발견할 수 있다. 물론 여기
에 제시된 『歷代宝案』의 문서가 1431년과 1470년에 한정된 것이기
때문에 단정지어 말할 수는 없더라도 조선전기의 경우는 이제까지 알
려진 바와 같이 남방산 물품이 많았고, 또한 무역을 목적으로 내왕했
다고 할만큼 다량의 물품이 보내졌다. 예를 들면, 1431년 염료인 蘇
木 2,000근에 礬 100근을 보내 오면서 공식적으로 무역을 요청하는
문구를 삽입하였다. 1470년의 경우도 蘇木, 胡椒, 象牙, 水牛角, 番錫
등과 앵무새, 흰비들기, 인도술 등 희귀물품을 보내왔다. 뿐만 아니라
이때의 자문의 내용 중에는 1431년의 경우 대마도 客商, 1470년의
경우는 일본 商舶에 위임하여 물품을 증답 한다는 문구가 삽입되어 있
어 유구사절의 왕래가 무역을 목적으로 한다는 것을 분명히 확인할 수
가 있다.

표3]　　　　　　　　　　유구에서 조선으로 보낸 증답 물품 목록

문서	연 대	물 품 내 역
1	1431. 6	蘇木 2000근, 礬 100근.
5	1470. 4	闊綿布 2필, 色線花布 2필, 粧花膝欄 2필, 棋子花異色手巾 2조, 彩色糸手巾 2조, 綿布染花手巾 2조, 御礴塔長錦 2필, 織金孔雀青段 2필, 黑骨摺扇 20파, 犀角(코뿔소뿔) 6개, 象牙四條100근, 水牛角 20개, 孔雀尾翎 300근, 玻璃瓶 2쌍, 白地青花盤 20개, 白地青花碗 20개, 青盤 20개, 大青碗 50개, 小青碗 100개, 束香 50근, 降員香 100근, 檀香 50근, 木香 20근, 丁香 20근, 肉荳蔻 20근, 蓽撥 20근, 烏木 100근, 蘇木 200근, 胡椒 200근, 番錫 200근, 大腰刀 2파事件全, 鸚鵡 1쌍, 鷯鵒 1쌍, 白鴿 1쌍, 天竺酒 1병.
7	1600. 2	土夏布 20근, 芭蕉布 20근, 排草 20근.(문서 7에 수록)
8	1604. 2	線絹 20단, 黃石絹 10단, 花紋絹 10단, 土扇 200파.(문서 8에 수록)
9	1610~12	목록이 빠져 있음.
10	1621. 8(?)	목록이 빠져 있음.
11	1632.10	목록이 빠져 있음.
12	1623.10	11번 문서와 같음.
13	1626.12	細嫩練光土蕉布 20단, 細嫩生地土蕉布 20단, 五色紗 20단, 五色糸布 20단, 天藍色線絹 20단, 土扇 200파, 建扇 200파, 紅綠花緞 2단, 蕉布 10단, 氈條 4장, 肇慶硯 2면, 徽墨 20정, 胡筆 20지, 壇香 1000지, 土扇 100파.
15	1631. 3	목록이 빠져 있음.
16	1632. 7	白地紡糸花綢 20단, 白地花綾 20단, 細嫩闊幅琉球葛布 20단, 細嫩小幅葛布 20단, 胡州筆 40관, 徽州大板墨 20홀, 徽州龍紋墨 8갑, 棕竹骨扇 100파.(문서 16에 수록)
17	1636.	白地紡糸花綢 20단, 白地花綾 20단, 細嫩闊幅琉球葛布 20단, 細嫩小幅葛布 20단, 胡州筆 40관, 徽州大板墨 20홀, 徽州龍紋墨 8갑, 杭州金扇 100파.
18	1638.	목록이 빠져 있음.

　　그러나 임란이후는 그 양상이 달라진다. 즉 이제까지 물품의 대중을 이루었던 蘇木, 胡椒, 香 등의 남방산 물품이 전혀 등장하지 않고, 반

면 布나 絹·紗, 墨과 筆 등 중국산이나 토산물 등 무역보다는 답례예물의 성격을 지닌 물품이 대부분이다. 물론 이러한 현상은 포르투갈, 스페인, 화란 등 서구세력에 의해 유구의 남해무역이 중단된 데에 기인한다.28)따라서 그럼에도 불구하고 이 시기에 교류가 빈번했던 이유가 어디에 있을까를 한번 검토해 볼 필요가 있다. 이점은 역시 앞서도 언급하였지만, 직교시기에는 무역이 목적이었지만, 우회의 시기 이후는 동아시아 국제사회에서 양국이 처해있던 외교와 국방상의 문제 때문이 아니었나 생각한다.

또한 1530년대 이후 표류민의 송환이 북경을 우회하는데 그 이유는 어디에 있는지, 그리고 1636년 조선과 유구 사이에 공식적인 외교관계가 단절된 이후, 두 나라의 관계가 어떻게 되어가는지 아직 연구된 바는 없지만, 다만 표류민의 송환과정의 접촉을 통하여 볼 때, 유구에서는 외교와 무역관계가 단절되었음에도 불구하고 1856년까지도 여전히 조선표류민을 송환하여 주었으며, 조선에서도 1861년까지 계속적으로 유구표류민을 송환하여 주었다.29)

따라서 이러한 관점에서 본다면, 조·유관계사의 연구도 종래 무역관계만을 중시하는 시각에서 벗어나 시기적으로도 1636년에 한정시키지 말고, 19세기중엽 표류민 송환이 지속되던 시기까지도 포괄하여야 하고, 또 양국관계를 단순히 남방산물자교류라는 시각에서 벗어나 「東아시아의 海域史」의 일부분으로 정치·외교·무역 등 다양하게 접근되어야 하겠다.

한편 조선에서 유구에 보내는 물품은 어떠했을까.

이 표에 의하면 조선에서 유구에 보내진 물품의 대종은 麻·布 등 직물류, 虎豹皮·人蔘 등 조선의 특산물이 많았고, 佛經 등 각종 서적과 종이도 있었다. 물론 이러한 물품들이 유구에서 직접 소용이 된 물품이었는가, 아니면 유구가 남방산 물품을 중계무역 하듯이 그러한 목적에서 필요했던가는 알 수 없지만, 불경 등 각종 서적이 수입되는 것

---

28) 楊秀芝, 앞의 논문, 131쪽.
29) 李 薰, 앞의 논문, 140~141쪽.

을 보면 당시 일본에서 이러한 물품을 많이 필요로 했던 사실과 무관
하지 않다고 본다.

표4]　　　　　　　　　　조선에서 유구로 보낸 물품 목록

문서	연대	물 품 내 역
2	1431.12	黑細麻布 15필, 白細麻布 15필, 滿花席 15장, 虎皮 5領, 人蔘 100斤, 松子 200근.
3	1461. 7	목록이 빠져 있음.
4	1467. 8	綿布 10,000필, 綿紬 2,000필, 紅細苧布 10필, 白細苧布 40필, 黑細麻布 40필, 白細綿紬 30필, 人蔘 150근, 虎皮 10장, 豹皮 10장, 滿花席 15장, 滿花方席 15장, 鞍子 2면, 豹心皮獺皮辺鹿皮裏座子 二事, 厚紙 10권, 冊紙 100권, 油紙 15장, 屛風 1좌, 筯子 2對, 石燈盞 4事, 油煙墨 100丁, 紫石硯 10면, 朱紅匣, 錫硯滴具, 黃毛有心筆 100지, 黃毛無心筆 100지, 白疊扇 200파, 靑玉短珠 1串, 刁子 4파, 毛鞭 10파, 松子 600근, 燒酒 30甁, 淸密 30斗, 蠟燭 100지, 法華經 2부, 大悲心經 2부, 永嘉集 2부, 成道記 2부, 四敎儀 2부, 圓覺經 2부, 飜譯名義 2부, 楞枷經疏 2부, 阿彌陀經疏 2부, 維摩經宗要 2부, 觀無量壽經義記 2부, 道德經 2부, 金剛經五家解 2부, 楞嚴義海 2부, 法數 2부, 涵虛堂員覺經 2부, 金剛經冶父宗鏡 2부, 楞嚴會解 2부, 高峯和尙禪要 2부, 眞實珠集 2부, 楞伽經 2부, 碧巖綠 2부, 水陸文 2부, 維摩詰經 2부, 法鏡論 2부, 眞草千字文 2부, 証道歌 2부, 心經 2부 紫芝歌 2부, 八景詩 2부, 浣花流水詩 2부, 東西銘 2부, 赤碧賦 2부, 趙學士蘭亭記 2부, 王羲之蘭亭記 2부.
6	1597. 8	白苧布 20필, 白綿紬 20필, 人蔘 20근.
7	1601. 8	白苧布 10필, 白綿紬 20필, 人蔘 20근, 霜華紙 20권, 花硯 2면, 黃毛筆 50기, 油煤墨口 10정.
8	1606. 8	白細苧布 20필, 白細綿紬 20필, 人蔘 10근, 虎皮 3장, 豹皮 3장, 粘陸張厚油紙 5부, 霜華紙 20권, 花硯 2면, 黃毛筆 50지, 油媒墨 50정.
14	1628. 7	白苧布 10필, 白綿紬 10필, 黑麻布 20필, 人蔘 3근, 彩花席 10장, 霜華紙 10권, 黃毛筆 30지, 油煤墨 30정, 花硯 2면, 白疊扇 50파, 粘六張厚油紙 2부, 粘四張厚油紙 2부.
16	1634. 7	白苧布 20필, 白綿紬 20필, 黑麻布 20필, 人蔘 5근, 彩花席 10장, 霜華紙 20권, 黃毛筆 50지, 油煤墨 50정, 花硯 3면, 白疊扇 40파, 油扇 100파, 粘 6장, 油紙 3부, 粘四張厚油紙 3부.

한편 유구에서 조선에 보냈던 물품이 조선 전·후기가 달랐던데 비하여 조선에서 유구에 보내졌던 물품은 그렇게 큰 변화를 보이지 않는다. 이러한 현상도 조·유 관계의 하나의 특징으로 파악할 수 있겠다. 앞으로 이러한 문제와 관련하여 당시 동아시아 무역구조에 대한 좀더 세밀한 연구가 요구된다.

5. 맺음말

이상에서 유구의 대외관계 사료집인 『歷代宝案』에 수록되어 있는 조·유간의 왕복문서를 통하여 양국관계사의 한 단면을 살펴보았다. 앞서 지적한 바와 같이 조선시대 대외관계사를 총체적으로 구성할 경우 유구와의 관계가 중요한 비중을 차지함에도 불구하고 이제까지 그 연구가 소홀했던 것은 사실이다. 특히 조·유관계사의 기본사료인 『歷代宝案』에 관해서도 그렇게 철저히 분석된 바가 없었다.

이 글은 『歷代宝案』에 수록된 조·유간의 왕복문서를 문서양식과 내용의 분석이라는 두 가지 측면에서 고찰한 것이다. 그 결과 다음과 같은 사실을 정리해 볼 수 있겠다.

첫째, 조·유간의 왕복문서를 비교해 볼 때, 양국이 직접 통교했던 시기와 북경을 우회하는 시기가 사뭇 다름을 발견할 수 있다. 즉 조선 전기 양국이 직교하는 시기에 조선의 경우는 書式을 보냈고, 유구의 경우는 箋, 表, 書, 咨 등 여러 형태를 띠었으나, 16세기 후반부터의 우회의 시기에는 양국 모두 咨式으로 정형화되었다. 그리고 우회한 시기에 명이 양국관계에 간섭을 하였다는 근거는 없지만 그 영향하에서의 양국관계는 어쩔 수 없이 咨文 형식을 띨 수밖에 없지 않았을까 한다.

둘째, 양국관계의 기본목적이 우호교린이었지만, 직교의 시기와 우회의 시기에 차이가 있다. 즉 문서의 내용을 검토할 때, 직교의 시기에는 표류민 송환이나 무역이 많이 언급되지만, 우회의 시기에는 양국간의 국내사정 및 일본에 대한 정보교환, 책봉국간의 우호교린을 다짐한다는 측면에 있어 일본에 대한 공동대처의 의미를 가지고 있었다.

셋째, 직교의 시기에는 남방산물품의 중계무역 현상이 현저히 드러나지만, 우회의 시기에는 남방산 물자의 품목이 거의 자취를 감춘다는 점에서, 조·유 관계의 양상이 달라진다는 점이다.

끝으로 앞으로 조·유관계사의 연구영역을 확대하기 위한 몇 가지 제안을 하면서 결론에 대신하고자 한다.

첫째, 조·유 관계사의 연구영역과 시기설정의 문제이다. 즉 종래의 연구는 대부분이 조·유 관계사의 영역을 유구를 통한 남방산 물자교류의 측면에서 강조하여 왔는데, 적어도 『歷代宝案』의 사료를 통하여 볼 때, 조·유관계는 경제적인 측면보다는 오히려 정치·외교적인 측면이 더 중요시되지 않았던가 하는 점이다. 또한 시기설정에 있어서도 종래에는 유구와의 북경교류가 끝나는 1636년을 하한선으로 설정하였으나, 그 이후 양국의 표류민 송환을 염두에 둔다면 조선인 유구 표류사건이 발생하는 1868년까지를 하한선으로 늘려 잡아야 한다.

둘째, 조·유관계사의 시기구분 문제이다. 즉 앞의 문제제기와 관련하여 종래의 연구는 대부분이 조류관계사의 시기구분을 직접교류의 시기, 위사의 시기, 북경을 우회한 시기 등으로 구분하였으나, 『歷代宝案』을 중심으로 생각한다면, 직접교류의 시기, 북경을 우회한 시기, 그리고 청을 통한 표류민송환의 시기로 구분하여야 하지 않을까 생각한다.

왜냐하면 흔히 1609년 유구가 薩摩藩에 침략을 받아 막부의 지배를 받으면서 유구의 대외관계를 막부가 전횡하였던 것으로 파악하고 있지만, 적어도 1638년(문서 18)까지도 유구는 조선에 대하여 외교관계를 독자적으로 계속하려 했기 때문이다. 따라서 청대에 표류민송환을 계기로 이루어진 양국관계도 넓게는 조선시대 조·유관계사에 포함시켜야 한다. 왜냐하면 일본의 입장에서 보면, 유구는 1609년부터 일본이겠지만, 『歷代宝案』을 통해서 보더라도 유구는 적어도 1867년까지는 동아시아 국제관계사에 있어서 청의 책봉국으로서 동아시아 여러 나라와 국제관계를 지속하였기 때문이다.

제3장

朝鮮·琉球關係 史料에 대하여

1. 머리말

琉球는 14세기 후반, 동아시아 국제무대에 등장한 이래 활발한 해외활동으로 동남아시아와 조선과의 중계무역을 주도해왔다. 그리고 조선이 상정했던 외교질서인 **交隣體制**안에서 조선시대 전기간에 걸쳐 정치·경제·외교·문화·표류민송환 등 다양한 관계를 다방면에 걸쳐 계속하였다. 그러나 현재 조선·유구관계사 연구는 매우 일천한 단계이며, 관계사료의 파악도 개인수준에 머무르고 있는 실정이다.

이 글은 아직 초보 단계에 있는 「朝鮮·琉球 關係史」 연구를 위한 사료 발굴 및 소개를 목적으로 작성한다. 발췌의 대상이 된 사료는 다음과 같다.

한국 : 『高麗史』『朝鮮王朝實錄』『備邊司謄錄』『承政院日記』『通文館志』『增正交隣志』『春官志』『經國大典』『續大典』『大典通編』『大典會通』『邊例集要』『漂人領來謄錄』『同文彙考』『燕行錄選集』『海東諸國紀』『對馬島宗家文書』 등 17종.

유구 : 『歷代宝案』『琉球王國評定所文書』『首里城 大鐘銘文』 등 3종.

일본 : 『古事類苑』『通航一覽』『折たく柴の記』『五事略』『善隣國寶

記』『江雲隨筆』『中外經緯傳』『增補　華夷通商考』『球陽』
『日明勘合貿易史料』등 10종.

중국 : 『清代中琉關係檔案選編』『清代中琉關係檔案續編』등 2종.

대만 : 『起居注冊』『軍機處檔』『宮中檔』등 3종.

이상 총 34종에 수록되어 있는 사료를 개별적인 내용을 중심으로
소개하여 보면 다음과 같다.

2. 한국사료

(1)『高麗史』

총 2건이 列傳과 世家에 수록되어 있다. 그 내용은 1389년 8월에
유구국 사신이 와서 고려 조정에 대해 稱臣했다는 것과 그에 대해 고
려 조정이 金允厚 일행을 유구에 파견했다는 것과 유국국에서 바친 蘇
木과 胡椒를 昌王이 여러 궁중에서 사용하고자 하였으나 判內府寺事
柳伯濡가 그에 대해 반대하였다는 기사가 있다.

(2)『朝鮮王朝實錄』

『朝鮮王朝實錄』에는 1392년부터 1840년까지 총 437건의 유구관계
사료가 수록되어 있다. 또한 사료의 내용을 보아도 조·유관계의 모든
부분을 망라하고 있어서 양국관계를 파악하는데 가장 중요하고 기초적
인 사료라고 할 수 있다. 유구관계사료의 내용을 종류별과 연대별로
분류해보면 다음 표와 같다.

표1]　　　　　　　　　　　　유구 관계 사료 일람표

종류 \ 왕대	유구사신옴	조선사신감	조회	접대	위사관련	피로인	표류민		무역	유구사정	일본관련	중국관련	불경청구	기타	계
							유구	조선							
태조(1392~1398)	4		2			2								1	9
정종(1398~1400)	1														1
태종(1400~1418)	2	1				3						1		2	9
세종(1418~1450)	5	2	6	2	3	2	6	1	2	1	3	1		14	48
문종(1450~1452)		1												3	4
단종(1452~1455)	1				2	1		1		1					6
세조(1455~1468)	15		8	13	8	2	2	2	1	2	7		4	6	70
예종(1468~1469)														1	1
성종(1469~1494)	13		1	33				3	5		7	3	5	16	86
연산(1494~1506)	2			2	1		4		1		1	2	1	3	17
중종(1506~1544)	3			1	2		18	11	1		2	16		4	58
명종(1545~1567)								1		1	2	1			5
선조(1567~1608)							3				18	17		5	43
광해(1608~1623)							7				3	4		8	22
인조(1623~1649)							3				1	1		4	9
효종(1649~1659)											1				1
현종(1659~1674)								6							6
숙종(1674~1720)								2			1	3		1	7
영조(1724~1776)								1							1
정조(1776~1800)								10				14		3	27
순조(1800~1834)								6							6
현종(1834~1849)														1	1
총　계	46	3	18	51	16	10	59	28	10	5	46	63	10	72	437

　이상의 표를 통하여 『朝鮮王朝實錄』에 수록된 유구관계 사료의 특징을 정리하여 보면 다음과 같다.

　㉮ 조선과 유구사이에 국가간의 공식적인 교류는 주로 조선전기에 이루어지고 있으며, 후기에는 표류민 송환이나 중국 또는 일본에 관련

된 사료가 대부분이다.

㉯ 조·유간의 사신왕래는 주로 유구에서 조선에 온 사신이 대부분이고, 조선에서는 단지 2번만 사신이 파견되었다.

㉰ 유구에서 조선에 온 사신들은 거의 상경하여 조선국왕을 알현했으며, 조선에서는 이들을 상국의 입장에서 후한 접대를 행했다.

㉱ 조선측의 유구사신에 대한 우대는 위사의 발생을 초래했고, 이들은 경제적인 이익이나 불경청구를 목적으로 왕래했다.

㉲ 조선초기 조·유관계는 피로인 쇄환을 명분으로 시작되며, 중·후기에는 양국의 표류민 송환의 명분으로 바뀌어 진다.

㉳ 양국교류의 경제적인 측면을 보면 유구에게 절대적으로 유리한 무역이며, 조선은 유구를 통하여 동남아산 물자를 수입하고, 유구는 동남아산 물자의 중계역할을 행했다.

㉴ 조선은 사신이나 표류민을 통하여 유구사정에 깊은 관심을 가지고 있었으며, 유구의 정황이나 지도를 정확히 파악하고 있었다.

㉵ 조선과 유구의 교류가 제일 빈번했던 시기는 15세기 중반부터 1세기간이며, 조선중기인 양란을 전후해서는 일본의 정세를 자세히 알려오고 있으며, 조선후기에는 주로 중국을 통해서 교류가 이루어지고 있다.

㉶ 조선은 유구 이외에도 동남아의 久邊國이나 爪蛙國과도 여러 차례에 걸쳐 교류를 행하고 있다.

이상에서 조·유관계사료에 나타난 특징을 간단히 정리를 했지만, 이외에도 보는 시각에 따라 다른 여러 가지 특징을 추출해 낼 수 있음은 물론이다.

(3) 『備邊司謄錄』

총 13건의 유구관계 기록이 수록되어 있다. 주로 표류인에 관한 사료로 『朝鮮王朝實錄』에 없는 사료도 있으며, 사건 자체는 기록되어 있으나 내용에 다소 차이가 난다. 『備邊司謄錄』에 수록되어 있는 사료의 일람표를 제시해 보면 다음과 같다.

표2]   유구관계 일람표

번호	서기	왕년월일	기 사 내 용	왕조실록유무
1	1717	숙종 43. 1. 3	표류민송환에 대하여 유구에 사례할 것을 건의함.	○
2	1741	영조 17. 11. 6	표류민송환에 자문을 보내어 사은표문할 것을 건의함.	×
3	1741	영조 17. 11. 23	제주인 김철중 등 18명과 나주인 1명이 유구에 표류했다가 북경을 통해 돌아옴.	×
4	1781	정조 5. 2. 15	전라도 영암인 이재성 등 12명이 유구에 표류하였다가 북경을 통해 돌아옴.	×
5	1794	정조 18. 10. 18	유구표류인 상경과 송환에 관한 일.	○
6	1794	정조 18. 10. 21	전라감사 이서구의 장계에 유구언어를 배울 것을 건의함.	×
7	1794	정조 18. 10. 22	표류유구인에 대한 문답사항.	○
8	1794	정조 18. 10. 22	표류유구인의 송환과 호송에 관한 일.	×
9	1794	정조 18. 10. 24	표류유구인의 송환에 관한 일.	×
10	1794	정조 18. 11. 5	표류유구인 호송에 관한 충청감사의 장계.	×
11	1820	순조 20. 7. 2	제주목사가 유구표류인 5인이 표착함을 치계함.	○
12	1832	순조 32. 10. 11	제주도 표류유구인 송환에 관한 일.	×
13	1832	순조 32. 10. 13	제주도 표류유구인 송환에 관한 일.	×

(4)『承政院日記』

총 8건으로 양국간에 발생한 漂流民의 처리에 관한 내용이 대부분이다. 그 내용은 대체로『朝鮮王朝實錄』의 기사와 동일하며 왕조실록과 똑같이 기록된 사료가 있는 반면, 내용은 있지만 다른 사료도 있다.『承政院日記』의 유구관계사료 일람표를 작성해 보면 다음과 같다.

표3]   유구관계 일람표

번호	서기	왕년월일	기 사 내 용	왕조실록유무
1	1774	숙종 43. 1. 2	표류민 송환에 대하여 유구에 사례할 것을 건의함.	○
2	1794	정조 18. 10. 21	표류한 유구인에 관해 전라도 관찰사가 치계함.	○
3	1794	정조 18. 10. 21	전라우수사가 보낸 유구표류인 장계에 판부사의 이름이 틀려서 되돌려 보냄.	×
4	1794	정조 18. 10. 22	동지사편에 유구표류인을 돌려보내는 일을 논함.	×
5	1794	정조 18. 10. 22	서울에 가까이 온 유구표류인을 잘 접대하라고 함.	○
6	1794	정조 18. 10. 23	표류유구인의 접대에 관하여 승지와 관찰사가 보고함.	○
7	1794	정조 18. 10. 24	홍의호가 유구표류인의 일을 아룀.	×
8	1832	순조 32. 10. 11	제주 대정현에 표착한 유구인 2명을 육로로 호송하는 일을 논의함.	×

(5) 『通文館志』

권5 交隣條 〈接待日本人舊定事例〉에 보인다. 이 사료는 유구인에 대한 접대를 일본인접대와 같은 예로 한다는 내용으로 되어 있다.

(6) 『增正交隣志』

〈接待日本人舊定事例〉에 보이는데, 여기에는 琉球人國에 대한 접대를 일본인과 같은 예로 한다는 내용이 있다.

(7) 『春官志』

권3 來聘과 通信의 두 부분으로 구성되어 있다. 「來聘」부분에는 1397년(태조 6)과 1477년(성종 8)의 유구국 사신 내빙 사실을 적고

있다. 「通信」부분에는 1530년(중종 25), 1600년(선조 33), 1606년 (선조39) 등 세 차례에 걸쳐 북경을 통한 양국간 교류의 사례를 기록하고 있다.

(8) 『經國大典』 『續大典』 『大典通編』 『大典會通』

『經國大典』중에서 琉球와 관련된 기사는 禮典의 「待使客條」에 보이는데, 琉球國王에 대한 접대의 경우 별도로 규정을 두지 않고 日本國王에 대한 규정을 준용하는 것으로 되어 있다. 이러한 체제는 『續大典』·『大典通編』·『大典會通』 등 그 이후의 法典에도 그대로 적용되고 있다.

(9) 『邊例集要』

『邊例集要』上, 권3 漂差에는 1627년부터 1824년까지 일본에 표착한 조선인을 송환해 온 사례가 약 270건 정도 수록되어 있는데, 이 가운데 유구에 관한 것은 3건(1662년, 1663년, 1669년)에 불과하며, 모두 유구에 표착한 조선인의 송환에 관한 기록이다.

유구는 1609년 이후 정치적으로 일본의 薩摩藩에 복속되어 있었으므로, 이시기 유구에 표착한 조선인은 일본에 표착한 조선인으로 취급되어 대마번 사자에 의해 송환되었다. 따라서 『邊例集要』에 수록되어 있는 3건의 유구 관계 기사는 유구에 표착한 조선인 송환에 관한 것임에도 불구하고 일본관계기사로 취급되고 있다. 구체적으로는 『邊例集要』 권 3 「漂差」와 그 부록인 「漂民」에 각각 3건씩 아주 간단하게 실려 있는데, 「漂民」의 기사는 앞의 「漂差」와 연결된 문건으로서 동일 사건을 「漂民」 중심으로 엮은 것에 불과하다.

내용상의 특징으로는 기본적으로 조선에 송환된 이후 동래부의 장계와 禮曹·備邊司의 回啓, 조선내에서의 漂差倭 및 漂民 취급에 관한 내용을 기록한 것이지만, 그 내용이 아주 단편적이기 때문에 반드시 동시대의 다른 자료와의 대조를 요한다.

(10)『漂人領來謄錄』

조선시대 禮曹 典客司에서는 대일본관계 업무를 추진하는 과정에서 작성한 문서들을 謄寫하여 묶어 두었는데,『漂人領來謄錄』은 이중에서 일본에 표착한 조선인이 송환되어 온 사례에 관한 기록만을 엮어 놓은 책이다. 그 가운데 유구에 표착한 조선인의 송환 사례가 3건(1662·1663·1669년)이 수록되어 있다.

『漂人領來謄錄』은 기본적으로 대마번 사자가 데리고 온 조선인 표류민의 신병이 조선측에 넘겨진 이후 조선내에서의 표차왜 및 표민의 취급에 관한 기록이다. 따라서 여기에 수록된 문서들은 조선 안에서 이들의 취급 절차와 동일한 순서로 엮여져 있으며, 유구에 표착했다가 대마번 사자에 의해 송환된 경우도 예외가 아니다.

우선 조선의 표선 및 표류민의 취급 절차는 다음과 같다. 대마번의 사자가 조선의 표선 및 표류민을 데리고 부산 근처의 해역에 그 모습을 드러내면, 이를 가장 먼저 목격한 부산진의 烽軍·哨探長은 그 배들의 모양과 척수가 어떠하다는 것을 부산첨사에게 보고한다. 동래부에서는 이 보고를 바탕으로 배들을 왜관으로 인도하여 동래부나 부산진의 통역(훈도·별차)을 왜관에 들여보내 표류 경위를 조사하게 하며, 경상감사를 거쳐 문정서 및 대마번 사자가 가지고 온 외교문서와 별폭, 路引 등을 謄寫하여 예조로 올려 보냈다. 그러면 중앙 조정에서는 이러한 보고를 바탕으로 대마번 사자와 표민에 대한 조치를 취하였다.

『漂人領來謄錄』의 유구 관계 기사 역시 이와 같은 절차에 따라 수록되어 있다고 볼 수 있으며, 동래부의 장계를 비롯해서 표민의 취급 과정에서 발생한 여러 종류의 문건을 한데 엮어 놓은 일괄문서로서의 성격을 지니고 있다.

특히, 동래부 장계 속에 들어 있는 표류민에 대한 捧招(招辭, 또는 問情書)에는 표류민들의 거주지·성명·나이·신분 등을 비롯하여 항해를 시작한 시기·목적과 표류 과정, 그들이 탄 배의 주인이나 소속

관서, 유구에서의 표착지, 유구 및 일본내에서의 경유지, 그리고 그곳
에서 받은 접대 등이 기록되어 있다. 따라서 이를 통해서는 당시 조선
인의 해상활동의 실태는 물론, 유구와 일본과의 정치·외교적 관계도
알 수 있다.

(11) 『同文彙考』

『同文彙考』의 편제를 보면 事大文書는 原編·別編·補編에, 그리고
交隣文書는 附編에 수록되어 있다. 그러나 유구관계 사료는 교린국으
로 취급하고 있었음에도 불구하고 附編의 교린문서 속에 따로 분류하
지 않고, 對淸文書(事大文書)나 對日文書(交隣文書)안에 수록되어 있
다.

즉 유구가 1609년 일본의 薩摩에 복속된 후, 1698년 까지는 유구
에 표착한 조선인이라 하더라도 일본에 표착한 외국인과 마찬가지로
취급되어 막부 주도 표민 송환 절차에 따라 조선으로 송환되었다. 때
문에 이시기 조선과 유구 양국에 표착한 표민의 송환에 관한 유구관계
문서는 대 일본 외교문서가 수록된 〈附編〉의 「漂風」편에 수록되어 있
다. 그러나 1698년 이후 淸의 展海令을 계기로 유구가 중국인과 조선
인을 일본을 거치지 않고 직접 淸(福建)으로 보내 송환하는 절차를 거
치게 되면서부터는 유구에 표착한 조선인 송환에 관한 문서를 淸과 주
고 받았다. 따라서 1698년 이후 유구에 표착한 조선인의 송환이나, 조
선에 표착한 유구인의 상호 송환에 관한 문서는 각 각 대청문서의 〈原
編, 「漂民」我國人〉, 〈原編 續, 「漂民」上國人〉에 들어 있다.

표4] 조선인 유구표착 일람표

순번	표착	송환	표착지	출신지, 인원	송환방법	출전	실록유무
1	1661	1662	유구	전라 무안, 남여, 18인	薩摩 - 對馬	부편, 권29	×
2	1662	1663	유구	전라 해남, 김려휘 등 28인	薩摩 - 對馬	부편, 권29	×
3	1669	1669	永良部島	전라 해남 21명	薩摩 - 對馬	부편, 권29	×
4	1697	1698	古米山	전라 영암, 안민남 등 8인	福建 - 北京	원편, 권66	×
5	1714	1716	安田浦	전라 진도, 김서 등 9인	福建 - 北京	원편, 권66	○
6	1726	1728	烏岐奴	전라, 제주, 손응성 등 9인	福建 - 北京	원편, 권66	×
7	1733	1735	慶良間島	경상, 서후정 등 남여 12인	福建 - 北京	원편, 권66	×
8	1739	1740	德之島	전라 영암, 강세찬 등 20인	福建 - 北京	원편, 권67	×
9	1779	1780	大島	전라 영암, 이재성 등 12인	福建 - 北京	원편, 권69	×
10	1794	1795	山北지방	전라 강진, 안태정 등 10명	福建 - 北京	원편, 속	×
11	1795	1796	유구	황해 장연, 장삼돌 등 7인	福建 - 北京	원편, 속	×
12	1796	1797	大島	전라 강진(?), 이창빈 등 10인	福建 - 北京	원편, 속	×
13	1802	1804	大島	전라 흑산도, 문순덕 외 4인	福建 - 北京	원편, 속	×
14	1814	1816	太平山	전라, 천일득 등 7인	福建 - 北京	원편, 속	×
15	1825	1826	大島笠利郡	전라 해남, 황승건 등 5인	福建 - 北京	원편, 속	×
16	1827	1829	勝連津堅泊	전라 해남, 김광현 등 12인	福建 - 北京	원편, 속	×
17	1831	1833	伊江島	전라, 제주, 고성상 등 26인	福建 - 北京	원편, 속	×
18	1832	1834	八重山	전라 전주, 이인수 등 12인	福建 - 北京	원편, 속	×
19	1833	1837	八重山	전라 해남, 손익복 등 9인	福建 - 北京	원편, 속	×

표5]   유구인 조선표착일람표

순번	표착	송환	표착지	출신지, 인원	송환방법	출전	실록유무
1	1794	1794	제주 대정현	유구 八重山島 11인	福建 경유	원편, 속	○
2	1820	1820	제주 정의현	유구 5인	福建 경유	원편, 속	○
3	1821	1821	제주	유구 大島 5인	福建 경유	원편, 속	○
4	1827	1828	老島	유구 3인	福建 경유	원편, 속	○
5	1831	1831	제주 대정현	유구 那覇 3인	福建 경유	원편, 속	○
6	1832	1832	제주 대정현	유구 那覇 4인	福建 경유	원편, 속	○
7	1860	1860	제주 대정현	유구 那覇 6인	福建 경유	원편, 속	○

(12) 『燕行錄選集』

조선후기 조선사절의 청나라 견문록인 『연행록선집』에 수록되어 있는 유구관계 사료의 목록은 다음과 같다. 연행록선집에 수록되어 있는 유구관계사료는 다음과 같은 특징을 갖는다.

첫째, 명과 청대에 조선과 유구 양국 사신들간의 접촉에 관한 내용이다. 『燕行錄』에서 발췌한 사료를 보면 명대에는 주변국가 사신간의 접촉이 비교적 자유로웠던 반면, 청대에는 그렇지 못하였던 것으로 드러난다. 예를 들면 崔溥의 『漂海錄』이 이러한 점을 잘 보여준다.

둘째, 유구는 조선인 표류인의 구제와 송환에 매우 적극적이었다는 점이다. 예를 들면 1832년(純祖 32, 淸 宣宗 12) 『燕轅直指』의 濟州 漂人問答記를 보면 유구에 표류한 조선인이 8개월 동안 특별한 시기에는 물론, 평일에도 유구에서 매일 세끼의 식사를 제공받았고, 9월부터 유구사행과 같이 중국의 남쪽으로부터 북상하면서 3개월 동안 많은 중국의 명승지를 구경했다는 내용을 담고 있다. 문답기의 末尾에서 著者 金景善이 이처럼 마음껏 구경했다는 것은 과장같기는 하나 제주도 표류인은 후한 대접을 탐내 일부러 표류(故漂)한 자들이라고까지 평했다.

셋째, 조선과 유구의 사신에 대한 중국측의 예우에 차이가 있었는

데, 유구사신보다는 조선사신을 우대하고 있다. 예를 들면 『心田稿』의 「留館雜錄」, 『燕轅直指』의 「鴻臚寺演儀記」에는 禮部侍郎이 그 순위를 소홀히 하면 문책을 받았으며, 조선사신에게도 과오를 시정한 문서를 보낼 정도로 신중하였다.

넷째, 중국이나 조선, 유구 모두 왜구의 동향에 대해 민감하였다는 점 등을 특징으로 지적할 수 있는데, 연구자의 관점에 따라 다양한 평가가 가능하다.

표6〕　　　　　　　　　　　　유구관계사료 일람표

순번	사 료 명	저 자	내　용
1	錦南先生漂海錄	崔　溥	1488.4.6 및 17일 유구사람 陳善, 蔡賽 등이 玉河館에 가서 음식과 선물을 주고 갔다. 陳善의 아버지가 20년 전에 조선표류민을 송환한 적이 있다.
2	荷谷先生朝天記中	許　篈	1574.8.28 鴻臚寺 張主簿와 함께 술을 마셨다. 張主簿는 유구국 통사라서 유구국 사정을 물었다.
3	東岳集卷二朝天錄	李安訥	1601.8.26 유구국사신 蔡奎에게 八言律詩 一首를 봉증한다.
4	燕行記事下	李　坤	1778.1.9 조선진공사와 유구국사신이 朝賀하지 못했기 때문에 10월에 皇帝 祈穀壇에 제사지낸 다음에 天顔을 뵈도록 하라는 主客司의 公文.
5	〃	〃	1778.1.10 조선사신은 임의로 出遊할 수 있지만 유구사신은 正陽門 밖까지 못 나간다.
6	〃	〃	1778.2.8 皇帝가 天壇에 행차시 조선, 유구사신들은 午門에 祗送하도록 한다.
7	燕行記事下·聞見雜記下	〃	유구국의 年貢物 내용.
8	心田稿　燕薊記程	朴思浩	1828.12.27 禮部에서 유구사신이 祗迎參宴하고, 조선사신이 天顔을 뵐 때 制止하지 말라는 特旨를 보내 왔음.

9	心田稿　留館雜錄	〃	太和殿에서 황제에게 朝賀할 때 유구사신이 조선의 뒤에 있다.
10	〃	〃	옛날 유구왕자가 탐라사람에 의해 강탈·살해 당한 일이 있어서 탐라사람이 유구에 표착할 때 他道出身이라고 해야 화를 면할 수 있다고 한다.
11	留館錄上	金景善	1832.12.23 유구국사신이 제주도 표류민 26名을 禮部를 통해서 送還하였다. 琉球館記를 첨부.
12	〃	〃	1832.12.25 ① 皇帝가 鱘鰉魚를 조선, 유구에게 半씩 나누어 주었다. ② 濟州漂人問答記.
13	〃	〃	1832.12.26 조선, 유구사신 등이 鴻臚寺에서 儀禮연습.
14	〃	〃	1832.12.30 保和殿宴會에서 유구사신을 조선사신보다 우선 上殿시켰기 때문에 예부시랑이 중책을 받았다.
15	燕轅直指 卷四, 留館錄中	〃	1833.1.1 朝賀할 때 유구사신이 엄숙하지 못한 모습에 슬픔을 느꼈다.
16	〃	〃	1833.1.4 皇帝가 紫光閣宴會에서 조선, 유구사신들에게 하사품을 次等하게 주고, 몇일전 保和殿에서 조선, 유구 班序착오에 대한 책임자 처벌의 시정문서를 내렸다.
17	〃	〃	1833.1.12 皇帝圓明園御制詩에 대한 조선, 유구 正副使의 和答詩.
18	〃	〃	1833.1.28 午門에서 冬至正朝方物에 대한 回賜品을 조선, 유구국왕을 비롯하여 사신, 통사 등 각각 차등이 있게 주다.
19	〃	〃	1833.2.1 禮部에서 下馬宴.
20	夢經堂日史 編二	徐慶淳	1855.11.27 조선사신이 會同館에 머물면서 서쪽에 있는 유구관으로 방문하려고 하지만 타국사관에 갈 경우 禮部에 咨文을 보내야 된다고 했다.
21	夢經堂日史 編三	徐慶淳	1855.12.1 皇帝가 景山으로 祈雪行次할 때 조선, 유구사신이 祗迎으로 같이 자리에 있다. 유구사신의 용모,의복,성씨가 기재되어 있다.

(13) 『海東諸國紀』

海東諸國이란 곧 일본본국·구주·대마·일기의 두 섬과 유구국까지를 총칭한 것으로, 이 책의 내용은 이들 諸國의 지세를 지도로 기술하고, 국정을 논한 후, 조선과의 교빙연혁과 사신접대의 절목 등을 기록하였다.

琉球國紀는 國王代序, 國都, 國俗, 道路里數의 4항목으로 되어있다. 「國王代序」에는 국왕이 세습임을 알리고, 조선과의 왕래가 1390년 중산왕 찰도의 내조로부터 시작되었다고 적고 있다. 그후 해마다 사신을 보냈다고 하면서, 특히 1409년부터 1471년까지 9차례의 사신은 국왕명을 구체적으로 적고 있다. 사행은 자기나라 사람이나 혹 일본사람을 대신 보낸다고 했으며, 書를 錢 혹은 咨文 혹은 書狀으로 하여 격식이 일정치 않음을 밝혔다.

「國都」에는 유구국이 36개의 섬으로 이루어 졌으며, 남북이 길고 동서가 짤막한 지형을 소개하였다. 그리고 유황이 특산물이며 중국에 사신을 보낸다고 했으며, 유구국왕 이외에도 梁回·李金玉·等悶意가 사자를 보낸다고 했다.

「國俗」에는 유구가 해상무역으로 업을 삼으며, 중국·남만·일본·조선과 교역하며, 한해에 두 번 수확을 하고, 남녀의복이 일본과 대동소이하다고 했다. 또한 정치체제를 간단히 소개하였다. 「道路里數」에는 부산포에서 유구국도에까지 이르는 거리를 적었는데 우리나라 이수로 총 5,430리라고 했다.

「琉球國」에는 14개 항목에 걸쳐서, 유구의 지형·농업·정치제도·풍속·중국인거주·조서·장례습관·형벌·제사 등 심지어는 소유구국의 食人習慣을 기록하고 있다.

「語音飜譯」에는 169개에 달하는 일상적인 유구어의 발음과 그 뜻을 열거하여, 당시 유구어의 구성에 대하여 짐작할 수 있다. 중국어와 일본어가 혼용되어 있음을 알 수 있다.

(14)『對馬島宗家文書』(국사편찬위원회 소장본)

가) 書契類

書契란 전근대 조선이 日本과 琉球 등 交隣國과 교제할 때 주고받은 書簡식 외교문서로 조선에서는 禮曹 承文院에서 작성하였다. 현재 국사편찬위원회에 소장되어 있으며 對馬島宗家關聯文書로 취급되고 있는 대일 외교문서 書契 9,442점(이중 원본은 9,326점) 가운데는 유구와 관련된 예조의 서계가 2건이 전하며, 국사편찬위원회에 등록된 번호에 따르면 다음과 같다.

　No. 1026(1662년 禮曹參議 趙胤錫 답서)
　No. 1077(1663년 禮曹參議 洪處尹 답서)

시기적으로 17세기 유구에 표착한 조선인의 송환시 예조에서 작성한 이 서계는 내용상으로는 각각 전라도 무안 남녀 18명의 송환과 전라도 주민 김려휘 일행의 송환에 대한 것으로 표류민을 송환해 온 대마번에 대해 감사하다는 취지를 담은 답서이다. 수신인은 모두「日本國對馬州太守 閣下」로 되어 있는데, 이 시기 유구 관계 외교문서가 이렇게 일본(대마번)을 상대로 작성된 것은 17세기 이후 유구가 일본의 薩摩藩에 정치적으로 복속된 것과 관계가 있다. 즉 1609년 유구가 薩摩에 복속된 이후로는 유구에 표착한 조선인이라 하더라도 일본에 표착한 것과 마찬가지로 취급되어 薩摩를 거쳐 막부의 직할도시인 長崎로 옮겨져 조사가 끝난 후에야 대마번에 신병이 인계되었다. 따라서 유구에 표착한 조선인은「琉球 - 薩摩 - 長崎」의 송환경로를 통해 對馬藩 사자가 조선으로 송환해 왔으며, 조선인의 송환에 관한 외교문서(서계)도 조선과 대마번 사이에서 교환되게 되었던 것이다. 이는 서계의 기재 양식을 통해서도 알 수 있도록 되어 있다.

나) 記錄類

　현재 국사편찬위원회 소장 대마도종가문서중 記錄類는 6,592책이 전하고 있다. 이 가운데 유구와 관련된 기록은 4책에 불과하며, 내용상으로는 모두 조선인과 유구인이 항해하다가 만난 해류나 강풍, 파도 때문에 상대국에 漂着한 사건과 관련된 것들이다.

　국사편찬위원회 소장 대마도 종가문서안에 전하는 유구 관계 기록 4책은 다음과 같다.

　　㉠ No. 2789

　　　「寬文元年同八年朝鮮人薩州幷琉球へ漂着對州へ送-來候節, 朝鮮
　　　都之樣子御尋被遊候付申上候書付之寫」

　　㉡ No. 2877

　　　「文久元年辛酉年より同二壬戌年至薩州山川浦船貳拾三端帆貳拾
　　　四人乘外二薩州樣御家來三人便乞一人琉球人三人都合參拾壹人
　　　乘一艘且薩州樣御手船拾端帆拾壹人乘一艘同御手船拾端帆九人
　　　乘一艘朝鮮江漂着長崎江被差送候記錄」(表御書札方)

　　㉢ No. 2878

　　　「文久元辛酉年越後國之者拾壹人外二便乞長州之者壹人長崎之者
　　　壹人都合拾三人乘艘漂流記錄書狀控添同年薩州之者貳拾九人內
　　　琉球人三人乘同所之者拾壹人乘同所之者九人乘都合三艘漂流記
　　　錄書狀控添元治元甲子年薩州之者貳十人乘壹艘漂流記錄書狀控
　　　添但內壹人於朝鮮國病死」(朝鮮方)

　　㉣ No. 6567

　　　「寬永拾一年より元祿六年迄朝鮮人日本幷琉球江漂流記日本人大
　　　淸幷朝鮮江漂流記」〈(朱)諸記錄一番〉

　위의 네 사료는 모두 조선인과 유구인의 漂着사고와 관련된 것들이다.

　㉠의 기록은 1661·1668년에 작성된 書付(覺)로, 1661년의 기록

은 1661(寬文 1, 현종 2, 신축)년 8월 13일 유구에 표착한 조선 전라도 무안의 어민 남녀 18명이 귀국을 위해 薩摩 - 長崎를 거쳐 1662년 6월 대마도에 이르렀을 때 작성된 기록이다. 대마도에 이르러 송환을 기다리던 조선인 표류민들은 6월 11일 대마번주의 城에 불려 갔는데, 이 때 번주의 부름을 받고 성에 들어온 以酊庵의 輪番僧(憲長老)이 번주의 동석하에 표류민을 만나 보고 조선국 수도 및 청과의 관계 등에 관해 질문·문답한 바를 기록으로 작성한 것이다. 뒷부분의 1668(寬文 8, 현종 9, 무신)년 기사는 유구에 표착한 조선인이 위와 같은 경로를 통해 대마도에 이르렀을 때 역시 제21대 도주 宗義眞이 조선 지도를 놓고 조선 사정을 문의한 것을 기록한 것이다. 위의 기록 내용은 1661·1668년에 작성된 書付(覺)를 1669년에 필사한 것으로 보이나 어느 부서에서 작성했는지는 불분명하며, 원본의 크기는 15×22cm(가로×세로)이다.

ⓛ의 기록은 1861(文久 1, 철종 12)년 10월 일본 薩摩船 3척이 제주 大靜縣에 표착해서 1862년 송환될 때까지의 과정을 대마번의 表御書札方에서 작성한 것이다. 내용은 부산 倭館의 館守가 薩摩 선박의 조선 표착 사실을 대마번(대마도)에 알리는 것에서 시작하여, 대마번이 이를 받아 에도(江戸藩邸)와 막부·長崎奉行所·薩摩와 연락을 주고 받으며 표착선을 薩摩藩에 인계하기까지의 과정이 들어있다. 따라서 위의 기록을 통해서는 기본적으로 근세 일본의 막번 체제 안에서 막부 주도하에 이루어지는 송환 절차의 실태를 알 수 있으며, 이밖에 薩摩 선박에 타고 있던 琉球人의 취급·처리까지도 알 수 있는 귀중한 사료라고 할 수 있겠다. 원본의 크기는 19.5×26cm(가로×세로)이다.

ⓒ의 기록은 1861(文久 1, 철종 12)년 제주 대정현에 표착한 越後州(현재 新潟縣)의 표선(표민 13인 명 가운데 長州人 1명·長崎人 1명은 편승자)과, 薩摩州 표선 3척(그중 29인승 배 1척에는 유구인 3명 탑승), 그리고 1864년에 표착한 薩摩州 표선 1척의 송환에 관해 대마번의 朝鮮方에서 작성한 기록이다. 이 기록 역시 薩摩船에 타고

있던 琉球人이 조선과 일본, 그리고 薩摩藩 사이에서 어떻게 취급되었는가를 알 수 있는 자료로서 근세 일본에 있어서 막부 주도 송환체제의 실태를 알 수 있는 자료라고 할 수 있겠다. 원본의 크기는 19×26cm(가로×세로)이다.

㉣의 기록은 1634(寬永 11, 인조 12)년부터 1693(元祿 6, 숙종 19)년 까지 약 60년간에 걸쳐 조선인이 일본 및 琉球로 표착했다가 송환된 사례와 일본인으로 淸과 조선에 송환된 사례, 그리고 조선에 표착했다가 일본으로 도망간 중국인과 남만인을 조선을 경유하여 송환한 사례들이 간단히 수록되어 있다. 위의 기록은 현재 대마도의 어느 부서에서 작성했는지 현재로서는 알 수 없으나 〈每日記〉 등의 다른 기록들을 참고 자료로 삼아 표류·표착 기사들만을 분류·정리하여 검색의 편의를 도모한 책인 것 같다. 위 책의 표지에 〈朱書 1番〉이라고 기재되어 있는 것으로 보아 연속해서 작성되던 기록의 일부가 남아 있는 것으로 추측된다.

내용상의 특징으로는 일본 내에서 막부 중심의 송환체제나 경로, 나아가서는 조선·일본·중국·유구 등 동아시아에서의 송환절차를 알 수 있다. 원본의 크기는 20×27cm(가로×세로)이다.

3. 유구사료

(1)『歷代宝案』

『歷代宝案』은 유구가 주변국과 교환한 역대외교문서를 집대성한 것이다. 수록 범위는 1424년부터 1867년까지 444년간에 걸쳐 있으며, 내용은 進貢·慶賀·冊封要請·謝恩·유학생 파견 등에 관한 유구의 대 중국관계문서와 유구와 朝鮮·暹羅·安南·爪哇·蘇門答臘·滿剌加·팔램방·巡達·佛太泥·프랑스·영국 등 11개국과의 무역 왕래 서신도 수록되어 있다.

　　조선과의 관련자료는 권39의 **彝回咨**와 권41의 **移彝咨**에 집중되어 있다. **彝回咨**는 타국(가령 **朝鮮國王**)에서 **琉球國王**에게 보내는 **咨文**이며, **移彝咨**는 **琉球國王**이 타국(**朝鮮國王**)에 보내는 **咨文**이다. 이중 **朝鮮・琉球**관계에 해당하는 문서는 19통인데, 1통은 **日本僧 道安**이 유구에 보낸 것이기 때문에 조선과 유구사이에 왕래한 문서는 실제로 18통이다.

표7]　　　　　　　　　　조・유왕복문서 일람표

번호	연 대	행 선	형 식	서　　　두	출 전
1	1431. 6. 19	조←유	咨	琉球國中山王尙巴志爲禮義事	권40-10
2	1431.12.	조→유	書	朝鮮國王李陶奉復 琉球國王殿下	권39-2
3	1461. 7. 7	조→유	書	朝鮮國王李瑈奉復 琉球國王殿下	권39-3
4	1467. 8. 19	조→유	書	朝鮮國王李瑈奉復 琉球國王殿下	권39-6
5	1470. 4. 1	조←유	書咨	琉球國王尙德奉復 朝鮮國王殿下	권41-17
6	1597. 8. 6	조→유	咨	朝鮮國王爲敦隣好酬厚恩事	권39-18
7	1601. 8. 7	조→유	咨	朝鮮國王爲歷修聘問以答厚恩事	권39-19
8	1606. 8. 13	조→유	咨	朝鮮國王爲申酬厚儀事	권39-20
9	1610～12	조←유	咨	琉球國中山王尙 爲敦隣好事	권41-20
10	1621. 8.	조←유	咨	琉球國中山王世子尙豊爲敦情禮篤交隣事	권41-21
11	1623.10.16	조←유	咨	琉球國中山王世子尙 爲敦情禮篤交隣事	권41-22
12	1623.10.16	조←유	咨	琉球國中山王世子尙 爲敦情禮篤交隣事	권41-23
13	1626.12.23	조→유	移文	朝鮮國吏曹判書 爲驗領禮物事	권39-21
14	1628. 7.11	조→유	咨	朝鮮國王爲敦情禮篤交隣事	권39-22
15	1631. 3.	조←유	咨	琉球國中山王世子尙 爲敦情禮篤交隣事	권41-24
16	1634. 7.22	조→유	咨	朝鮮國王爲敦情禮篤交隣事	권31-23
17	1636.	조←유	咨	琉球國王爲敦情禮篤交隣事	권41-25
18	1638.	조←유	咨	琉球國中山王尙 爲敦情禮篤交隣事	권41-26

(2)『琉球王國評定所文書』

琉球에는 王府의 首里城내 北殿에는 정사·외교·경제·종교·문화에 관한 국책을 평의하여 결정을 내리던 최고의결기관으로서 評定所가 있었다. 그리고 평정소에서 논의된 내용은 三司官을 통해 국왕에게 보고·시행되었으며, 이 과정에서 평의 결정에 관한 내용이 기록·보존되었다. 따라서 유구의 평정소문서는 琉球 王府의 유구 통치에 관한 가장 기본적인 사료라고 할 수 있다.

1879년 明治정부는 「琉球處分」을 단행하면서 방대한 양의 평정소문서를 內務省 창고로 이관하였는데, 이들 문서는 1923년 관동대지진 때 불타 없어지고 말아 현재 원본이 남아있지 않다. 그러나 내무성에서는 다행히도『琉球評定所文書』에 일런번호를 붙여 「舊琉球藩評定所書類目錄」이라는 목록을 작성하여 內務省總務局文書課에서 보관해 둔 것이 있었으며, 1903년에는 東京帝國大學 文科大學 史料編纂掛에서도 이 목록을 필사함과 동시에 일부 문서에 대해서는 필사를 해 두었다. 그 결과 현재 목록의 사본이 東京大學 史料編纂所에 전하고 있으며, 일부 필사본이 東京大學 法學部 法制史料室에 남아 있다. 그리고 1986년에는 사본의 일부(21건)가 東京 警視廳에 보관되어 있는 것도 밝혀졌다.

일본 내무성이 작성한 「舊琉球藩評定所文書目錄」에는 번호가 1,911호(『沖繩縣史料』는 1,952점)까지 있고, 책수로 따지면 2,000책에 이른다. 그러나 이들 가운데 필사되어 남아 있는 것은 東京大學에 196건, 그리고 警視廳에 전하는 21건으로 합계 217건에 지나지 않으며, 전체『琉球評定所文書』의 약 1/10에 지나지 않는다.

그런데 이 「舊琉球藩評定所文書目錄」가운데는 조선후기에 日本·中國·朝鮮·歐美 등지의 선박이 항해 도중 琉球諸島에 표착 기록이 52건이 있다. 이중 중국선 22건, 조선선 10건, 일본선 5건, 유구선 2건, 취급규정 3건이 있다.

조선선 표착관계 기록 10건 가운데 標題와 내용이 완전한 형태로 남아 있는 것은 3건으로 다음과 같다.

    ㉠ 320号「朝鮮人拾壹人慶良間島漂着馬艦船を以唐江送越候日記
      (雍正 11~12年)」
    ㉡ 800号「朝鮮人十人國頭間切安田村江漂着ニ付送届 候日記
      (乾隆 59年)」
    ㉢ 1554号「鳥島よ里送來候漂着朝鮮人界抱日記(咸豊 6年)」

그런데 위의 기록 3건은 1987년 沖繩縣教育委員會에서 간행한 〈『沖繩縣史料』 5, 전근대 표착관계 기록〉에도 수록되어 있으며, 사료에 붙은 320호·800호·1554호 등의 번호는 〈舊琉球藩評定所文書目錄〉의 번호와 일치한다.

구체적으로 ㉠은 1733년(영조 9, 享保18)에 경상도 사람 서후정 등 12명이 유구에 慶良間島(게라마지마)에 표착했다가 이듬해인 1734년 송환되기까지의 기록이며, ㉡은 1794년(정조 18, 寬政 6) 유구의 산북 지방에 표착한 전라도 강진 사람 안태정 10명이 그 이듬해 송환되기까지의 기록이다. 그리고 ㉢은 1856년(철종 7, 安政 3) 유구의 鳥島(토리시마)에 표착한 전라도 강진 사람 김응채 등 6명이 1859년에 귀국할 때까지의 기록이다.

이들 『琉球王國評定所文書』의 특징으로는 우선 각 사례마다 문서량이 방대하다는 것이다. 조선인들이 유구에 표착했을 때 작성한 표류 경위 진술서를 비롯하여, 송환할 때까지 표민과 표선을 취급하는 과정에서 首里 王府의 評定所에 제출한 문서와 하달 각서, 그리고 조선인이 송환될 때까지 그들에게 지급한 쌀 등의 식량과 일용 잡물의 내역이 아주 자세하게 수록되어 있다. 이밖에도 임산부가 출산을 하거나 환자가 발생할 경우에도 치료해 주었으며, 표선의 수리에 드는 비용도 지급하였는데, 이 모든 비용은 琉球에서 無償으로 지급되었다. 한편 『琉球王國評定所文書』 가운데 조선인 취급에 관한 각서를 보면 조선 선박이 파손되어 상륙하여 체제하는 것이 부득이한 경우, 村里에서 멀리 떨어진 곳에 임시 가옥을 만들고 주위에 담을 치는 한편 감시인을 두어 조선인들을 지키게 하였다. 이는 유구인이 조선인 표민과 접촉하는 것을 막음으로써 유구가 일본의 薩摩에 정치적으로 복속되어 있다는 것을 숨기려는 의도였던 것 같다.

따라서 조선선의 유구 표착 관계 기록 세건은 기본적으로 유구에 표착한 조선인이 異國에서 어떻게 취급되었으며, 어떤 루트를 거쳐서 송환되고 있는지를 가장 구체적으로 알 수 있는 사료라고 할 수 있으며, 동시에 에도시대 幕藩체제 하에서 前近代 琉球 首里 王府의 행정이 어떻게 전개되었는지를 구체적으로 알 수 있는 귀중한 사료이기도 하다.

그러나 앞서 언급했듯이 『琉球王國評定所文書』의 원본은 전하지 않는다. 즉 〈『沖繩縣史料』 전근대 5. 표착관계기록〉이나 『琉球王國評定所文書』에 수록되어 있는 사료들은 모두 일본의 동경대사료편찬소나 경시청에 남아 있는 필사본 중에서 일부를 뽑아 활자화한 것 들이다.

한편 『琉球王國評定所文書』는 1997년 6월 현재 沖繩縣浦添市教育委員會에서 12권을 간행하였으나, 계속해서 간행할 예정이므로 위의 세건 이외에 나머지 7건의 표착관계 기록도 앞으로 간행될 책 속에 수록될 가능성이 있으므로 계속해서 관심을 가지고 보아야 할 것이다.

(3) 首里城 正殿의 大鐘銘文

유구왕 尙泰久가 1458년 제작. 당시 유구왕국의 해외진출의 氣槪와 국제적인 중계무역에 의한 번영을 과시하는 내용이다. 내용 중에는, 유구는 南海의 適地에 있어, 三韓(조선)의 빼어난 점을 모두 취하고, 明과 일본에 대해서는 상호 의존하고 있다고 기록되어 있다. 明과 일본에 앞서 조선에 대하여 서술하고 있는 점, 明과 일본에 대해서는 각각 '輔車', '脣齒'의 관계로 표현하고 있는데 반해, 조선에 대해서는 유구가 그 '秀'를 '鐘'(鍾)한 나라로 평가하고 있는 점이 주목된다. 이는 당시 유구의 조선에 대한 인식이 어떠했는가를 보여주는 자료라 할 수 있다. 현재 이 大鐘은 沖繩縣 縣立博物館에 所藏되어 있다.

4. 일본사료

현재 파악된 일본사료 가운데, 조선과 유구 관계 사료는 그리 많지 않으며, 주로 일본인에 의해 간접적인 견문을 기록한 단편적인 사료가 대부분이다. 이들 사료를 유형별로 구분하여 보면, 우선 임진왜란을 전후한 시기 일본의 조선·유구 인식에 관한 것이 있다(1, 2, 3, 8, 15, 31, 33). 江戶時代의 사료로서는 조선·유구에 대한 무역통제(6, 7, 23, 28), 조선과 유구의 사절(12, 17, 18, 19, 20, 21, 22, 29), 유구에 표류된 조선인의 송환에 관한 것(25, 26, 27) 등이 중심을 이루고 있다. 그 외에 鎌倉時代 조선·유구에 관한 것(34), 室町時代 조선·유구를 비롯한 대외인식에 관련된 것이 있다(4, 5, 37). 나아가서는 유구인의 얼굴이 조선인과 흡사하다는 인식이나(14, 35), 古代 유구의 일부 섬이 신라의 영토로 誤記되어 있었다는 사료(9, 10)는 주목된다. 사료 36)은 유구측의 사료이고, 특히 사료 37)과 38)은 15세기 중반 북경에서의 조·유관계의 한 단면을 보여주는 자료라 할 수 있다.

(1) 『古事類苑』

1) 「外交部—朝鮮」〈朝鮮征伐記〉: 1583년 豊臣秀吉이 明의 對日사절 파견을 유구에 의뢰하는 서한. '三韓'과 유구가 일본에 복속되어 있다고 주장.

2) 「外交部—明」〈羅山文集 12 外國書〉: 1610년 德川家康의 家臣 本多正純이 明의 福建省 총독에게 對明 무역왕래를 요청하는 서한. 조선이 入貢하고 있으며 유구가 신하라 칭했다고 주장.

3) 「外交部—明」〈南浦文集 中〉: 1606년 島津氏가 유구에 온 冊封使에게 對明무역을 희망하는 뜻을 적은 서한. 임진왜란때 조선에서 잡아온 중국인 茅國科를 송환했다고 기술.

4) 「外交部—明」〈伊勢貞助雜記〉: 室町時代에 중국·유구·조선에 대해 勘合무역을 행했다고 기술.

5) 「外交部—明」〈壬申入明記〉: 1512년 明에 파견된 일본의 조공사절이 가지고 간 무역품에 대한 明의 가격설정에 불만을 품고 올린 서한. 일본을 조선·유구와 견주는 것에 대해 비판.

6) 「産業部—貿易 上」〈華夷通商考 4〉: 조선·유구 이외의 외국 선박이 長崎에 입항하는 계절을 기록.

7) 「産業部—貿易 下」〈折たく柴の記 下〉: 18세기 초기 長崎貿易의 문제점을 열거. 대마도를 통한 조선, 薩摩藩을 통한 유구와의 무역량을 통제해야 한다고 주장.

8) 「地部—琉球」〈國朝舊章錄 8〉: 유구의 역사 개괄. 豊臣秀吉의 조선침략에 즈음하여 유구가 사절을 파견하여 내조했다고 기록.

9) 「地部—琉球」〈中山聘使略〉: 유구의 國號에 대한 고증. 옛날 신라에 속했던 섬 '우루마(うるま)'를 유구로 착각하여 왔다고 기술.

10) 「地部—琉球」〈琉球入貢紀略〉: 신라의 섬 '우루마(うるま)'를 유구로 보는 기존의 설에 대하여 비판.

11) 「地部—琉球」〈琉球國事略〉: 유구를 大琉球와 小琉球로 구분하고, 後者에 대한 조선측 사료 기록을 소개하며 비판.

12) 「地部—琉球」〈島津家覺書〉: 1610년 島津氏가 유구왕을 대동하고 將軍을 알현하기 위하여 출발하자, 幕府는 유구왕의 往路上에서의 접대를 1607년 조선사절에 대한 접대에 준하라고 명령.

13) 「地部—琉球」〈南島志〉: 유구의 지리를 설명하는 가운데 조선으로부터의 거리를 추정.

14) 「地部—琉球」〈華夷通商考 下〉: 유구의 '人物'은 조선과 닮았고 유구 언어는 중국과 다르다고 설명.

(2) 『通航一覽』

15) 「球國部 1」〈平均始末〉: 임진왜란 직전 龜井玆矩가 유구를 점령

하려 하자, 豊臣秀吉이 조선침략에 차질을 우려하여 이를 저지.

16) 「琉球國部 2」〈琉球屬和錄〉: 島津氏의 유구침략에 대하여 유구왕의 급보를 받은 明은, 임진왜란과 같은 규모의 일본의 중국침략으로 우려하고 조선군의 보고를 기대.

17) 「琉球國部 3」〈中山王來朝〉: 1610년 島津氏가 유구왕을 대동하고 將軍을 알현하기 위하여 출발하자, 幕府의 重臣 本多正純은 유구왕의 往路上에서의 접대를 1607년 조선의 '勅使'에 행했던 접대에 준하라고 명령.

18) 「琉球國部 3」〈貞享松平大隅守書上〉: 1610년 島津氏가 유구왕을 대동하고 將軍을 알현하기 위하여 출발하자, 幕府는 유구왕의 往路上에서의 접대를 1607년 조선사절에 대한 접대에 준하라고 명령.

19) 「琉球國部 11」〈白石私記〉: 1714년 유구사절로부터 유구왕의 서한을 받은 幕府가 한문투의 서한에 이의를 제기하고, 서한의 특정 용어에 대하여 문제점을 지적하며 조선의 경우를 예로 듦.

20) 「琉球國部 14」〈大成令續集〉: 1748년 유구사절의 江戸도착에 즈음하여 幕府가 그 行路지역에 내린 법령을 통하여, 조선사절의 접대시처럼 주의할 것, 京橋에서의 竹商街는 조선사절이 왔을 때 처럼은 못하더라도 깨끗하게 정리해 놓을 것을 명령.

21) 「琉球國部 15」〈大成令續集〉: 1752년 유구사절의 에도 도착에 즈음하여 幕府가 그 行路지역에 내린 법령을 통하여, 京橋에서의 竹商街는 조선사절이 왔을 때 처럼은 못하더라도 깨끗하게 정리해 놓을 것을 명령.

22) 「琉球國部 16」〈大成令續集〉: 1764년 에도에 올 유구사절에 내리는 銀子의 분량은 금년 봄에 왔던 조선사절에 지급한 그것에 준할 것.

23) 「琉球國部 21」〈名山藏手簡附錄〉: 조선과 유구에 매년 다량의 일본 銀이 유출되고 있음.

24) 「琉球國部 23」〈琉客譚記〉: 유구의 중국에의 朝貢 규모와 行路를

상술하는 가운데, 淸나라 황제가 북경에서 조선·유구 등의 4개
국 사절을 동시에 인견한다고 기록.

25) 「琉球國部 24」〈大島筆記〉: 유구에 표류한 중국과 조선의 배는
해당의 본국에 송환함.

26) 「琉球國部 24」〈長崎覺書〉: 1735년 조선의 배가 유구에 표착했
으므로 이를 송환케 함.

27) 「琉球國部 24」〈公事餘筆〉: 1736년 島津氏가 長崎奉行에게 보낸
서한. 작년에 유구에 표착한 조선인 남자 18명, 여자 10인에 대
해 그 송환문제를 질의함.

(3) 『折たく柴の記』

28) 「折たく柴の記」卷中: 『新井白石全集』3. 180~120쪽. 일본의
국가재정을 위해 조선·유구 등의 나라로 유출되는 金銀을 통제
하자는 의견을 제시.

29) 「折たく柴の記」卷下: 『新井白石全集』3. 156~158. 1714년
유구사절로부터 유구왕의 서한을 받은 幕府가, 한문투의 서한에
이의를 제기하고, 서한의 특정 용어에 대하여 문제점을 지적하며
조선의 경우를 예로 들고 있음.

(4) 『五事略』

30) 「五事略」下—琉球國事略: 『新井白石全集』3. 658~659쪽. 조
선의 역사서엔 小琉球에 대해 서술하기를, '유구의 동남방에 위치
하며 海路로 7~8일 거리에 있고, 君長이 없고 체격이 건장하며
衣裳을 착용하지 않으며, 사람이 죽으면 친족이 모여 그 고기를
먹고 해골은 물 마시는 그릇으로 사용한다.'고 기록되어 있으나
믿을 수 없음.

31) 「五事略」下—琉球國事略: 『新井白石全集』3. 660쪽. 1593년
豊臣秀吉은 유구에게 군사 1만 명의 3년치 식량을 조선에 운송하

라고 요구했었다. 明의 유구왕 尙寧 책봉은 당시 임진왜란중이어
서 연기되어 1606년에 행하였다 함.

(5) 『善隣國寶記』

32) 「善隣國寶記」: ≪改定 史籍集覽 21≫ 54~55쪽. 1460년 조선
　　世祖가 일본에 보낸 국서. 작년에 일본에 파견한 통신사가 도중
　　해상에서 조난 당했음을 통보하고 그 수색을 의뢰하면서, 만약
　　유구국 영내에 표류하여 살아있다면 일본측이 송환해 줄 것을 또
　　한 요청.

(6) 『江雲隨筆』

33) ≪江雲隨筆≫: 田中健夫編 ≪善隣國寶記・新訂 續善隣國寶記≫
　　(東京 集英社, 1995) 360쪽. 유구왕이 豊臣秀吉에게 보낸 1589
　　년의 국서에서, 일본의 國威가 고려・南蠻에까지 떨치고 있다고 서
　　술.

(7) 『中外經緯傳』

34) ≪中外經緯傳 3≫: ≪改定史籍集覽 11≫ 78~79쪽. ≪吾妻鏡≫
　　에 기록된 1213년 일본의 고려 침략 記事에 대하여 文治年間
　　(1185~1189)에 있었던 유구 渡航의 사실 착오한 것이라고 분
　　석.

(8) 『增補 華夷通商考』

35) ≪增補 華夷通商考 3─琉球≫: ≪日本經濟大典 4≫ 322~323
　　쪽. 유구의 인물은 조선과 닮았으나 별종이며 그 언어는 중국과
　　통하지 않는다고 함.

(9) 『球陽』

36) 「球陽」 4 尙寧王條, 附: 본 사료는 일본의 島津氏에게 복속된
유구의 현상을 중국에 대해 은폐하기 위해 작위적으로 기록한 것.
내용은, 유구는 토지가 척박하고 産物이 적어 일찍이 조선·일본
등과 외교관계를 맺어 서로 왕래하였다. 萬曆年間(1573~1619)
에 薩摩藩의 침입을 받았으나 유구의 중국에 대한 사대정책의 성
실함을 보고 철수했다. 이후 조선·일본 등과의 외교왕래가 단절
되었다는 내용.

(10) 기타

37) 「策彦和尙初渡集」: 湯谷稔編 ≪日明勘合貿易史料≫(東京 國書刊
行會, 1983) 509~511쪽. 1538년 明에 파견되었던 일본 조공
사절의 記行日記. 1540년 3월 2일, 일본의 조공사절이 북경에
들어갔을 때 조선·유구 등의 사절이 會同館에 체류 중임을 기록.
38) 「日下一木集」: 湯谷稔編 ≪日明勘合貿易史料≫(東京 國書刊行
會, 1983) 382~388쪽. 1520년 明에 파견되었던 조공사절의
見聞·詩文集. 유구사절이 明에 왔을 때 중국인이 묻기를, '正德
年間(1506~1521)에 일본에서 조공사절로 파견한 東樵란 승려
는 아마도 조선인을 고용하여 데리고 온 것이 아닌가? 어찌하여
그 문자와 氣脈이 중국과 닮았는가?'라고 하였다 한다.

5. 중국사료

현재 중국측 문헌 중에서 조사된 조·유 관계 사료는 15편에 지나
지 않는다. 여기에 소개하는 사료는 주로 청대의 『軍機處檔』, 『宮中
檔』, 『起居注冊』에 수록된 것들이다. 원래 이들 사료는 중국대륙에 보
관되어 오다가 1949년 國共分離로 인해 일부는 중국에, 다른 일부는

대만의 故宮博物院에 소장되게 되었다.

(1) 中國第一歷史檔案館 所藏史料

중국대륙에서는 최근 10년 동안 유구왕국의 대외관계에 관한 연구가 유행함에 따라 중・유관계사료집인 『淸代中琉關係檔案選編』과 『淸代中琉關係檔案續編』이 출판되었다. 이것은 中國第一歷史檔案館에 소장되어 있는 宮中檔의 朱批奏摺과 軍機處檔의 錄副奏摺에 있는 유구관계사료를 모아 편찬한 것으로, 이중 조류관계에 관한 사료가 9건 수록되어 있다. 奏摺이란 청대의 대신들이 각 지방에서 발생한 대사건에 대한 조치를 상세히 기록하여 황제에게 올린 보고서를 말한다.

이중 5건은 조선에 표착한 유구인에 관한 奏摺이고, 4건은 유구에 표착한 조선인의 처리를 다룬 奏摺이다.

이들 주접을 통해 보면, 조선에 표착한 유구인은 鳳凰城까지 보낸 뒤 盛京將軍이 직접 朝鮮陪臣을 통해 이들의 표착경유를 묻기도 하였지만, 언어소통은 커녕 글도 통하지 못한 때가 대부분이었다. 이들은 지닌 물품이나 돈이 별로 없기 때문에 조선측에서 公銀을 사용하여 음식과 의복 및 숙소를 공급해 주었다. 그리고 육로의 역을 통해 이들을 중국으로 호송케 하였다. 盛京將軍은 이에 대한 처리를 皇帝에게 상주하는 奏摺을 올리고 예부에 보고하였으며, 直省의 각 督撫에게도 복건까지 잘 보살펴 호송하라는 자문을 보내야 했다.

나머지 4건은 유구에 표착한 조선인의 송환에 관한 것이다. 조선에서의 육로송환과 달리 바다 길은 풍랑이 심한 까닭에 유구의 조선난민 송환문제는 결코 쉬운 일이 아니었다. 4건의 奏摺중 1건은 閩浙總督, 1건은 兩廣總督, 2건이 福建巡撫의 奏摺이다. 유구의 貢船은 통상 福州에 입항해야 한다. 따라서 복건순무가 주접을 올리는 것이 당연했지만, 민절총독이나 양광총독이 주접을 올리는 경우도 있는 이유는 유구공선 자체가 파도를 만나 이들 지역으로 표류하는 경우가 있었기 때문이다.

민절총독의 주접을 보면 당초 복건으로 향하던 유구의 貢船 2척과 중국난민 및 조선난민의 호송선 1척이 풍랑을 만났는데, 이중 1번공선은 행방불명되고, 2번 공선은 台灣에 표착하였지만 부서졌다. 그리고 난민을 태운 호송선은 루손(呂宋)까지 표착하다가 구조되어 다음해 가서야 중국 샤먼(廈門)에 닿았다. 바로 이러한 사정 때문에 閩浙總督이 이를 황제에게 상주하게 되었던 것이다.

兩廣總督의 奏摺도 마찬가지였다. 유구에서 조선인표류인 6명과 중국표류상인 58명을 복건으로 보내려 했으나 풍랑을 만나 광동의 電白縣 앞 바다에 표착하였다. 조선표류인은 유구에 1차 표착한 다음, 고향으로 돌아가는 길에 다시 2차·3차에 걸쳐 표류하게 되는 일이 혼하였음을 알 수 있다.

복건순무의 奏摺을 통해 볼 때 통상적으로는 이들 표류민들이 일단 중국땅에 도착하면, 그 지역의 巡撫 혹은 總督이 管下의 지방관들을 회동하여 이들의 신원을 확인한 다음 公銀을 사용하여 鹽, 茶, 口糧, 衣被를 공급하였다. 그리고 文武員幷을 뽑아 이들로 하여금 조선표류인을 陸路를 통해 북경까지 호송케 하였다. 이들을 북경의 예부에서 조선사신에게 넘겨주기 전에 戶·禮·兵部에 咨를 보내어 사정을 설명하고 협조를 요청하였으며 황제에게는 奏摺을 올려야 되었다.

한편, 중국조정은 이처럼 인명구조에 힘쓴 유구사행에게도 보상을 하였다. 우선 배에 실은 화물의 세금을 면제하여 무역하게 하고 都通事, 養瞻大使에게 緋緞, 紗羅를 跟伴, 水梢에게 布疋을 賞으로 주며 茱蔬, 땔감, 식량을 제공하며 배의 수선비용 및 航海도중의 한달 行糧도 공급하였다.

표8]   조 · 유관계사료 일람표

순번	연 도	출신지	생존인원	奏摺出典	기 타
1	1794년 (乾隆 59.12.12)	유구 八重島	米精 등 3명(11)	朱批奏摺 NO. 193 盛京將軍琳寧	( )안의 수는 원 래 일행의 수.
2	1803년 (嘉慶 8. 7.13)	조선 전라도	文順德 등 4(6)명	朱批奏摺 NO. 52 閩浙總督玉德	1차 유구, 2차 呂 宋에 표착함.
3	1815년 (嘉慶 20.12.18)	조선 전라도	千一得 등 6(7)명	朱批奏摺 NO. 164 兩度總督蔣攸銛	
4	1821년 (道光 1. 9.25)	유구	米喜阜 등 5(6)명	錄副奏摺 NO. 10 盛軍將軍松筬	
5	1831년 (道光 11.12. 8)	유구	浦嘉 등 3명	朱批奏摺 NO. 115 奇明保	道光 6년 유구 표류민 大成筑登 之 등 2명에 관 한 기록도 포함.
6	1832년 (道光 12.12.11)	유구 那覇	仲大成 등 2명	朱批奏摺 NO. 126 奕韻	
7	1841년 (道光 21. 9.26)	조선 전라도흑산	李光嚴 등 8명(11)	錄副奏摺 NO. 201 福建巡撫劉鴻翔	
8	1860년 (咸豊 10.12.16)	유구 那覇	寬仲地 등 6명	錄副奏摺 NO. 60 盛京將軍玉明	일행중 江比嘉라 는 자가 中國에 서 病卒.
9	1871년 (同治 10. 1.29)	조선 전라도 해남	李大有 등 6명	朱批奏摺 NO. 45 福建巡撫王凱泰	

(2) 臺灣 國立故宮博物院 所藏史料

臺北 고궁박물원 소장의 조·유관계사료는 『起居注冊』, 『軍機處檔』, 『宮中檔』에서 발췌한 것으로 6건이다. 즉 복주장군(1)·복건순무(2)·민절총독(1)의 주접 및 기거주책의 기록(2), 이상 6건이 모두 유구에서 조선인 표류민의 송환에 관한 것들이다. 이것은 앞의 대륙측 사료와 상호 보완관계에 있다.

가령 난민에 관한 처우는 앞의 대륙측 사료에서 보듯 지방관으로부터 받은 대우 외에도 『起居注冊』의 사료에 2건이 있다. 이를 통해 보면 조선난민은 중국 황제가 行宮에서 접견을 하였으며, 이때 음식,

옷, 모자, 백금 등을 하사하여 후대한 적도 있음을 알 수 있다.

또 하나는 『軍機處檔』의 사료로서 복건순무의 주접으로 앞서 언급한 양광총독의 주접과 관련이 있다. 그 내용은 광동 전백현에 도착한 조선사람을 복건으로 전송하는 과정에 관한 보고이다. 이 양광총독, 복건순무가 올린 두개의 사료는 당시 외국난민에 대한 호송과정에서 도착지마다 주문을 올려야 하는 등 얼마나 신중했는지를 잘 보여준다. 복건순무의 주접에 따르면 兩廣總督의 관할 지역에서 복건에 도착하기 전에 배를 수리하여 식량을 준비하는데 반년의 기간이 걸렸다고 했다. 이들 조선난민은 유구에 표착한 다음에 광동까지, 광동에서 복건까지, 적어도 1년 반 이상의 시간을 유구사람들과 함께 보냈다. 구체적인 사료는 발견되지 않지만, 그간 공동생활을 하고 생사를 함께 해야하는 처지에서 인간적인 우정도 적잖이 돈독하였을 것으로 상상된다.

표9]　　　　　　　　　　조·유 관계사료 일람표

순번	연 도	출신지	생존인원	출 전	기타
1	1698년 (康熙 37. 3.13)	조선	18명	起居注冊	
2	1698년 (康熙 37.10.27)	조선	18명	起居注冊	위의 건과 동일사건. 皇帝가 이들에게 털모자와 白金을 下賜.
3	1752년 (乾隆17. 4. 9)	조선 전라도	金有太 등 7명	軍機處檔 NO. 008298 閩浙總督喀爾吉善	건륭 5년 조선인 康世贊 등 20명이 유구를 통해 송환한 기록도 포함되어 있음.
4	1797년 (嘉慶 2. 5.28)	조선 전라 해남	李唱寶 등 10명(15)	宮中檔 NO. 002525 福建巡撫田鳳儀	( )안의 수는 원래 일행의 수.
5	1816년 (嘉慶21. 윤6.29	조선	千一得 등 6명(7)	軍機處檔 NO. 048734 福建巡撫王紹蘭	이 사건도 앞 사료의 3번과 동일 사건임.
6	1834년 (道光 14. 2.18)	조선	李寅秀	軍機處檔 NO. 067388 福州將軍樂善	

한편『軍機處檔』에는 乾隆 17년 민절총독 喀爾吉善의 주접에 조선 난민이 유구를 거치지 않고, 직접 복건에 표착한 일도 있었다. 그러나 이들에 대한 처우는 선례인 乾隆 5년에 유구의 호송선을 타고 중국의 복건에 도착한 조선난민과는 같다고 말했다.『軍機處檔』의 乾隆 5년에 이 주접이 없어서 이를 보면 군기처당이나 궁중당의 사료도 완전한 것이 아니었음을 알 수 있다.

6. 맺음말

이상에서 한국, 유구, 일본, 중국, 대만 등에 산재해 있는 조선과 유구관계사의 사료를 집성하여 소개했다. 그러나 여기에 소개된 사료가 조류관계사료의 전부라고는 말할 수 없다. 다만 이제까지 조·유관계사를 연구해 오면서 수집해왔던 자료를 한자리에 모은 것이므로 아직도 발굴되지 않은 자료들이 더 있을 것으로 생각된다. 이러한 의미에서 앞으로도 새로운 자료가 발굴되기를 기대하면서, 이러한 작업이 조·유관계사의 실상은 물론 한일관계사연구에 초석이 될 것을 기원해 본다.

(이글은 1996년 국사편찬위원회 한국사연구지원 계획에 의하여 진행된『朝鮮·琉球關係史料集成』解題文의 일부분이며, 閔德基·李薰·鄭成一·楊秀芝·孫承喆의 공동연구에 의하여 작성된 것임.)

찾아보기

ㅊ

저자약력

손 승 철(孫承喆)

・略 歷

1952년 경기도 광주 출생.
서울고, 성균관대학교 사학과, 동 대학원 졸업(문학박사).
日本 東京大學과 北海道大學 硏究員,
한일관계사학회 회장 역임.
현재 강원대학교 사학과 교수.
E-mail : son404@cc.kangwon.ac.kr

・著 書
≪朝鮮時代 韓日關係史硏究≫(지성의 샘, 1994)
≪近世の朝鮮と日本≫-交隣關係の虛と實- (日本, 明石書店, 1998)
≪近世韓日關係史≫(편저, 강원대학교 출판부, 1987)
≪講座 韓日關係史≫(공저, 현음사, 1994)
≪독도와 대마도≫(공저, 지성의 샘, 1995)
≪한국과 일본≫-왜곡과 콤플렉스역사- (공저, 자작나무, 1998)
≪한일양국의 상호인식≫(공저, 국학자료원, 1998)

・譯 書
≪近世韓日外交秘史≫(1988, 강원대학교 출판부)
≪근세한일관계사연구≫(1991, 이론과 실천)
≪한일관계사의 재조명≫(1993, 이론과 실천)

・資料集
≪朝鮮・琉球關係史料集成≫(1997, 국사편찬위원회)

근세조선의 한일관계연구

인쇄일 초판 1쇄　1999년 06월 20일
　　　　　2쇄　2011년 08월 20일
발행일 초판 1쇄　1999년 06월 25일
　　　　　2쇄　2011년 08월 23일

지은이 손 승 철
발행인 정 찬 용
발행처 **국학자료원**
등록일 1987.12.21, 제17-270호
서울시 강동구 성내동 447-11 현영빌딩 2층
Tel : 442-4623~4 Fax : 442-4625
www. kookhak.co.kr
E- mail : kookhak2001@hanmail.net

ISBN 978-89-8206-391-6 *03910
가 격 15,000원

*저자와의 협의 하에 인지는 생략합니다.
*잘못된 책은 구입하신 곳에서 교환하여 드립니다.